KB180001

욕망자본론

욕망 자본론

욕망의 눈으로 마르크스 자본론 다시 읽기

신승철 지음

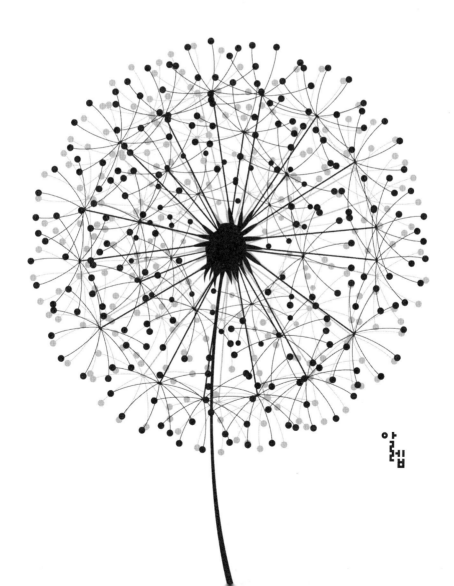

알렙

장기 비상 시대에 눈뜬 욕망

문래동 철학공방 〈별난〉에 예술가, 교사, 활동가, 웹프로그래머 등 다양한 사람들이 모여서 골똘히 회의를 하고 있었습니다. 화두는 '위기의 지구에서 어떻게 살아남을까?'였습니다. 사람들마다 해법과 언어가 달랐고 비관적인 분위기가 우리 모임을 장악했지만, 위트와 재치, 해학으로 이것을 이겨내려고 무던히 시도했습니다. 하지만 화석연료 고갈, 생명 위기, 생태계 붕괴, 기후 변화 등 장기 비상 시대의 도래를 보여주는 여러 가지 징후들을 보면, 힘이 빠질 때도 공포스러울 때도 우울해질 때도 더러 있었습니다. 그래서 저는 모임이 끝나고 집에 돌아오면 음악을 크게 틀어놓고, 우리가 만들 수 있는 대안 사회의 힘의 원천이 무엇일까를 고민했습니다. 여기서 공동체를 풍부하고 다양하게 만들고, 관계를 성숙시키고 발효시킬 수 있는 촉매제로서의 '욕망'에 다시금 주목하게 되었습니다. 그렇다고 해법의 실마리를 얻었다고 생각하지는 않지만, 적어도 위기를 다른 방식으로 생각하고 실천할 수 있게 되었습니다. 그래서 장기 비상 시대를 우울, 좌절, 비관이 아니라, 욕망이라는 '생명 에너지'를 통해서 즐겁게 맞이할 수 있다는 점에 착목하면서, 1990년대 쿠바의 유기농 혁명처럼 대규모 주체성 생산을 꿈꾸어 볼 수 있었습니다.

이 책 『욕망 자본론』에 대한 아이디어가 떠오르자 갑자기 마음이 급해졌습니다. 펠릭스 가타리가 개념화한 욕망가치론에 대해서는 박사논문에 잠깐 언급했지만 단순한 아이디어 수준이었고, 그 생각을 발전시킬 기회는 거의 없었습니다. 색다른 문제의식을 발견하고 펜을 들었지만, "어떻게 써야 할까?"라는 시작점에 걸려 습작 노트와 메모를 쌓아두고 공상의 나래를 펼치고 있었습니다. 갑자기 아내와 연애할 때 썼던 편지가 떠올랐습니다. 그 당시 아내와 나는 이따금씩 편지를 주고받았는데, 상상력이 발동하고 사상적으로 깊이가 있는 얘기가 오갔습니다. 물론 닭살스러운 멘트도 있었지만, 제가 가지고 있는 관계망 중에서 선택할 수 있는 좋은 매개라는 생각이 들었습니다. 그래서 아내에게 무작정 편지를 보내기 시작했습니다. 아내는 "음, 좋아, 이 생각을 발전시켜 봐, 좋은 생각이야."라고 칭찬과 격려를 아끼지 않았습니다. 저도 우쭐해져서 그동안 갖고 있던 문제의식을 편지에 담아서 스팸메일처럼 거의 매일 아내에게 발송하곤 했습니다. 아내는 답장 대신 맛있는 요리를 내놓고 식탁에 마주 앉아서 편지 내용에 대해서 이야기하며 색다른 반찬으로 삼았습니다.

저는 『자본론』에 욕망 개념이 빠졌다는 점에서 시대적 한계를 느끼고 있었고, 그 대신 마르크스의 『정치경제학비판요강』의 논의를 보다 혁신적으로 발전시키고자 하는 아이디어가 떠올랐습니다. 마르크

욕망 자본론

스는 필요 요구(need) 이외에, 욕망(desire) 개념을 『자본론』 각주에서 예외로 간주하거나 부르주아적인 것으로 치부합니다만, 욕망은 생산이며 창조인 경제적 동인입니다. 그래서 저는 욕망가치와 기본소득을 연결시키는 색다른 사유의 구축물을 만들고자 했습니다. 또한 성장(growth)이 불가능해진 상황에서의 발전(development) 전략을 욕망가치론에 기반해서 재구성하기 시작했습니다. 발전 전략이 좌/우파의 공리계를 넘어선 관계망의 성숙을 추구하는 경제 전략이라는 점에서 욕망가치가 그 촉매제가 될 수 있다는 생각을 품게 되었습니다. 또한 사회적 경제에서 나타나는 '욕망의 자본화와 자본의 욕망화'라는 색다른 국면을 욕망가치의 측면에서 정리하고 싶은 욕심도 생겼습니다. '기본소득', '발전', '사회적 경제'라는 최근의 쟁점을 욕망가치의 관점에서 정리해 보고 싶었습니다. 물론 인문학 연구자인 저로서는 실증적인 연구 방법론과 도구를 갖고 있지 못하다는 한계도 느꼈습니다. 특히 토마스 피케티의 『21세기 자본』의 출간 소식은 앞으로 하게 될 연구에 자극이 되었습니다.

이 책의 구성을 살펴보면, 〈1부 욕망인가? 노동인가?〉에서는 들뢰즈와 가타리가 『앙티 오이디푸스』와 『천 개의 고원』이라는 '자본주의와 정신분열증' 시리즈에서 제기한 문제의식을 바탕으로 욕망이라는 차원을 도입합니다. 욕망을 생산하면서도 억제하는 자본주의는 분열의 이중 구속(double bind)을 내재하고 있으며, 자본주의 경제와 욕망 경제가 수렴되는 방향으로 나아간다는 점을 지적합니다. 〈2부 욕망가치론과 기본소득〉은 성장이 아닌 발전 노선에서 필요한 욕망가치론을 제기합니다. 공동체를 내부 상점처럼 바라보면서 관계를 성숙시키는 내포적 발전을 기약할 때 소수자의 의미는 완전히 다른 의미로 다가온다는 점이 드러납니다. 그런 점에서 욕망가치론은 기본소득을 가장 필요로 하는 소수자와 비노동 민중에 대한 이론입니다. 〈3부 욕망은 상품 물신성을 어떻게 보는가?〉는 자본주의의 '상품'과 공동체의 '선물'을 구분하면서 상품 물신주의의 기원을 탐색합니다. 함수론에 의해 움직이는 자본주의가 아닌 확률론적인 '경우의 수'가 중요한 공동체를 통해서 상품 물신성으로부터 벗어난 대안 경제의 가능성을 탐색합니다. 〈4부 욕망의 정치경제학은 가능한가?〉는 들뢰즈와 가타리가 함께 쓴 개념인 '욕망하는 기계'의 연결 방식인 접속(connection), 이접(disjunction), 연접(conjunction)을 통해서 욕망의 생산/등록/소비가 일어나는 욕망의 정치경제학의 가능성을 탐색합니다. 〈5부 욕망과 기호의 경제〉에서는 가타리의 '흐름으로서의 도표'와 '고정관념으로서의 기표' 간의 대결, '환상의 수다스러움'과 '사랑의 수다스러움'의 대결을 그려냅니다. 자본주의는 기표와 같이 의미화할 수 있는 것으로 구성되는데, 공동체는 놀이처럼 재미있게 여러 의미를 횡단하는 것으로 구성됩니다. 자본주의의 의미화에 따라 다소 뻔한 상품, 소비자, 생산자로 규정되는 것이 아니라 공동체는 선물처럼 사랑과 정성, 인격을 담아 순환시킵니다. 〈6부 욕망자본론〉은 '자본의 욕망화와 욕망의 자본화'를 통해서 욕망자본론의 양면성을 바라봅니다. 이를 통해 발전 전략, 사회적 경제, 기본소득 등을 검토해 봅니다. 이러한 내용으로 구성된 『욕망자본론』은 색다른 사유의 실험이며, 주체성 생산을 도모하는 전략적 지도 그리기입니다.

이 책의 배경이 되었던 철학공방 〈별난〉의 관계망은 사실 아내와 제가 만든 공동체의 이름입니다. 둘이서 같이 얘기하고 협력하면서 인문학 책을 쓰는 공동체입니다. 물론 한때 '길냥이'였던 대심이와 달공이의 하루 일상이 약방의 감초처럼 우리 대화의 중심 주제가 되곤 합니다. 차를 마시고 글을 쓰고 음악을 함께 듣고 서로의 글에 대해서 애기해주는 것이 우리의 일상입니다. 철학공방 〈별난〉은 지난해 겨울 문래동으로 이사 오면서 예술가들과의 접속을 통해 훨씬 더 충만해졌습니다. 또한 예술가들과 활동가, 직장인, 생협 조합원 등과 함께 3개의 인문학 모임을 운영하면서, 두 사람 사이에는 많은 이야기 소재가 생겼습니다. 그래서 이제는 둘이 하루 종일 함께 있어도 할 이야기가 고갈되지 않았습니다. 어찌 보면 우리는 부부이면서도 동료이기도 하고 베프이기도 합니다. 매일 함께 앉아 대학원생처럼 발제를 하고, 세미나를 준비하고, 글을 쓰느라 바쁜 일상을 살아가고 있습니다. 철학공방 〈별난〉의 관계망은 이 책이 쓰이게 된 이유 중 하나입니다. 카프카의 소설도 친구들을 웃기기 위해서 쓴 것이 많다고 하지요. 저 역시 이 책을 쓰게 된 직간접적인 이유 중 하나가 '아내에게 멋있게 보이기 위해서'라고 해두고 싶습니다.

아내에게 바치는 34통의 연애편지는 아내가 살림을 하면서 느꼈을 문제의식에 접속하여 욕망 경제의 철학으로 말을 거는 색다른 시도라고 할 수 있습니다. 아내와 저는 2년 동안 펠릭스 가타리 세미나를 함께 하면서 이미 생각의 많은 부분을 공유하고 있습니다. 그래서 우리 두 사람 사이는 가타리가 생각한 '특이성 생산'이 이루어지는 관계망이라고 할 수 있습니다. 1월부터 시작한 편지는 강의가 많던 학기 중에는 거의 쓰이지 못하다가, 방학이 된 6~7월 사이에 집중적으로 서술되었습니다. 돌이켜 보면 아주 강렬한 시간이었습니다. 하고 싶은 말을 마치 속사포처럼 쏟아내면서 아내에게 편지를 써댔지요.

이 책에는 보이지 않는 관계망과 배치가 숨어 있습니다. 배꼽마당에서 진행된 가타리 세미나와 서로살림생협 인문학 모임, 문래동 도시재생 세미나, 생태문화협동조합 달공 준비 모임이 그것입니다. 이 책에서 선배로, 후배로, 친구로 등장하는 사람들이 사실은 이러한 관계망과 배치에서 유래됩니다. 그 관계망은 저의 생각을 고립시키지 않고 항상 열려 있게 만들어주었고, 늘 문제의식, 영감, 아이디어로 가득 차게 해주었습니다. 이 책이 나오기까지 편지를 꼼꼼히 읽어주고 첨삭해주고 조언해 준 아내 이윤경 님께 무한한 감사와 사랑을 드립니다. 또한 펠릭스 가타리의 욕망가치와 소수자 되기, 분자 혁명의 세계로 이끌어주시고, 연구자로서 성실함을 잃지 않도록 도와주신 윤수종 선생님께 감사드립니다. 또한 힘들고 어려운 일이 있을 때마다 멘토 역할을 해주신 홍윤기 교수님께 감사와 존경을 드립니다. 이 책, 『욕망 자본론』이 거친 아이디어에서 제법 틀을 갖춘 기획으로 발전하도록 도와주고, 책으로 물질화하는 데 도움을 주었던 알렙의 조영남 사장님께도 감사드립니다. 더불어 우리 닭살 커플의 애정 행각에도 불구하고, 꿋꿋이 옆에서 협동조합을 함께 만들고 있는 홍웅기 님에게 고마움을 전합니다. 이 책을 통해서 생명 위기 시대에서 공동체의 '생명 에너지'를 우리 안에 내재한 욕망에서 찾으며, 대규모의 주체성 생산과 분자 혁명을 맞이할 수 있었으면 좋겠습니다. 행복하고 충만한 독서 되시기를 기원합니다.

2014년 7월 10일

신승철

욕망 자본론

차례

1부

욕망인가? 노동인가?

생명 욕망인가?
자본 욕망인가?

지혜로운 윤경 씨에게

2년 전 우리 둘이서 철학공방 〈별난〉을 만들 때, 여러 가지 이야기를 했죠. 그때 욕망이라는 단어의 뜻에 대해서 우리는 주목했습니다. 본래 욕망(désir)은 '별(sir)에서 떨어져 나온(dé)'이라는 뜻을 갖고 있다는 것을 발견할 때, 나는 장난처럼 '별꼴', '별난', '별볼' 등의 단어를 내뱉었습니다. 그때 웃으면서 우리는 '별난'이라는 단어를 한 목소리로 말했죠. 이 사회는 욕망이란 단어에 대해서 탐욕이나 갈애 정도로 치부하고 금기시하고 있지만, 우리는 이 단어의 창조적 의미에 대해 재발견할 필요가 있습니다. 욕망이란 단어가 워낙 보통명사가 되어버린 현실 속에서 살고 있는데도 우리는 욕망이 어떻게 작동하는지, 왜 우리 신체 안에서 흘러나오는지 모르고 있으니까요.

중국 명나라 때 사상가인 이탁오(李卓吾, 1527~1602) 선생은 공자의 성선설을 계승하면서도 양명학의 전통에 서서 '아이들의 욕망이 선하다'라는 동심설(童心說)을 전개시킵니다. 이탁오는 근대가 시작되기 전인 16세기에 이미 근대 이후의 욕망 해방을 바라본 통찰력을 갖고 있는 사람이었습니다. 그는 고정관념을 거부하고 남녀 평등, 신분차별 철폐를 주장함으로써 사상적 이단으로 몰려 죽음을 당합니다. 그의 사상을 이어받은 조선의 학자가 바로 허균(許筠, 1569~1618)입니다. 허균은 광해군의 비자금 관리책이었는데, 은화를 횡령해 중국에서 비밀리에 책을 사 모으기 시작했습니다. 그때 허균은 당시 금서로 지정되어 있던 이탁오의 책을 발견하고 몰래 책 사이 간지로 끼워넣어서 밀반출을 합니다. 그는 이탁오 사상을 접하고 섬광과 같은 깨달음을 얻어 소설책을 쓰게 되었는데요. 그게 바로 아이해방군이 등장하는 『홍길동전』이지요. 극중 홍길동은 아버지를 아버지라고 부르지 못하는 아이이며, 봉건제를 넘어서 피안의 유토피아를 응시한 도사였습니다.

비슷한 사상을 전개한 사상가로 서양에는 빌헬름 라이히(Wilhelm Reich, 1897~1957)가 있습니다. 라이히는 권위주의 사회에서 성 해방과 성 욕망의 치유 능력에 대해서 말합니다. 이탁오의 '동심설'이나 라이히의 '오르가슴론'*이나 둘 다 욕망에 대해서 다루는 점이 일치하는 것 같아요. 저는 두 사람이 감옥에서 비명횡사하고, 욕망이라는 이단적인 것에 대해 말했기 때문에 분서갱유의 대상이 되었던 역사를 당신에게 들려주었지요. 당신은 "지금도 충분히 그렇게 될 수 있는 시대예

---

* 라이히의 오르가슴론은 성적 흥분을 완전히 방출할 수 있는 능력으로, 프로이트의 충동이나 리비도 에너지론을 계승하였다. 여기서 나는 성 욕망에 한정되지 않는 욕망으로 나아가기 위한 주춧돌로 라이히 이론을 받아들인다.

요! 강의할 때나 글을 쓸 때나 조심할 필요가 있어요."라고 말하면서 우려를 표시했죠. 우리 둘 사이에서 욕망의 흐름이 많은 것을 만들어 냈던 것처럼, 욕망이 이 세상에서 해낼 수 있는 일에 대해 얘기하고 싶군요. 요즘에도 권위, 강권, 통제, 억압 이런 것들에 의해 욕망을 굴절시키고 변형시켜서 이상야릇하고 기괴한 욕망이 만들어지고 있어요. 하지만 사랑으로부터 기원하여 여성, 아이, 동물, 소수자 들을 향하는 자연스러운 욕망의 흐름이 세상을 부드럽게 만들 수 있다는 점에 대해서는 언제나 간과할 수 없습니다.

사실, 욕망이라는 말처럼 더럽고 지저분해진 개념도 없을 거예요. 제가 욕망이라는 단어를 사용할 때도 당신은 그런 이상한 생각이 자꾸 든다고 했으니까요. 물욕, 소유욕, 식욕, 성욕 등 지극히 천박하고 세속적인 범위에서 접근하게 되는 게 욕망이니까요. 그렇지만 이런 지저분해진 개념을 쓰는 사람이 문제는 아니죠. 지극히 자본주의적인 삶을 살고 있는 일반 시민들에게 욕망의 지저분한 면은 천연덕스럽게 모습을 바꾸어 아주 말랑말랑하고 부드럽게 무의식까지 파고듭니다. 바로 이것이 자본주의적 욕망이지요. 저처럼 대놓고 얘기하는 사람보다 안 하는 척하면서 뒤에서 퇴폐적인 일을 즐기는 사람들이 더 지저분하지 않을까 하는 생각마저 들 정도니까요.

1968년 프랑스를 중심으로 유럽에서 일어났던 미완의 혁명에 대해서 다시 생각하게 됩니다. 프랑스 사람들은 당시 가장 안전하고 안락한 체제에 반기를 들었지요. 왜냐하면 그 포디즘(Fordism)이나 케인즈주의(Keynesianism)의 지배 체제가 욕망과는 지극히 맞지 않는 사회였으니까요. "지겨워서 살 수 없다", "노동하지 말라!", "죽은 시간 없이 살라!"라는 낙서가 거리 곳곳을 물들였지요. 기계화된 시스템 속에서 자율성을 잃어버린 노동자와 대학 당국의 권위주의적인 조치에 반항한 대학생들이 만나서 68 혁명을 촉발시켰습니다. 그래서 어떤 사람들은 68 혁명을 욕망의 혁명이라고도 부른다지요? 물론 그때의 상황과 지금의 상황이 아주 다르지만, 닮은 부분도 있는 것 같아요. 불안한 젊은이와 불안정한 노동자의 상황은 그때보다 더 심각하게 욕망을 예속에 동원해야 하는 상황에 직면해 있으니까요. 신자유주의 이래로 급증한 양극화와 사회 분열 양상은 욕망의 피라미드를 만들어서, 1%를 위해서 99%를 총동원하거나 혹은 배제하는 상황에 처해 있어요.

현재 자본주의는 자원 위기, 생태계 위기, 석유 고갈에 직면해서 장기 불황의 시작점을 알리고 있습니다. 자본주의는 어쩔 수 없는 위기와 추락으로 향하고 있습니다. 그러나 자본주의에서의 삶은 더 미친 듯이 일하고, 미친 듯이 쓰고, 미친 듯이 노는 현재의 정상 영업 상태*를 유지하려고 하고 있어요. 그래서 자본주의의 욕망을 떠올릴 때마다 욕망이 탐욕(貪慾)과 갈애(渴愛) 사이의 의미좌표를 갖고 있는 이유를 알게 되지요. 저희도 자본주의라는 욕망의 기관차에 몸을 싣고 미친 듯이 달렸던 때가 있었죠? 우리 두 사람은 직장과 연구실에서 각자 미친 듯이 일하고 집에 와서 대화도 하지 않은 채 다음날 출근하고, 또는 여유가 생기면 텔레비전을 멍하니 쳐다보며 서로에 대해 관심이 없었던 시기가 있었어요. 하지만 어느 틈엔가 우리는 둘 사이에서 공동체의 희망을 발견했는데, 그것은 당신이 직장에 사표를 제출하고 우리

---

* 정상 영업 상태는 화석 연료 기반의 현 문명이 유지될 수 없다는 점이 분명히 드러나는 시점에서도 탄소 중독적인 문명 ─ TV, 육식, 자동차, 아파트 등 ─ 을 유지하려는 통속적 삶이다. 정상 영업 상태는 사회심리학적인 의미에서 정상화된 삶을 표준적인 준거 집단으로 삼는다는 의미도 중의적으로 갖고 있다.

부부가 협동조합을 구상하던, 벌써 3년 전의 일이었던 것 같아요. 그리고 우리 둘은 철학공방 〈별난〉과 생태문화협동조합을 뚝딱뚝딱 만들기 시작했어요.

당신도 잘 알겠지만, 제 철학은 욕망을 생명 에너지로 보는 스피노자-라이히-가타리의 노선에 따르고 있습니다. 비록 비주류 계열의 일부이지만, 저는 엄청나게 부드럽고 상냥한 노선이라는 자부심이 더 큽니다. 적어도 사랑과 욕망이 만들 미시적인 역사를 가장 주목하는 노선이기 때문에, 권력, 제도, 이성, 노동 등의 노선과는 거리를 둘 수 있게 되었습니다. 그래요. 사랑과 욕망은 우리 삶의 미시적인 영역을 변화시키고 통합된 세계 자본주의 시스템을 고장낼 촉매제임에 저는 주목합니다. 사랑과 욕망이란 참 어렵고 복잡한 단어이지요. '사랑과 욕망'을 손에 잡히게 해달라고 말하는 사람이 있다면 뭐라고 말해야 할까요? 사랑과 욕망에 고정된 의미를 부여하는 상투적인 레퍼토리는 많지만, 사실은 의미를 재현할 수 없는 비표상적인 것이며, 당신과 나 사이의 흐름이라고 생각합니다.

그것은 우리의 신체에서 유래하며 다른 사람을 부드럽게 감싸는 생명 에너지입니다. 사랑과 욕망은 변화의 촉매제로서 관계 맺기의 방법을 우리에게 알려줍니다. 제가 마을, 협동조합, 공동체에 대해서 주목하는 이유도 그것 때문이에요. 우리의 관계가 갖는 배치의 변화와, 관계의 발효와 성숙이 세상을 재창조해 낼 것이라는 희망의 끈을 저와 당신은 함께 발견했습니다. 그때 제가 이렇게 말했죠. "속도를 내지 않아도 이익에 사로잡히지 않아도 따뜻해지고 부드러워질 수 있어요. 우리의 인격, 가치, 존엄성을 버리지 않고, 대안적인 가치와 값어치를 분리시켜 보지 않는 삶은 가능해요." 그런 작은 발견에 우리 둘은 아이가

　　　　　　　　　　　　　　　　　　　　　　　욕망 자본론

된 것처럼 신나고 흥이 나서 전국의 공동체를 찾아다니고 협동조합을 공부하고 그랬지요.

욕망 하면 왠지 뜨겁고 끈적끈적할 것 같다고 사람들은 말하는데, 대부분 그런 말을 하는 사람들은 자본주의가 만들어놓은 스테레오타입의 욕망을 생각하는 경우였어요. 그래서 욕망이 강렬해지면 주어진 틀이나 필요에 사로잡히지 않고, 아직 존재하지 않는 미래를 구성하는 원동력이 되고, 과학, 혁명, 예술을 창안할 수 있다는 것에 대해서 이해하지 못하는 사람들도 많아요. 자본주의에 의해 스테레오타입화된 욕망은 텔레비전, 술과 담배 등의 약물, 게임과 인터넷, 도박 등으로 정형화되어 있죠. 저는 펠릭스 가타리(Félix Guattari, 1930~1992)가 수행한 기계적 약물 중독 현상과 분열증 환자와의 비교 연구를 통해 그 사실을 알 수 있었어요. 예를 들어 게임에 빠져든 아이나 텔레비전에 사로잡힌 장년층의 경우 주변 환경과의 관계에서 마치 분열증자들처럼 어수룩하고 둔하고 멍해지는 것을 확실히 느낄 수 있었으니까요. 사실 욕망은 자유롭게 어느 방향으로든 뻗어나가고 그때그때 순식간에 변화할 수 있는 것이지요. 하지만 자본주의가 정형화시킨 틀대로만 움직인다면 애초에 욕망이 가지고 있는 야성성과 자율성은 사라졌다고 말할 수 있겠지만, 또 한편으로는 '과연 그럴까?' 하는 생각도 들어요. 욕망은 정형화된 틀 뒤에 숨어서 색다른 계기와 관계를 만날 때까지 응축되는 것은 아닐까 하는 생각이 듭니다. 살아가려는 의지와 욕망을 포기하지 않는다면, 색다른 주체성 생산을 전망해 보는 것도 어렵지 않으니까요.

그렇다면 사랑과 욕망의 부드러운 흐름은 어떻게 세상을 변화시킬까요? 최근 자본주의는 신체 욕망을 넘어서 기호 욕망의 단계에 진입했다고 평가되고 있습니다. 기호 흐름이 사랑과 욕망의 부드러운 흐름을 대신할 수 있게 된 것이지요. 저는 대안 미디어를 통해서 색다른 기호 흐름을 만들려는 시도가 굉장히 유효한 실험이라고 생각합니다. 이미지 영상의 흐름에 포획되어 사랑 대신 환상에 사로잡힌 젊은 세대를 생각하여 적잖이 우려를 했습니다만, 젊은 세대들이 색다른 모색과 특이한 실천을 하는 것을 인터뷰를 통해서 확인할 수 있었습니다. 그러한 과정을 통해 쓴 책이 『달려라 청춘』(삼인, 2014)이라는 책이지요. 그리고 젊은이들이 꿈꾸는 것은 여전히 그 자신을 만드는 유효한 것이라는 생각이 듭니다. 그 꿈은 환상이 아니라, 욕망이기 때문입니다. 환상은 고립된 개인들의 꿈에 불과하지만, 욕망은 관계 속에서 여럿이 원하는 것이기 때문이죠.

제가 당신에게 "욕망자본이라는 개념 어때요?"라고 언뜻 물었을 때, 당신은 다짜고짜 "자본은 권력이지만, 욕망은 아이나 동물, 장애인들이 떠오르는데?"라고 말했죠. 그래서 저는 차라리 동물, 광인, 아이, 소수자들 사이에서 발생되는 특이한 욕망과 소수자를 향한 사랑에 대해서 연구해 볼까 하는 생각도 들었습니다. 자본주의에서 소비되는 욕망과 다른 색깔과 무늬를 가진 욕망 즉 생명 에너지로서의 욕망이 떠올랐기 때문입니다. 아이들은 수많은 욕망의 흐름 속에서 살아가죠. 젖의 흐름, 음식의 흐름, 돌봄의 손길의 흐름, 대야에 담긴 물의 흐름, 똥의 흐름 등등 이루 말할 수 없는 흐름 속에서 아이들은 살아갑니다. 그래서 우리의 어린 시절은 무의미하다고 여겨지는 욕망의 흐름이 만든 따뜻하고 부드러운 현실이었다는 생각이 들어요. 그래서 어린 시절 자신을 향한 따뜻한 기억을 갖고 있는 사람이라면, 누구나 사랑과 욕망의 흐름을 만들 능력을 갖고 있는 셈이라고 할 수 있습니다.

욕망 자본론

히에로니무스 보쉬, 「세속적 쾌락의 동산」(15세기)

저는 가끔 우리가 만든 공동체는 욕망을 긍정하는 공동체였으면 좋겠다는 생각을 해요. 욕망은 활력이며 생명 에너지인데, 욕망이 폐색되면 공동체는 닫히고 코드화되어 버리니까요. 어떤 사람이 제게 얘기해줬던 것이 생각나요. 그 사람은 우리의 연구실에 와서 약간 냉소적으로 "이 연구실이 감옥이나 독방이라고 생각해 본 적 있어요?"라고 말했는데, 순간 정말 아연실색하게 되더군요. 사실 천당과 지옥도 관계의 변화와 생각의 변화에 따라 오갈 수 있는 영역이니까요. 그리고 사랑과 욕망의 흐름이 끊긴다면 그 사람의 말이 실제 현실이 될 수도 있겠다 싶더군요. 우리 두 사람이 만든 공동체를 푸리에의 '사랑의 신세계'라고 말하면 어떨까 하는 생각이 들기도 했어요. 물론 푸리에의 사상은 프리섹스와 성해방에서 '팔랑스테르(phalanstère)'라는 도시 설계에까지 이르는 위험하기 그지없는 내용이긴 하죠. 생명 에너지가 가득 찬 공동체란 이를테면 에피쿠로스의 전통, 즉 텃밭을 가꾸고 광인, 창녀, 음유시인, 떠돌이로 구성된 욕망과 사랑의 공동체의 전통을 따르는 게 아닐까요? "『욕망자본론』은 언제 쓰나요?"라고 당신은 궁금해 할지도 모르겠네요. "글쎄요."라고 저는 그렇게 대답하고 싶습니다.

2014년 1월 13일

욕망 자본론

욕망은 마조히즘인가?

사랑하는 윤경 씨에게

어느새 설이 눈앞으로 다가오고 사람들이 새해를 맞을 준비에 분주한 나날입니다. 우리는 어제 윷을 사고, 말판을 만들고 그랬는데, 지인들과 함께 윷놀이를 할 생각에 벌써부터 가슴이 설레네요. 이렇게 소박하면서도 재미있게 사는 방식이 있는데, 왜 사람들은 돈 때문에 돈을 욕망하고, 권력 때문에 권력을 욕망하고, 자본 때문에 자본을 욕망할까요? 물론 소진된 인간처럼 아무 활력과 욕망이 없는 사람들도 있죠. 둘 중 어느 쪽이 더 낫다고 얘기할 순 없지만, 욕망을 생성하는 대부분의 형태가 예속을 원하는 욕망으로 변질되는 이유가 궁금해지는군요. 빌헬름 라이히(Willhelm Reich, 1897~1957)가 파시즘하에서의 굴절되고 변형된 욕망에 대해서 말했듯이, 어떤 금기가 우리 안에서 작동하기 시작할 때 마조히즘적 욕망의 그물에 걸려드는 경향이 있지요. "피할 수 없으면 즐겨라!"라는 식의 마조히즘적인 욕망은 도처에서 발생해서 우리의 삶에 말랑말랑하게 포장이 되어 다가옵니다. 언젠가 제 친구는 "자본주의하에서 욕망은 해방되었으며, 권위주의적인 금기의 작동은 거의 없다."라고 말하기도 하였어요. 그러나 자본주의를 잘 뜯어보면 여전히 금기와 터부의 예속이 존재하고, 예속되는 것을 욕망하는 마조히즘적인 욕망들이 그 안에 똬리를 틀고 있다는 것을 빈번히 발견하게 돼요. 라이히 박사의 『성정치』(중원문화, 2012)에서의 설명대로라면, 1차적 욕망이라고 할 수 있는 자연스러운 욕망의 흐름이 금기에 협착되고 굴절되어 변형된 2차적 욕망으로 변질되는 과정이라고도 할 수 있죠.

라이히 박사의 빛나는 통찰이 들어간 『파시즘과 대중심리』(그린비, 2006)라는 책은 당대 독일에서 파시즘이 발호하게 된 사회심리적인 배경에 대해서 다루고 있어요. 이 책에 의하면 파시즘은 바이마르공화국이라는 가장 권위적이고 합리적인 좌파 정권 치하에서 똬리를 틀었습니다. 당시 1차 세계대전 이후에 독일 사회는 패전 국가가 부담해야 할 전쟁 부채로 인해 민중들의 삶이 밑바닥까지 떨어졌던 만성 불황의 시기였습니다. 그런데 불현듯 "갈 데까지 가보자."라는 자살적인 흐름에 대중들은 환호하기 시작했습니다. 여기서 라이히가 바라본 파시즘의 본질은 무엇이었을까요? 그는 직분과 역할, 기능에 충실한 사람들에 주목합니다. 이것을 라이히는 '성격 갑옷'이라고 부릅니다. 이들은 학생, 군인, 주부, 노동자라는 딱딱하고 경직된 외피에 둘러싸여서 정체가 분명한 사람이 되지만, 이내 '욕망을 억압하는 욕망'이라는 기괴한 욕망에 동원되면서 파시즘에 환호하고 도취됩니다. 성격 갑옷이란,

욕망 자본론

들뢰즈와 가타리가 이기(being)라고 불렀던 상태와 유사합니다. '나는 군인이다', '나는 학생이다', '나는 간호사다'라는 방식으로 자신의 표정이나 외양, 근육이나 신체까지도 자신의 직분에 맞게 만들고 역할과 정체성 내에서만 움직이는 등의 모습을 보이는 것을 의미합니다. 자신의 성격 갑옷에서 벗어나 부드러운 사랑과 욕망의 흐름에 몸을 싣지 못하고, 오히려 욕망을 억압하는 데 욕망을 동원한 당대 파시스트의 모습이 이 책에서 묘사되어 있죠. 사람들은 이 책을 읽을 때 앞으로 파시즘의 시대는 오지 않을 것이라고 생각하거나 혹은 과거의 일로 치부하기도 하죠. 하지만 오늘날에도 파시즘은 천연덕스럽게 작동하고 있어요. 지금 우리가 살고 있는 현대의 삶은 당시보다 더 고도로 조직된 차별과 배제라는 미시 파시즘의 작동 속에 있으니까요. 겉으로는 자유와 평등이 보장되는 민주주의 사회가 도래한 것처럼 보이지만, 미시 파시즘이 우리 내부에서 강렬하게 작동하고 있다고 저는 생각합니다.

그래서 자본주의는 착취로도 유지되지만 차별로도 유지됩니다. 즉 통념상 노동자의 착취로 유지되는 것이 자본주의 같지만, 정상적인 문화 생활의 준거를 통해서 소수자들을 차별하는 것으로도 유지되는 것이지요. 이러한 특징으로 인해 자본주의는 미시 파시즘을 내부에 장착하지 않고서는 작동될 수 없습니다. 그렇기 때문에 자본주의의 욕망은 마조히즘적인 욕망을 배태하고 있어서, 욕망이 강렬해지고 폭발하고 분출하는 과정에서도 미시 파시즘적인 욕동과 심성을 담고 있는 점이 종종 발견돼요. 심지어 욕망을 말하는 모든 사람을 일단 미시 파시즘이라는 색안경을 끼고 바라봐야 한다는 사람조차도 있을 정도니까요. 자본주의의 욕망의 정치에 대해서 사람들은 할 말이 많아요. 지난 정부가 갖고 있던 성장주의와 승리주의의 망상들은 욕망의 억압에 복무하기 위해서 욕망을 동원하는 '욕망의 정치'를 잘 보여주니까요. 사람들은 대규모 개발사업에 환호하고 성공을 향한 긴 줄을 섰습니다. "좌파 파시즘과 우파 파시즘 중 어떤 것이 더 나은가?"라고 말할 정도로 좌파도 미시 파시즘에 예외일 수 없는 상황이 되었습니다. 사람들의 열광, 도취, 환호, 황홀경에 대해서 면밀히 그 내부의 진실을 잘 들여다볼 필요가 있게 되었어요. 대중들은 스타나 정치가나 전문가에 환호하고 마조히즘에 빠져들어 미시 파시즘의 찬양자로서 욕망을 생산하는 경우가 많지요. 그러나 저는 세상의 변화가 스타나 소영웅, 전문가에 대한 환호와 복종이 아니라 아이에 대한 존중, 여성의 부드러움으로부터 출발한다는 것을 말하고 싶습니다. 즉, 변화는 우리 집 부엌에서 시작할 수도 있다는 말이지요. 그런 의미에서 미시 파시즘과 결별한 욕망에 대해서 다루고자 합니다.

여기서 우리는 고백을 하나 해야 할 것 같아요. 우리 모두는 어느 정도 미시 파시스트라는 사실을 말이죠. 어떤 사람은 여성에게 부드럽지만, 아이들에게 권위적일 수 있습니다. 아이, 여성, 광인, 동성애자에 대해서 일정 부분은 권위적이고 훈육적인 입장에 서곤 하는 것을 종종 우리 안에서 발견하게 되죠. 그러나 가타리는 어디선가 미시 파시즘의 문제는 그것이 '어느 정도인가'라는 점에 있다고 말하였습니다. 제 경우에도 어떤 면에서는 진보적이다가도 대학에서 강의를 할 때 학생들에게 통제와 관리의 시선에 서 있다는 점을 발견하곤 합니다. 또한 저는 밤에 길을 가다가 눈앞에 흑인이 등장하면 식별의 시선에서 바라보는 경우가 종종 있어요. 그러나 제가 미시 파시즘적인 태도를 보일 때, 주변 사람들이나 공동체에서 반대 의견이나 다른 입장을 가지면서 저의 태도를 변화시키게 만들고 심지어는 꼼짝하지 못하도록 만들어버

욕망 자본론

릴 수 있습니다. 주변 사람들에 의해서 제 무의식의 성좌를 바꿀 배치의 변화가 가능할 수 있게 되는 것이지요. 그래서 집단적인 배치 속에서 저 자신의 내부에 있는 미시 파시즘은 슬그머니 꼬리를 감추게 되는 것입니다. 지구 생태계의 위기 상황은 마조히즘적인 욕망의 강렬한 등장과도 관련되어 있습니다. 에고 파시즘과 그린 선제주의가 발호하는 것이지요. 그러나 욕망 해방과 생명 살림은 따로 떨어져 있는 문제가 아닙니다. 작년에 제가 영등포평생학습관에서 진행하던 〈철학 속 생태 읽기〉라는 강좌에서도 가정주부들이 생태계 위기의 상황에서 미생물 세정제를 쓰고, 지렁이를 키우고, 텃밭을 가꾸고, 채식을 하는 등의 분자 혁명을 일으키는 것을 볼 수 있었지요. 아줌마들의 생활 속에서의 반란은 멋지고 당찼습니다. 우리의 평범하고 일상화된 삶 속에 마조히즘적인 욕망이 등장하는 이유는, 무심결에 자신의 육식, TV, 자동차, 아파트 등의 화석 연료 기반의 정상 생활을 보장받기 위한 수단이라는 생각도 듭니다.

마조히즘에 대한 철학적 문제제기를 처음 한 사람은 17세기의 스피노자(Baruch de Spinoza, 1632~1677)가 처음이었습니다. 저와 윤경 씨는 스피노자주의에서 영감을 받아서 삶을 재창조할 소재로 그의 철학에 기대고 있는 것이 대단히 많은 것 같아요. 스피노자는 『에티카』(서광사, 2007)에서 "왜 인간은 예속을 영예라고 생각하는가?"라는 질문을 던지는데, 그 문제제기는 오늘날까지도 유효하다는 생각이 듭니다. 철학자는 무엇을 정의하기보다는 색다른 문제제기를 잘 해야 한다고 제가 여러 차례 얘기했죠? 색다른 문제제기는 색다른 사유의 경로를 개척할 수 있는 단초가 되기 때문이죠. 스피노자는 '예속인'으로부터 벗어난 '자유인'의 해방 전략을 제시하였습니다. 그것은 사랑이 증오를 변화시키고, 예속과 무능력의 슬픔보다 욕망의 상호 긍정의 기쁨이 늘 승리할 것이라는 전망이었지요. 그가 얘기한 '자유인들의 사랑과 욕망이 약속한 기쁨의 민주주의'는 미래에 대한 희망으로 가득합니다. 사랑과 욕망을 통해 부드러운 혁명이 가능하다는 생각은 감미롭게 떠오르는 말풍선처럼 우리 사이에 교차되지요.

스피노자가 21세기의 욕망을 바라본다면 무엇이라고 했을까요? 우리의 공동 작업 『눈물 닦고 스피노자』(동녘, 2012)가 바로 이러한 점을 재미있는 스토리로 엮어본 것이었지요. 오늘날의 예속에 대한 욕망은 괴기스럽기까지 해요. 미시 파시즘의 환호와 열광, 도취, 황홀경, 열정의 투사에 따라 미디어나 약물, 성, 게임, 인터넷 등이 우리의 욕망을 끊임없이 자극하고 있기 때문이지요. 이전에 얘기했듯이 공동체로부터 벗어나 개인으로 원자화된 사람이 욕망을 자극받는 것은 기계 장치들밖에 없는 상황이지요. 다른 사람에게 해를 끼칠 수 없이 철저하게 고립되어 있는 개인이라도 '기계적 약물 중독'*의 상황에 처해 있다면, 미시 파시즘의 유혹으로부터 자유로울 수 없습니다. 게임을 좋아하는 후배에게 저는 요전 날 이렇게 얘기한 적도 있어요. "네가 죽인 괴물이나 몬스터들도 생명이라면 어떻게 할 거야?" 미디어나 인터넷, 게임 들에서 매우 강렬하고 역동적이고 재미있는 가상의 욕망은 미시 파시즘으로 향하고 있을까요? 아니면 현재의 고립되고 원자화된 개인의 상황을 잠시 잊게 해주고 재미있고 신나고 흥이 나는 잠재성의 영토로

---

* 기계적 약물 중독 현상은 가타리에 의해서 창안된 개념이다. 미디어, 인터넷, 게임 등으로 포위된 개인의 삶은 무기력한 것이 아니라, 색다른 잠재력을 발견할 수 있다는 것이 요지이다. 그러나 나는 기계적 약물 중독이 긍정적인 면과 부정적인 면 모두를 갖는다고 생각한다.

향하는 것일까요?

미디어가 갖고 있는 미시 파시즘의 숨결을 생각해 보면 그 단서가 나타날지도 모릅니다. 저는 인기 있는 TV프로그램을 유심히 들여다보면 건강하고 부유하고 장애가 없고 잘생긴 사람들을 옹호하고 사회적 약자와 소수자, 생명을 배제하고 차별하는 편견의 시선을 발견하게 됩니다. 이러한 미디어에서의 시선은 사람들로 하여금 차별과 식별 속에서 정상 생활을 구축하도록 만든다고 생각됩니다. 차별과 배제의 시선이 강화되고 전반적인 것이 되면, 세상은 머지않아 증오와 적대의 시선으로 바뀌는 것도 금방일 것이라는 걱정이 드는 경우도 많아요. 그러면서 자연스레 현재의 학교와 직장, 사무실, 공장에서 똬리를 트는 미시 파시즘에 대해서 생각하게 되었지요. 예를 들어 학교에서의 왕따의 문제나 공장에서의 비정규직 차별과 같은 문제들이 있죠. 미시 파시즘적인 행동양식들은 정상인이라고 자임하는 사람들의 당연한 행동에서도 뿌리내릴 수 있다는 점에서 항상 신중하고 조심스러울 필요가 있습니다. 그래서 이탈리아 정치학자인 프랑코 바살리아(Franco Basaglia, 1924~1980)는 '정상적인 것이 광기다'라고 단언하지 않았을까요?* 자본주의는 미시 파시즘이 갖고 있는 차별의 시선을 통해서 체제를 유지하고 정상적인 것을 유지합니다. 그래서 앞으로의 혁명은 어떤 방식이어야 하는지 조심스럽게 질문을 던지게 됩니다. 그것은 아마도 증오와 차별을 변화시킬 사랑과 욕망의 부드러운 흐름으로부터 출발하는 '분자 혁명(Molecular Revolution)'이 아닐까요? 좌/우파의 프레

---

* 내가 마조히즘적인 욕망이 표준화된 준거집단의 삶을 의미한다는 생각을 하게 되는 이유도 바살리아의 논법을 따른다. 평범한 삶이라고 일컬어지는 삶에 대해서 의문을 갖지 않는다면 욕망은 마조히즘으로 포획될 것이다.

임이 미시 파시즘의 토대 위에 세워진 건축물이라는 점에서 잉여와 같은 찌꺼기와 잔여적 이미지를 갖고 있어요. 과연 우리 세기 동안 무의식, 욕망, 사랑의 획기적인 변화는 가능할까요? 예기치 못하고 생각지도 못했지만 도처에서 일어나는 분자 혁명의 연쇄 반응이 가능할까요?

혁명이라고 하면 프랑스 혁명이나 러시아 혁명과 같이 체제를 뒤집어엎는 일종의 반국가적인 시도라고 생각하지 쉽지요. 그러나 저는 반국가적인 사상을 갖고 있는 사람이 가장 권위적이고 미시 권력적인 국가주의적인 시스템을 공동체 안에 설치하려고 하는 것을 종종 발견합니다. 동시에 가장 반자본주의적일 것 같은 혁명가연하는 사람들이 성인/자국민/남성/정상인의 질서를 옹호하는 입장에 서 있는 것을 발견하고 화들짝 놀랄 때가 많습니다. 가장 극좌파적인 사람들 사이에서도 극우파 못지않은 차별과 배제의 메커니즘이 작동하고 있다는 점을 발견하고 언제부턴가 저는 그들로부터 거리를 취하게 되었습니다. 좌파가 자본주의의 표준화된 준거집단을 벗어나지 못하고 욕망을 차등화할 때, 결국 욕망이 회수되고 포획될 것이라는 점도 분명합니다.

지금 우리가 살고 있는 안락하고 평안한 상태는 사실은 제3세계 민중들의 삶을 배제하고 차별한 결과라는 것을 알고 있나요? 오늘도 13억 명의 사람들이 하루 한 끼만을 먹고 있고, 매년 600만 명의 사람들이 기아로 죽어갑니다. 그러나 우리의 삶에서는 그러한 제3세계 민중의 삶이 제거되고 가려져 있어서 전혀 알 수도 느낄 수도 없죠. 현존 자본주의 문명은 제3세계 인민들과 가난한 자, 병들고 늙은 자들을 의도적으로 감추고 숨아내고 있습니다. 그 대신 부드럽고 달콤한 내부 영토 속에서 졸음을 느끼듯 무심결에 지내도록 유도하지요. 진실을 얘기해야 할 미디어에서는 그들의 모습이 전혀 보이지 않고 건강하고 부유하며 스타일리시한 사람들이 등장해서 앵무새처럼 안전하고 안락한 자본주의하에서의 삶을 얘기하고 있죠. 만약 미디어에서 돈 없는 자, 장애가 있는 자, 문화적 소수자, 이주민, 제3세계 인민들이 주인공이 되어서 얘기한다면 어떨까요? 텔레비전을 계속 볼 수 있을까요? 아마 대부분의 사람들이 금방 채널을 돌려버릴 겁니다. 저는 인터넷 공간에서의 여성 비하, 아이 비하, 이주민 비하, 지역 차별 등은 심각한 수준에 올라와 있으며 의도적으로 그/그녀들을 차별하고 배제하면서 자신의 말을 뱉어내는 데서 쾌락을 추구하는 미시 파시스트들이 창궐하고 있다는 점에도 주목합니다. 그들은 좌파일 수도, 우파일 수도, 학생일 수도, 노동자일 수도, 교사일 수도 있습니다.

좌파와 우파는 준거집단의 합리주의라는 기반에서 동일한 정치 기반을 갖고 있습니다. 그런데 그 합리주의라는 것이 사실은 배제와 차별을 공고히 하고 자본주의의 정상 영업 상태에 기반하고 있죠. 좌/우파 모두 미시 파시즘이 갖는 차별과 배제라는 정치사회적인 프로그램이 작동되어 대안의 정치가 마치 이전부터 그랬듯이, 앞으로도 불가능한 것처럼 보이게 하는 착시 효과를 보여줍니다. 얼마 전 저는 어떤 그룹에 대해서 들었습니다. 그들은 권위를 갖고 의미를 고정시키며 규정하고 단언을 하는 지식인들이나 전문가, 정치가에 대해서 환호하고 열광하고 있었어요. 마치 팬덤 집단처럼 말이지요. 저는 감히 그들을 마조히즘 집단이라고 말하고 싶습니다. 예속을 욕망하는 것의 문제는 좌파였든 우파였든 달라지지 않는다는 생각이 듭니다. 중요한 것은 우리가 "자유인으로서 행동하는지, 혹은 예속인으로서 행동하는지"를 정확히 구분해야 한다는 점이죠. 그래서 저는 마조히즘적인 욕망과 생명 에너지로서의 욕망을 구분하고 미시 파시즘과 욕망 해방 운동을 명확히 구분해야 한다고 생각합니다.

　그러나 우리는 작은 꿈을 꾸어볼 수 있습니다. 거시 정치에서 모든 것을 해결하겠다는 환상을 거두고 그 대신 사랑과 욕망의 미시 정치가 발언권을 획득하게 될 날을요. 미시 정치는 부엌, 약물, 음식, 게임, 사랑 등과 관련된 삶의 문제를 다루는 차원의 생활 정치입니다. 미시적인 삶에서의 생명과 소수자에 대한 사랑은 가타리의 표현대로라면 혁명 운동이나 혁명가가 없을지라도 도처에서 일어나는 분자 혁명입니다. 어제 윤경 씨와 마주앉아 국수를 먹으면서 이런 상상도 해봤습니다. 우리가 유한하고 국지적인 삶의 공간에서 살아가지만 우리 안에서 우주, 생명, 소수자에 대한 사랑과 욕망이 서식하고 있지 않은가라는 점을 말이죠. 소수자에 대한 사랑, 즉 소수자 되기는 우리 사이에서 흰 벽을 관통하여 우리가 만든 타자를 진정한 공동체 일원으로 받아들이고, 사랑의 부드러운 흐름으로 감쌉니다. 소수자는 고양이, 예술가, 광인, 부랑아일 수도 있습니다. 소수자는 특이한 욕망을 가진 사람이라고 할 수 있습니다. 우리 두 사람은 기성 질서에서 비껴난 작은 공동체를 만들고 있으니 그것으로도 이미 희망은 가까이 있지 않을까요?

2014년 1월 28일

욕망을 생산할 것인가?
욕망을 억제할 것인가?

사랑하는 윤경 씨에게

어제는 문득 맥주가 생각나서 집에 가던 길에 동료를 불러 한 잔 했어요. 연구실에서 차분하게 작업하다가도 갑자기 사람이 만나고 싶고 술이 당길 때가 있지요. 때맞춰 시원한 맥주 한 잔을 들이켤 때의 그 짜릿함이란! 하지만 당신은 늘 제 건강을 걱정하며 술을 마시지 말 것을 당부하곤 합니다. 당신의 세심한 관리 덕분에 제가 항상 건강과 마음의 평화를 유지한다는 것을 알기에, 되도록 술을 멀리하려고는 하지만 가끔은 그렇게 소소한 일탈이 일상의 행복으로 다가오는 경우가 있더군요. 이상한 일이지요? 안정과 일탈이라는 정반대의 신호음이 동시에 같은 의미로 다가온다는 사실이 말이죠.

그래서 오늘은 이중 구속(double bind)에 대해서 얘기하려고 합니다.

이중 구속이라는 말을 쉽게 설명하려면 이 사례를 드는 것이 좋겠군요. 어떤 선문답 시간에 노승이 지팡이를 들고 불호령을 하며 제자들에게 말합니다. "네가 꼼짝하면 때릴 것이야, 네가 꼼짝 안 해도 때릴 것이야." 그러자 제자들은 땀을 뻘뻘 흘리며 어쩔 줄 몰라 하죠. 결국 이 노승의 선문답은 고정관념으로부터 벗어나자는 의미이기는 하지만, 다른 의미로는 이중 구속이 어떤 형태인지를 잘 보여주는 예입니다. 두 개의 모순된 발신음이 동시에 수신될 때 이중 구속이라고 하며, 사람들은 이중 구속 상황에서는 이러지도 저러지도 못하게 되죠.

이중 구속 이론은 베이트슨(Gregory Bateson, 1904~1980)이 1950년대 수행한 정신병리 현상과 커뮤니케이션 간의 관련성에 대한 연구로부터 시작했어요. 그는 나치 독일의 사회병리와 매카시(McCarthy) 시대, 냉전을 거치면서 정신병리의 기원을 탐색하기 시작했는데요. 그는 발리 섬의 이아트멀 족의 인류학적 탐색을 통해서 자본주의가 갖고 있는 이중 구속적인 대화 방법이 어디로부터 유래했는지 추적합니다. 아주 흥미진진하게도 아카데미의 변방에 있던 한 연구자가 필생의 과업으로 이루고자 했던 사상이 『마음의 생태학』(책세상, 2006)에 담겨 있어요. 베이트슨은 대부분의 연구 프로젝트에서 실패를 판정받았고, 논문도 학계에서 거의 받아들여지지 못하던 상황이었지만, 그가 남긴 이론은 생태학과 뉴에이지 운동의 초석이 됩니다.

저는 자본주의가 갖고 있는 이중 구속에 대해서 말해 볼까 해요. 저는 먼저 "병주고 약주고"라는 상황을 생각해 봤어요. 이를테면 도박 중독에 빠져든 사람들은 도박장에서 지원하는 도박중독센터에서 치료를 받고, 알코올에 빠져든 사람들은 주류 업체에서 지원하는 알코올중독센터에서 치료를 받는 상황이 그것이죠. 자본주의하에서 한편에서는 욕망을 생산하면서도 한편에서는 욕망을 억제하는 이중 구속의 상태가 기괴하기만 합니다. 다니엘 게랭의『성자유』(중원문화, 2013)에서도『킨제이보고서』를 비판적으로 검토하면서 애정과 욕망의 분열의 양상에 대해서 쓰고 있어요. 아내와의 애정 생활은 어머니나 여동생을 대하듯 결벽증적인 관계를 만들지만, 성-빈곤의 상황에 처할 수밖에 없어서 품행이 방정치 못한 여인과 죄의식과 쾌락이 동반되는 불륜을 통해서 성 욕망을 해결하게 된다는 것이지요. 이러한 성 욕망의 분열의 논리 역시도 이중 구속의 한 단면인 것 같네요. 이렇듯 자본주의는 욕망을 증폭시키면서, 한편으로는 욕망을 억제하는 이중 구속을 내부에 갖고 있다는 점에서 정신분열증과 상동성을 갖는다고 보아야 무방할 것 같아요.

혹자는 자본주의가 욕망을 해방시켰다라고도 하지요. 정말로 자본주의하에서는 여러 가지 욕망이 발흥하고 자유롭게 유통되는 듯한 착각에 빠져들기도 해요. 그래서 사람들은 자본주의가 욕망의 폭주기관차를 만들었고 제어할 수 없는 수준에 이르렀다고들 해요. 제 주변에도 사람들이 성공주의와 승리주의에 대한 욕망에 빠져들어서 자신의 능력을 훨씬 상회하는 부동산, 주식, 도박 등을 하면서 오히려 추락하는 경우도 있습니다. 자본주의는 자본의 욕망 증대 구조와 그것을 제어하려는 국가의 반생산을 동시에 장착하고 있어요. 여기서 국가는 고대의 제사장이나 중세의 종교 판관처럼 금기와 터부를 통해 욕망에 대해서 죄의식을 느끼도록 만듭니다. 그래서 국가와 자본의 이중 플레이 속에서 사람들은 자유와 예속을 동시에 느껴야 하는 상황에 처합니다.

저는 이중 구속에 따라 이러지도 저러지도 못하고 쩔쩔매는 상황이

한국 사회 도처에서 벌어지고 있다고 생각합니다. 자본주의는 한편으로는 더 많은 욕망을 강제하고 있어요. 더 좋은 자동차, 더 좋은 아파트, 더 좋은 음식과 같은 것에 따라 더 많은 욕망을 꿈꾸도록 강제합니다. TV를 통해 이러한 욕망의 증대는 계속 권장되지요. 다른 한편으로 자본주의는 욕망을 억제하는 프로테스탄티즘과 같은 금욕주의를 갖고 있어요. 그래서 아주 결벽증이다 싶을 정도로 가족, 국가, 집단 내에서 욕망을 억제하죠. 방탕과 근면은 동전의 양면과 같은 것이 아닐까요?

자본주의가 욕망을 생산하고 억제하는 이중 구속의 원리는 마르크스의 말처럼 "자본주의의 무덤을 파는 자본의 운동"을 내부에 갖고 있습니다. 마르크스는 자본의 욕망이 더 증대될수록 자본주의를 파괴하는 역설적인 상황에 대해서 언급합니다. 특히 요즘 같은 신자유주의 상황은 자본의 운동과 자본주의적인 욕망이 아주 파괴적으로 증폭되어 있으며, 때로는 국가가 원시공동체의 제사장처럼 욕망에 대한 반생산을 추구하는 모습도 보입니다. 그러나 자본주의 욕망을 멈추게 하는 더 강렬한 것이 나타났습니다. 바로 생태계의 한계와 생명의 위기 상황이지요. 지구의 한계에 마주친 자본주의는 리먼 브러더스 사태 이후로 장기 불황에 진입해 있습니다. 더 이상 성장할 수 없는 상황에서도 자본주의적 욕망을 미친 듯이 꿈꾸고 있는 남다른 몽상가들을 저는 주변에서 쉽게 발견합니다. 그러나 대부분 그런 경우는 좌절과 멘털 붕괴로 향하고 맙니다.

이제는 성공과 승리를 향한 폭주기관차는 더 이상 유효하지 않습니다. 자본주의적인 욕망은 병리적 분열을 내부에 갖고 있지만, 그 이중 구속이라는 협착의 사슬로부터 벗어나는 것은 주변에 있는 사람들과 교류하고 대화하며 느리게 움직이면서 생각하기 시작할 때 비로소 가능해집니다. 이러한 예속과 지배의 사슬로부터 벗어나는 것은 관계망과 같은 배치의 변화에 의해서 이루어질 수 있습니다. 바로 당신이 3년 전 매일매일 뛰고 달리고 폭주하던 직장 생활로부터 벗어나 생협과 접속하고 공동체 내부로 배치를 바꾸면서 삶과 가치관에 엄청난 변화를 겪었던 것처럼 말이지요. 아, 그리고 연구실 주변을 떠돌던 길냥이 대심이와 관계를 맺고 함께 살면서부터 생명에 대한 태도가 완전히 바뀐 것도 한 예가 될 수 있겠네요. 이처럼 사람들은 고립되어 개인으로 원자화되어 있을 때, 자본 때문에 자본을 욕망하고, 국가 때문에 권력을 욕망하고, 돈 때문에 돈을 욕망하게 됩니다. 더구나 혼자 고립된 경우 이러한 연쇄적인 덫에서 좀체 빠져나오기 어려운 상황이 됩니다. 그러나 자본주의적인 이중 구속은 진정한 소통과 사랑과 욕망의 흐름이 발생되는 순간 금방 사라져 버리죠. 물론 다른 경우 통속적 욕망의 증대가 끝 간 데까지 치달아 가다가 파국과 밑바닥에 도달해서 재배치되는 길도 있어요. 그러나 이 경우에는 위험 부담이 엄청나게 많죠. 그런 파국과 밑바닥이 오히려 우리로 하여금 자살적인 블랙홀로 끌려들어가게 만들 가능성도 농후하기 때문이죠. 그렇기 때문에 욕망의 배치와 재배치를 통해서 욕망을 다스리는 욕망의 미시 정치가 이 시대에 요청되기도 합니다.

그렇다면 자본주의적인 욕망인 병리적 분열이 창조적 분열로 이행하는 것이 가능할까요? 저는 펠릭스 가타리의 분열생성론*에 주목합니다. 심리치료사이기도 했던 펠릭스 가타리는 라 보르도 병원에서 정

---

* 분열생성론은 병리적 분열에서 창조적 분열로의 이행을 다룬 이론이다. 정신분열자에 대한 낭만적인 찬양이 아니라, 색다른 삶을 창안하는 능력의 배후에 있는 분열적인 계기를 발견하는 것이 이 이론의 목표이다.

신질환자들을 치유하기 위해서 활동했습니다. 그는 평생 일에만 미쳐 살아오던 사람이 갑자기 모든 일에서 무기력해지고 축 처진 상태로 병원을 찾는 것을 보곤 했습니다. 그래서 그 사람들로 하여금 글, 그림, 시, 음악, 몸짓, 표정 등의 예술에 미치도록 유도를 하죠. 정신질환자들은 이미 삶에서 협착되어 있고 종속되어 있던 상황이었지만, 다른 경로와 마주치자 놀랍게 삶을 재창조해 냅니다. 앞서 말했듯이 자본주의는 사람들로 하여금 이중 구속에 사로잡히게 하는 특징을 갖습니다. 그래서 일단 이중적인 족쇄에 쩔쩔매게 되지만, 분자 혁명이라는 섬광과 같은 변화에 의해서 이행하고 횡단하고 변이되는 자유로운 흐름으로 나아갈 가능성은 여전히 남아 있습니다. 최근에 발흥하고 있는 협동조합, 마을, 공동체에 대한 시각도 세상에 대한 재발견을 위한 실천이라고 생각됩니다.

들뢰즈와 가타리는 『앙티 오이디푸스』와 『천 개의 고원』이라는 두 저작의 부제로 '자본주의와 정신분열증'이라는 문구를 사용했어요. 그 두 사람이 발견한 것은, 자본주의의 욕망의 움직임이 정신분열증과 매우 흡사하다는 점이었어요. 그래서인지 자본주의 욕망의 극한에는 정신분열증이 있습니다. 일하지도 못하고 감각하지도 못하고 멍하고 텅 빈 분열자의 상태처럼 자본주의는 공황의 가능성을 항상 내재하고 있는 체제입니다. 욕망은 공동체 내에서 자연스럽게 흘러야 하는데, 자본주의에서는 폐색과 협착의 공황 상태에 의해서 멈추고 정지되고 해체된 상태를 항상 내부에 갖고 있습니다. 최근에는 금융위기와 같은 상황으로 나타나고 있지요.

자본주의의 정신분열증이 '이러지도 저러지도' 못하는 협착과 폐색의 상태에 빠지게 되는 것은 고정관념을 벗어나지 못하기 때문입니다.

욕망 자본론

당신은 웬 고정관념인가 하시겠지요? 자본주의의 등가교환이 기초로 하고 있는 질서가 '책상은 책상이다', '이것은 내 것이다'라는 고정관념인 의미화된 질서에 있기 때문입니다. 하나의 고정된 의미에 사로잡힌 사람들은 오히려 이러지도 저러지도 못하며 협착됩니다. 이것을 공동체는 '이것일 수도 저것일 수도'라는 흐름의 상태로 변화시켜 내서 치유해 낼 수 있겠지요. 협착에서 벗어나 흐름의 상태를 발생시키거나 몸을 실을 수 있다는 점이 미시 정치의 전략이라고 할 수 있습니다. 이를테면 자본주의의 협착분열의 '이러지도 저러지도 못한다'라는 논리는 공동체 속에서 너와 나 사이에서 '네 것일 수도 내 것일 수도 있는' 공유 자산, 집단지성, 생태적 지혜라는 공통성의 원리로 바꾸는 욕망, 사랑, 무의식의 흐름을 발생시킵니다.

프로이트가 주장한 오이디푸스 콤플렉스(Oedipus complex)* 역시도 이중 구속이에요. 오이디푸스 콤플렉스를 정치적으로 해석해 내면, 좌파의 경우에는 아버지라는 초자아에 대해서 '부친 살해'라는 방식으로 반응했고, 우파의 경우에는 '아버지를 넘어선 아버지'로 자신을 더 강력한 초자아로 만드는 방식으로 반응하는 것입니다. 그 방식이 다를 뿐이지 대부분 자본주의의 이중 구속의 상황에 사로잡혀 있습니다. 반면 좌우의 패러다임을 넘어서 무의식의 배치를 바꾸는 공동체를 상상하기란 힘들지 않아요. 최근에 접한 한 아나키스트 그룹에서 '무의식이 고아인 아이들의 공동체'라는 말을 발견하고 저는 무척 흥미를 느꼈습니다. 애초에 아버지가 없다면, 이중 구속에 걸려들 여지가 없겠

---

* 오이디푸스 콤플렉스는 아버지를 잠정적인 경쟁자로 보고 근친상간에 대한 욕망이 가족신경증 내에서 잠재되어 있다는 프로이트의 개념이다. 그러나 사회심리학적으로 아버지는 국가 권력에 해당한다는 점에서 좌/우파의 심리 구조를 갖고 있다.

〈월 가를 점령하라〉 시위

지요. 공동체는 그렇게 초자아인 아버지가 비어 있는, '무의식이 고아인 집단'이 아닐까요? 공동체적 관계망을 통해서 우리 안의 무의식의 성좌가 점차 바뀌어간다는 것은 얼마나 멋진 일인가요? 사실 욕망의 생산과 억제라는 이중 구속에 의해서 움직이는 자본주의의 리비도 경제 역시도 도처에서 벌어지는 욕망 생산을 신, 국가, 아버지라는 초자아를 동원해서 욕망을 억제하려는 기획으로 이루어져 있지요. 이러한 이중 구속의 사슬은 영원한 구조가 아니기 때문에 언제든 재배치될 수 있어요. 우리가 가진 삶의 욕망이 이중 구속의 게임에서 벗어나서, 어느 순간 엄청난 상냥함과 부드러움으로 바뀌어 공동체를 만들어낼 수 있다는 것이지요.

자본주의적인 욕망은 이중 구속을 늘 내부에 갖고 있기에, 이러한 사회분열적인 양상의 욕망 경제 이외에도 일관된 대안적인 욕망 경제가 도처에서 서식하고 있다고 생각해요. 물론 자본주의 이전부터 공동체의 사랑과 욕망, 정동의 흐름은 존재했을 테니까요. 그러한 공동체의 사랑과 욕망의 흐름이 만드는 색다른 대안에 대해서 주목하게 되는 이유는 바로 그것 때문이에요. 당신과 저의 사랑에 의해서 만들어진 철학공방 〈별난〉도 대안적인 욕망 경제를 작동시킬 작은 기계 장치라는 생각이 들어요. 그리고 우리는 요즘 머리를 맞대고 협동조합을 만드는 작업을 하고 있지요. 그렇다고 철학공방 〈별난〉은 과연 무엇인가라는 방식으로 묻는다면, 원시적인 애니미즘적 공동체인지, 자본주의 이후의 대안을 꿈꾸는 공동체인지, 생명평화가 함께 서식하는 느림의 상상력의 공동체인지 정체를 밝히기가 다소 복잡하다는 생각도 들지요.

　벌써 저녁이 되어 고즈넉이 석양이 물들고 있네요. 뭔가를 정의하려는 쓸데없는 고민은 이제 그만하고 그만 퇴근하라는 듯 말이지요. 그럼 철학공방 〈별난〉에서 즐거운 보금자리로 우리의 배치를 바꾸어볼까요?

2014년 1월 30일

시장 자유주의인가?
공동체 자율주의인가?

사랑하는 윤경 씨에게

3년 전부터 철학공방 〈별난〉에서 만들어낸 세미나들이 하나둘 늘어서 지금은 어느새 세 개가 되어버렸어요. 제가 세미나를 통해 협동조합 조합원들이나 일반 시민들과 함께 문제의식을 나누고 지혜를 구하면서 느낀 것은, 고민이 항상 발효되고 성숙되어 가는 진행형의 과정이라는 점입니다. 공동체의 둥그런 형태의 자리가 열리고 그곳에는 우리 사이에서 흐르는 강렬도에 맞추어 무언의 춤을 추듯 발언하는 모습들이 오버랩됩니다. 그때 저는 스스로 질문합니다. 과연 내가 잘하고 있을까? 그/그녀는 이 자리에서 어떤 것을 얻어가게 될까? 과연 어디를 향해서 우리는 달려가고 있을까? 그러나 곧 스스로의 질문이 불필요하다는 것을 깨닫게 됩니다. 공동체 관계망은 그 자체를 자기 생산하면서 의미를 갖기 때문이지요. 서로의 표정과 눈빛을 보고 미래를 향해 나아갈 때 '나, 너, 그'가 우리 안의 '어느 누군가'라는 사실을 알게 되니까요.

오늘은 18세기 스코틀랜드의 경제학자였던 애덤 스미스(Adam Smith, 1723~1790)에 대해서 얘기해 볼까 합니다. 애덤 스미스 하면 떠오르는 것이 '보이지 않는 손(invisible hand)'입니다. 시장의 자기 조절 구조에 대해서 생각했던 사람이죠. 하지만 이러한 애덤 스미스가 사실은 도덕 철학자였다는 사실에 대해서는 잘 알려져 있지 않습니다. 그는 "이기적이면서도 서로 동감(sympathy)할 수 있는가?"라는 철학적 테마를 『도덕감정론』(비봉, 1996)에서 던집니다. 비록 이기적인 동기에서 출발하는 시장이라고 하더라도 그 안에 그것을 조절할 수 있는 적정성을 갖고 있고 그것은 동감을 밑바탕으로 하고 있다는 점을 애덤 스미스의 사상으로부터 추론해 낼 수 있습니다. 이처럼 『도덕 감정론』은 이기적인 감정의 불규칙성과 불안정성을 바라보면서 당대의 부르주아 계급과 대영제국의 미래를 불안하게 인식하면서도, 결국 아무리 이기적이라도 적정성의 수준을 갖고 있어서 도덕적인 공감으로 향할 수 있다고 보았습니다. 즉, 이기적이라 하더라도 공감 능력으로 인해 상호긍정의 균형 잡힌 세상이 될 수 있다고 낙관하는 것이죠. 이러한 애덤 스미스의 생각은 잔혹한 초기 산업자본주의가 도덕적으로 이상 없음에 대해 철학적으로 면죄부를 준 것이라고 할 수 있죠.

애덤 스미스는 만화경을 통해 시장의 장밋빛 미래를 바라보는 사람처럼 보입니다. 그의 말처럼 자본주의가 시장을 통해서 빈부격차와 생태계 위기 등으로부터 안전한 균형 잡힌 동감 영역으로 진입하였는가 생각해 보면, 우리는 결코 그렇지 않은 오늘날의 엄혹한 현실과 조우하게 되죠. 이기적인 동기를 갖고 만나더라도 공감대를 형성할 수 있는 인간형은 과연 존재할 수 있을까 질문을 던지게 되네요.

당신과 나의 첫만남은 어떠했나요? 우리는 서로에 대한 궁금증과 부드러운 미소, 변용으로 향하는 신체 등으로 서로 사랑을 느꼈어요. 그러한 사랑은 애덤 스미스가 말한 '이기적인 시민들 간의 공감대'와 같은 적정 수준과는 완전히 다른 형태였지요. 당시 저는 서로에게 미치고 서로를 연민하고 미지의 서로를 향해 다가가는 여행 같지 않았나 하는 생각이 듭니다. 여기서 저는 신적 사랑은 신체 변용이라는 스피노자의 '신 즉 자연'을 생각하게 됩니다. 스피노자는 사랑의 능동적인 실천으로 나아갈 수 없을 때, 욕망의 상호긍정의 기쁨으로 향하라고 조언하기도 했지만, 지혜를 만들어내는 원동력으로 신체 변용 즉 사랑을 사고하였습니다. 여기서 사랑을 통한 공감대는 이타적일 뿐만 아니라 나와 너를 구분하지 않는 흐름의 상태로 우리를 인도합니다. 마치 『금강경』에서 얘기하는 흐름과 미분의 상태처럼 말이죠. 그래서 애덤 스미스의 경제적 인간형의 도덕의식에 대한 문제의식은 사실 너무 협소하고 답답하게 느껴집니다.

만약 스피노자와 애덤 스미스가 만나서 함께 차를 마신다면 어떨까요? 아마 스피노자는 상대방에 빠져들어 눈빛과 표정에 따라 신체가 변용될 것이고, 기쁨의 관계 속에서 상대방을 사랑하게 되었을 겁니다. 이에 반해 애덤 스미스는 차를 시키는 순간부터 이미 더치페이를 생각하면서 차를 홀짝홀짝 마시지 않았을까 하는 생각이 듭니다. 자, 그런데 갑자기 스피노자가 자기 보존의 욕구(conatus)에 대해서 애덤 스미스에게 말하기 시작했다고 상상해 봅시다. 스피노자는 욕망이 서로 상승하는 기쁨의 관계에 대해 애덤 스미스에게 묻기 시작합니다. 애덤 스미스는 가게에서 주인과 손님이 거래를 하면서 밀당을 할 때

서로가 기쁜 적정 수준이 있어서 기쁨이 가능하다고 말할 겁니다. 그러나 스피노자는 더하기 빼기를 통해 계산된 기쁨보다는, 계산 불가능한 영역에서의 손님이 주인의 선한 눈매에서 자신의 어머니의 미소를 떠올렸을 때 상승하는 욕망이 우리를 기쁘게 하는 것에 대해서 말할 것입니다. 이런 소설적 상상력은 재미로 생각해 본 것이기는 하지만 이타적인 것과 이기적인 것을 불러다 놓고 대질 신문을 시킨다는 점에서 한번 해볼 만한 시도가 아닐까 하는 생각이 드네요.

우리가 반드시 짚고 넘어가 볼 부분은, 이기적인 동기가 경쟁이나 전쟁, 분쟁을 일으키면 어떻게 되는가에 대한 것입니다. 이런 점에서 또 한 명의 철학자 홉스(Thomas Hobbes, 1588~1679)를 등장시킬 필요가 있겠군요. 홉스는 '만인에 대한 만인의 투쟁' 상태와 이에 대한 결과로 인해 등장하는 국가라는 괴물 즉 리바이어던(Leviathan)*을 이야기했습니다. 홉스에 따르면 사람들은 이기적이기 때문에 자신의 권리를 국가에 양도해서 그로부터 평화와 안전을 보장받지요. 홉스와 애덤 스미스는 '이기적인 개인들 간의 경쟁'이라는 같은 전제로부터 다른 결론을 내렸습니다. 홉스의 경우에는 국가 권력의 필요성을, 애덤 스미스의 경우에는 시장의 적정 수준의 자기 조절 능력을 말이지요. 결국 국가와 시장이 결합되어야 자본주의가 성립 가능하다는 점에서 두 사람은 동전의 다른 면을 보고 있지 않나 생각됩니다. 물론 국가에 비해서 시장은 굉장히 부드럽게 자기 조절을 하지 않느냐는 사람도 있을지 모릅니다. 홉스의 기괴한 현실을 피하기 위해서 애덤 스미스에 호소하

---

* 리바이어던은 거만한 자의 왕으로 「욥기」에 나오는 괴물이다. 홉스는 그의 책 『리바이어던』에서 만인에 대한 만인의 투쟁을 종식시키기 위해서 자신의 자연적인 권리를 국가 권력에 양도함으로써 안전과 평화를 보장받을 수 있다고 말했다.

는 경우죠. 하지만 저는 그것이 답이 아니라 오히려 차악에 해당한다고 생각합니다. 최선이나 차선으로는 스피노자가 말한 기쁨의 민주주의와 사랑과 욕망의 공동체가 있다고 말하고 싶습니다. 이기적 동기를 가진 사람들의 문제 설정을 넘어서 만약 사랑과 욕망이라는 별종적인 방식으로 세상이 움직인다면 어떨까 상상해 봅니다. 그것이 과연 잔인함이 판치는 무질서의 모습일까요? 저는 절대 그렇지 않을 것이라고 생각합니다. 스피노자가 그려낸 세상은 엄청난 상냥함과 사랑의 부드러움, 욕망의 생산성과 창조성으로 가득 찬 세상일 테니까 말이죠.

그런데 저는 "인간이 이타적인가? 이기적인가?"라는 철학적인 인간 본성론의 질문을 조금 달리 변형해 보고 싶습니다. 시골에서 살았던 사람들이라면 한번쯤 '인생은 품앗이'라는 얘기를 들어본 적이 있을 겁니다. 어릴 때부터 공동체가 키우고 공동체 덕분에 살아가다가 공동체에 기여하고 홀연히 떠나가는 것이 인생이라는 얘기입니다. 그래서 이기적인 시민 개인을 사고하는 애덤 스미스와는 다른 방향에서 생각하게 됩니다. 그러나 계산합리성의 입장에 서 있기만 한다면 누가 공동체와 사회를 발전시키고 그것을 지속시키는 일을 할까요?

최근에 우리가 이용하던 의료생협에서 아주 획기적인 일이 생겼지요. 협동조합 역시도 조합원의 이익에 따라 움직인다는 점을 완벽히 넘어서기 위해서 사회적 협동조합으로 전환한 것을 말합니다. 자주 그곳을 이용하면서도 조합원으로서의 이기적인 동기를 벗어나지 못했었는데, 이제 완전히 사회적 책임과 기여의 입장에 선 사회적 협동조합을 보면서 저 자신이 잠시 부끄러워졌습니다. 이렇게 서로에게 기쁨이 되는 욕망의 입장에 선다면 우리의 삶도 획기적으로 바뀌지 않을까요? 그런 점에서 협동조합이라는 공동체가 현재 우리에게 던져주는

욕망 자본론

가능성들은 더 큰 것 같습니다. 그래서 우리도 철학공방 〈별난〉이 위치한 문래동 예술촌에서 예술가들과 어울려 협동조합을 만들어보기로 했었지요. 지난 3개월 동안 협동조합을 준비하는 회의를 열고 여러 사람들이 참여했습니다. 그 과정에서 여러 가지 좌충우돌과 방향성 상실도 있었고 우여곡절도 있었지만 우리의 관계망은 계속 성숙하고 발효되는 중입니다. 우리가 만들려는 협동조합은 시장을 위한 사업체도 될수 있지만, 공동체를 위한 결사체도 될 수 있습니다. 그러나 우리를 움직인 것은 아무래도 스피노자가 구상한 기쁨의 공동체가 아니었을까 하는 생각이 많이 듭니다.

스피노자가 생각한 정동(affection)과 애덤 스미스가 생각한 감정(emotion)은 차이가 있습니다. 같은 기쁨인데도 말이죠. 스피노자는 상대방을 사랑할수록 사랑의 능력이 증폭되는 정동노동과 같은 영역을 의미하는 데 반해, 애덤 스미스는 감정을 소모해서 적정 수준을 유지하는 데 만족하는 감정노동과 같은 영역을 의미합니다. 한때 감정노동자라는 개념이 사람들 사이에서 회자되었죠. 여성들은 대부분 서비스-감정노동을 하면서 그 대가를 받지 못한다는 점에 대해서 지적되었지요. 백화점에 갈 때마다 인사를 하는 안내 도우미들은 항상 웃고 있었지만, 그 웃음은 늘 스테레오타입화되어 있었고 외양을 통해서 내면을 감추는 듯한 느낌이 강하지요. 이에 반해서 공동체나 협동조합에서 활동하시는 분들을 보면 활기와 진정성이 표정에 담겨 있곤 합니다. 그래서 스피노자주의자가 된다는 것이 무척 어려운 일도 아니구나라는 생각이 들 때도 있습니다. 기쁨의 정서를 순환시키고 재생시키는 공동체에서 살아간다면 당신도 이미 스피노자주의자인 셈입니다.

반면 애덤 스미스는 자동 조절 장치와 같이 조절 능력이 있는 시장을 생각했습니다. 하지만 현재의 신자유주의의 시스템에서 규제가 완화되고 시장의 자정 능력에 맡겨진 부분들은 대부분 부실과 위기, 위험의 요소를 갖고 있거나 시민들에게 너무 높은 가격을 매기는 경우가 많습니다. 특히 공공 부문의 민영화 이후에 대형 사고나 부실 등이 나타나는 경우가 많다는 점을 생각해 보면 시장의 자기 조절 능력에만 의존하는 것은 문제가 있다는 것을 알게 됩니다. 그렇다면 그것의 대안으로 공공 부문을 비대화하는 것이 해답일까라는 생각을 해보면, 반대급부로 시스템의 관료화에 대해서 생각하지 않을 수 없습니다. 이처럼 국가 영역과 시장 영역은 서로 충돌하는 것 같지만, 사실은 서로 보완적인 관계를 맺는 협조자들과 같습니다. 결국 대안적인 영역은, 시장과 국가 관료에 의해 만들어진 자동적인 시스템이 아니라 공동체의 자율적인 영역이 아닐까요? 자동주의의 극한이 사이버네틱스와 로보틱스, 스마트와 같은 기술로 현현되는 현실에서 공동체의 자기 결정, 자기 생산, 자기 해방과 같은 자율주의를 생각하는 것이 그저 시대에 뒤떨어진 것일까요?

전에 한 친구가 저의 생각을 듣고 이렇게 말했습니다. "자네의 생각은 신자유주의자와 다를 바가 없어, '공동체의 자율주의'와 '시장의 자유주의'는 동전의 양면이며, 결국은 시장에 복무하는 공동체에 불과하다고!" 저는 그 말을 듣고 긴 설명을 하지는 않았지만, 그 후에 생각을 많이 했습니다. 애덤 스미스가 말한 시장에서의 기쁨의 관계는 스피노자의 공동체에서의 기쁨과 완전히 다른 성격의 것입니다. 시장은 권력의 적분을 통해서 움직이며 자동성을 갖지만, 공동체는 민주주의와 공동체의 미분을 통해서 자율성을 갖습니다. 그 친구는 겉으로 보이는 자유와 자율의 유사성에 입각해서 접근하다 보니 근본적인 차이점에 대해서는 간과했다고 생각됩니다. 물론 공동체가 협동조합처럼 시

욕망 자본론

『국부론』의 저자 애덤 스미스의 초상(삽화)

장에서의 거래를 할 수도 있지만 그것의 내부 작동 방식에서는 큰 차
이를 보입니다. 협동조합과 사회적 경제에 대해 좌파들이 갖고 있는
오해는 뿌리가 깊습니다. 그들 중 일부는 미셸 푸코(Michel Foucault,
1926~1984)를 전거로 삼아 시장처럼 공동체 경제가 미시 권력*을 갖

---

* 미셸 푸코는 권력의 미시 물리학을 통해서, 미세혈관처럼 권력이 네트워크화된 것을
  지적하는데, 여기에 대해서 나는 미시적인 영역에서 사랑과 욕망이 순환하고 흐름을
  형성하는 것을 말하고자 했다. 결국 가타리의 미시 정치는 푸코의 미시 권력과 대비
  되는 개념이다.

고 있다고 혐의를 두지요. 그래서 협동조합, 마을 공동체, 사회적 경제 내부에 작동하는 공동체가 아닌 미시 권력의 알리바이를 도출해 내기 위해서 고심하고 연구를 하고 있습니다. 공동체는 미시 권력의 포로가 되는 것이 아니라 사랑과 욕망의 미시 정치에 의해서 작동되는 구도를 드러냅니다. 그렇기 때문에 미시 권력은 매사 조심해야겠지만, 미시 권력에 따라 모든 것이 이루어지는 것은 아니며 다채로운 이유와 작동 원인이 있습니다.

바야흐로 발전(development) 노선의 시대가 개막되면서, 패러다임의 일대 변화가 예고되고 있습니다. 그런데 연구자들은 현장에서의 변화를 체감하지 못하면서 이론의 영역에서 해석하고 의미화하는 것에 머물러 있습니다. 마을 공동체는 40~50대에게 대세가 되었고, 사회적 경제가 20~30대의 방향성을 밝히는 등불이 되고 있습니다. 그것이 자본주의의 또 다른 착취 양상의 일종일 뿐이라고 단정하거나 색다른 권력의 미분화의 결과라고 본다면, 『자본론』을 넘어선 『욕망 자본론』에 대해서 응시하지 못하는 결과를 낳게 됩니다. 저는 발전이 중시되는 사회에서는 스피노자가 시대를 밝히는 등대가 될 것이라는 점을 의심하지 않습니다. 당신과 나의 사랑이 발효되고 성숙되듯이 사회적 관계망과 공동체적 관계망도 성숙하게 될 것입니다. 우리의 관계망에 희망을 가지며.

2014월 4월 30일

욕망 자본론

흐름인가? 고정관념인가?

가까이에 있어도 늘 보고 싶은 윤경 씨에게

우리 둘이 마주 보고 밥을 먹고 공부를 하고 수다를 떨다 보면, 우리 사이에서 알 수 없는 강렬한 흐름이 지나가는 것을 느낄 수 있어요. "뭐가 지나간 것 같은데"라고 말하기에도 쑥스러운 것이, 매일 비슷한 일상의 순간마다 일어나는 사건이기 때문입니다. 달공이, 대심이 두 마리의 고양이가 꾸벅꾸벅 조는 연구실에서 글을 쓰고 토론을 하고 밥을 먹는 것이 참 재미있는 일인 것 같아요. 동물과 인간 사이에서도 무엇인가 교감이 있고 사랑과 욕망의 흐름이 있는 것을 보면, 생명과의 공생의 의미에 대해 다시 한 번 생각하게 되네요.

들뢰즈와 가타리가 창안한 개념에 의하면, 흐름은 '되기(becoming)'라는 말로도 표현되죠. 이것은 스피노자의 신체 변용을 의미하는 것이면서, 동시에 진행형적 사유와 과정에 놓인 사랑의 실천을 의미하는 것이기도 합니다. 아이 되기, 장애인 되기, 여성 되기, 광인 되기와 같은 되기의 종류를 말할 것도 없죠, 사실 '되기'는 '흐름'과 동의어입니다. 그 반대말은 '이기(being)'와 존재입니다. '이기'는 정체가 분명하고 자아라는 견고하고 딱딱한 지층이 있는 인물을 의미합니다. 그러나 사실 세상은 고정되어 있기보다는 변화하는 흐름으로 가득하죠. 부엌만 하더라도 물의 흐름, 불의 흐름, 음식물의 흐름, 쓰레기의 흐름으로 가득하니까요. 흐름은 고대 철학자 헤라클레이토스에 의해서 개념화되었어요. "한번 빠진 강물에 다시 들어갈 수 없다."라는 아포리즘이 유명합니다. 헤라클레이토스의 흐름 사상은, 그러나 헤겔의 변증법에 의해서 왜곡됩니다. 헤겔은 존재의 변증법적 운동을 설명하면서도 결국 '되기'는 철저히 '이기'에 복무하는 것으로 설정해 놓았습니다. 이에 따르면 흐름은 존재를 성장시키기 위한 모순과 대립, 투쟁의 과정에 불과한 것이 됩니다. 모든 변화의 흐름은 결국 합(合)이라는 이기로 귀결된다는 말이지요. 그러나 세상은 이러한 모순의 변증법이 아니라, 공동체의 사랑과 욕망의 흐름으로 가득 차 있습니다.

'흐름'은 변화와 변이, 이행과 횡단의 개념입니다. 사람들은 흔히 변화를 두려워하고 세상을 완결적으로 고정된 것으로 보곤 하지요. 이것은 특히 자본주의에서 두드러집니다. 자본주의를 버티게 하는 것은 고정관념이기 때문이지요. 자본주의는 상품이라는 고정되고 동결된 실체를 갖는 물건을 사고팔아야 하기 때문에, '책상은 책상이다' 혹은 '이것은 내 것이다'라는 방식의 고정관념을 반드시 필요로 합니다. 이러한 고정관념을 개념적으로 표현할 수 있는 것이 소쉬르(Ferdinand de Saussure, 1857~1913)의 기표(signifiant)가 아닐까 하는 생각이 드네요.

욕망 자본론

소쉬르는 언어기호를 청각영상과 개념 즉, 기표와 기의로 나누어서 파악할 때 자신의 이론이 자의성을 갖는다고 말했습니다. 그러나 소쉬르의 의도와는 달리 구조주의자들에 의해서 기표의 질서는 고정되고 동결된 기호 작용으로 재해석되고 적용되었습니다. 그래서 들뢰즈와 가타리는 자본주의를 '기표 독재 체제'라고 말하지 않았나 하는 생각이 드네요. 고정관념으로서의 기표 질서가 장악한 자본주의는 '흐름'을 내쫓아버립니다. 특히 사랑과 욕망의 흐름과 같은, 공동체를 자기 생산하는 정동의 차원을 끊임없이 상업화해 왔습니다.

저는 아카데미에서 강의를 하면서, 늘 아카데미의 존재 이유가 무엇인지에 대해서 주지하고 있습니다. 아카데미는 등가교환에 필요한 고정관념을 생산하는 자본주의의 토대라고 할 수 있지요. 예를 들어 기표 형태로 의미화하는 것은 학회나 세미나에서의 중요한 활동이라고 할 수 있습니다. 의미를 고정시키고 모델화하고 해석하는 것을 통해서, 아카데미는 자본주의를 버티게 하는 고정관념이 영구적으로 생산될 수 있다는 환상을 심어줍니다. 아카데미는 지식 권력의 권위하에서 자신이 단정하고 정의할 능력이 있다는 환상을 심어주지만, 공동체는 공감대를 최대로 만들어서 수평적이고 민주적인 관계 속에서의 생태적 지혜를 생산합니다. 그래서 만약 호혜적인 관계망에서 지식이 유통된다면 집단지성이나 생태적 지혜*의 형태를 띠게 될 것이 분명합니다. 집단지성이나 생태적 지혜는 아카데미처럼 "~은 ~이다"라고 정

---

* 생태적 지혜는 근대 지식 이론처럼 관계 외부에서 객관적인 진리와 지식을 획득할 수 있다는 논리를 넘어, 공동체 관계 내부에서 싹트는 사유 형태를 의미한다. 관계 외부에 있는 이분법적 진리 유형은 공동체, 마을, 협동조합에서 거의 실효성을 상실하게 되는 것이 현실이다.

의(definition)하는 방식이 아니라, '~은 ~일까?'라는 문제의식을 모아 나가는 과정이 될 것입니다. 의미화하고 모델화하는 것은 권력의 작용이며, 선무당이 점치러 온 사람에게 운명을 가지고 명령하는 것과 같은 태도를 의미하지요. 의미화하는 능력을 대단한 능력이나 권력처럼 느끼는 사람들이 아카데미의 대부분을 이룬다는 사실은 불행한 일입니다. 물론 전문가가 된다는 것은 이 사회에서 필요한 일이지만, 전문가나 엘리트가 의사결정을 좌우하도록 사회가 구조화되는 것은 문제가 있습니다. 새로운 시도와 모험으로 가득 차 있는 자율적인 공동체가 활력과 생명 에너지를 희생시키는 대가로, 관료화의 지층화와 위계화가 사회 곳곳을 장악하게 될 것이기 때문입니다.

"공동체에서의 사랑과 욕망의 흐름이 과연 실체가 있는 것인가?"라는 질문을 많이 받습니다. 대부분 보이지 않는 영역에서의 문제이며 일시성과 휘발성을 갖는 관계 맺기의 과정이기 때문에 그것을 손에 잡히게 보여주는 것은 상당히 어려운 일입니다. 마치 '리비도 에너지'라는 성 에너지를 연구하던 라이히 박사에게 정신분석학자들이 조롱하면서 리비도 에너지의 흐름을 손에 쥐게 해달라고 했던 것처럼 말이죠. 이 에피소드의 결론은, 라이히 박사가 성 에너지를 전기 에너지의 변화로 그래프화하여 제출하면서 리비도 에너지의 실재를 보여주는 데 성공하였다는 것입니다. 제 경우에는 조금 다른 방식으로 우회를 해볼까 합니다. 사랑과 욕망의 흐름이 가시적으로 드러나는 예를 하나 들겠습니다. 공동체 내에서의 선물을 주고받는 과정에 사랑과 욕망의 흐름이 실존한다는 점을 주장하려는 것입니다. 일본의 종교학자인 나카자와 신이치가 『사랑과 경제의 로고스』(동아시아, 2004)에서 언급했던 대로, 상품은 사랑이나 정성, 인격으로부터 분리된 물건이라면

욕망 자본론

선물은 사랑과 정성과 인격이 담긴 물건이니까요. 물론 그것이 사랑과 욕망의 흐름을 전부 표현하고 있다는 생각은 들지 않습니다. 그러나 이러한 실체화의 위험에도 불구하고 선물은 사랑과 욕망의 흐름의 많은 특징을 보여줍니다. 일단 선물을 주고받는 것은 함수론적으로 인과관계가 결성된 것이 아니라, 다분히 확률론적인 것이죠. 선물은 누구에게나 똑같이 제공되는 것이 아니고, 사랑의 강렬도나 방향에 따라 전혀 예측 불가능한 형태로 흘러갑니다. 마치 양자역학에서 말하는 양자 단위에서의 경우의 수나 주사위 던지기와 같은 것이 바로 선물입니다. 선물은 공동체를 풍부하게 만들고 활력과 생명 에너지를 줍니다. 그런 점에서 볼 때 공동체 내에서의 사랑과 욕망의 흐름은 더 풍부하고 충만한 에너지의 흐름입니다.

당신도 알다시피 공동체적 관계망과 같이 친밀하고 유대적인 관계망의 경우에는 등가교환이 이루어지기가 상당히 어렵습니다. 작년 여름에 윤경 씨가 직접 내린 더치커피를 지인들에게 판매하는 부업을 해보려고 시도하다가, 결국 선물로 주는 양이 더 많아져 버렸던 것처럼 말이지요. 일본의 종교학자인 나카자와 신이치에 따르면 공동체에서 열리는 마을장터의 경우는 사실상 상품 거래를 위한 것처럼 보이면서도 사실은 공동체의 축제였으며, 아이들과 소수자들에게 선물을 건네기 위한 자리였다고 합니다. 상품의 등가교환이 이루어지려면 서로 낯선 사람이어야 하고 익명의 소비자와 생산자라는 설정이 필요합니다. 그런 점에서 도시 사회는 등가교환에 적합한 관계망이라고 할 수 있겠죠. 서로를 모르고 관계가 전혀 없는 사람들끼리 살아가는 모습이 우리가 사는 서울에서도 연출되고 있습니다. 옆집에 사는 사람이라도 얼굴을 서로 모르기 때문에 '이웃이니까 덤으로 더 준다'거나 '이웃은 공짜'와 같은 개념이 통할 수 없습니다. 이처럼 자본주의 등가교환을 위한 도시 사회는 소외와 무위, 고독으로 가득한 공간이 되고 있습니다. 사람들은 낯선 사람들을 지나치면서 어디에도 매인 곳 없이 자유롭다고 생각하며 낯선 것들이 자신에게 새로움과 신선함을 준다고 간주하지만, 늘 등가교환의 포로가 되어 이로부터 한 치도 벗어나지 못하는 상황에 놓여 있습니다.

흐름의 논리학은 오묘합니다. 무엇이 옳고 그르다고 결론을 내리지 못하고 이것도 맞고 저것도 맞다는 식의 논리가 주를 이루니까요. 공동체는 상대주의자들의 천국이기 때문입니다. 아마 근대 합리주의적 사고에 기반한 사람이라면 얼굴이 빨개지며 화를 낼 법합니다. 하지만 공동체에서는 누가 확실히 옳고 누가 명확히 틀렸다고 구분하기 어렵습니다. 공동체에서는 '너도 맞고 나도 맞고'라는 '~도 ~도'라는 논리를 구사합니다. 그 이유는 서로 공감하고 사랑하기 때문에 시시비비를 따지지 않는 것입니다. 그래서 그 관계 내부에서 공통의 아이디어가 생기고 생태적 지혜로 발전합니다. 반면 관계 외부에 있는 진리를 생각하는 사람들은 참/거짓으로 해석하고 의미화하기 위해서 대립하거나 시시비비를 합리적으로 따지는 경우가 많습니다. 그러나 공동체는 완전히 다른 판과 구도를 갖고 있습니다. 사랑과 욕망이 부드럽게 흘러서 사람들을 충만하고 강렬하게 풍부하게 만들어서 그 강렬도에 무언의 춤을 추듯 발언하게 만들죠. 들뢰즈와 가타리는 이것을 다소 어려운 개념으로 이것을 설명하는데, 이것이 바로 '언표 행위의 집합적 배치(agencement collectif d'énonciation)'*입니다. 이 개념은 흐름이 자유

---

* 언표(말)는 배치에서의 행위이다. 여러 가지 배치에 따라서 발화는 달라질 수밖에 없다는 점에서, 말은 배치가 생산한다고 할 수 있다. 어떤 집단에 소속되어 있느냐에 따

롭게 교차하는 집단의 배치, 즉 공동체가 무엇인지를 잘 보여줍니다. 공동체의 역능과 순수함에 대해서 알고 있는 사람들이라면, 금방 무슨 얘기를 하는지 눈치 챌 수 있는 개념이죠. 다른 곳에서는 하지 않던 발언도 그 공동체 속에서 자기도 모르게 허심탄회하게 말할 수 있게 되거나 내가 그 자리에 앉아 있음으로 해서 상대방으로 하여금 그 이야기를 꺼내도록 만드는 데 기여했던 경험 종종 있었죠?

그러나 자본도 이제 이러한 공동체의 흐름에 대해 주목하고 있습니다. 그래서 자본의 변화에 대해서 사람들은 얘기하기 시작합니다. 자본도 사회화되고 사회도 자본화되고 있다는 점에 대해서 말이지요. 얼마 전 '사회적 기업'을 만들려고 준비 중인 후배를 만난 적이 있었습니다. 저는 그에게서 가장 자본의 입장에 가까우면서도 한편으로는 공동체와 사회의 입장 또한 갖고 있다는 묘한 역설을 발견했습니다. 그래서 흥미롭게 얘기를 나누었죠. 이미 자본은 '흐름의 잉여가치'에 대해서 관심을 갖고 탐을 내고 있는 상황입니다. 특히 공동체적 관계망과 집단지성, 흐름의 시너지 효과 등이 자본이 탐내는 영역이라는 점이 최근 들어서 점점 분명해지고 있습니다. 따라서 다소 양가적이고 이율배반적인 행동양식이 곳곳에서 나타나고 있습니다. 사회적 기업과 협동조합 등은 시장과 공동체를 함께 품고 있는 사회적 경제 영역이 자본과 공동체라는 두 영역의 교차점으로 보이는 역설이 드러납니다. 물론 사회적 경제를 '공동체에 대한 자본의 포획이다'라는 식의 염려와 지적들이 전혀 근거가 없는 것은 아닙니다. 수많은 우려와 지적, 걱정에도 불구하고, 생태계 위기 상황과 장기 불황, 소수자의 삶의 위기 상

라 나는 말이라는 행위를 달리하는 것과 집단의 강렬도 속에서 터져 나오는 발언을 생각해 보았다.

황 등을 현명하게 풀어나가기에 이보다 적합한 것도 없다는 생각도 듭니다. 이처럼 '자본의 사회화와 사회의 자본화'라는 이중적인 경향은 앞으로 더 가속화될 것이며, 그것은 『욕망 자본론』이 현실에서 보여주는 구도라고 생각됩니다. 저는 이러한 현상을 '자본의 욕망화와 욕망의 자본화'로 바꾸어서 얘기하고 있습니다.

어제 윤수종 선생님으로부터 전화를 받았습니다. 게노스코(Gary Genosko)를 중심으로 한 가타리 연구자들에 의해서 〈펠릭스 가타리 포럼〉이 일본과 홍콩에서 열릴 예정이라는 소식을 전해 주셨죠. 가타리 연구자인 저로서는 무척 반가운 일이 아닐 수 없지만, 한편으로 한국에서는 가타리의 공동체 사상과 생태주의를 주목하는 사람들이 아주 적다는 점에 아쉬움도 느껴집니다. 가타리는 생명과 생태계, 공동체 내에서의 흐름의 기호 작용을 설명하기 위해서 도표(diagram)라는 개념을 만든 사람입니다. 가타리의 『기계적 무의식』(푸른숲, 2003)에서의 논의는 그의 사상적 동지였던 들뢰즈와 구분되는 색다른 경로를 보여주고 있다고 생각됩니다. 들뢰즈가 '사유 이미지로서의 도표'에 대해서 착목하면서 푸코와 공명했던 데 반해서, 가타리는 '흐름으로서의 도표'라는 생각을 발전시켰습니다.*

가타리에 따르면 도표는 '이것일 수도 저것일 수도' 있는 자유로운 기호 작용이면서도 고도로 조직된 기호 작용입니다. 쉽게 말해서 흐름이 와해되고 해체된 상태가 아니라, 자유로우면서도 잘 조직된 기호

---

* 도표의 쟁점은 공동체에서 이루어지는 놀이가 고도로 조직되어 있으면서도 고도로 자유로운 특징에 착목한다. 의미와 재미 사이는 심원하며, 이는 기표와 도표의 차이라고 할 수 있다. 가타리는 언어 이외의 고도로 조직된 기호 작용을 설명할 수 있는 도표를 발견했지만, 이행과 흐름의 기호 작용으로 이를 사용하였다.

다양한 인종의 사람들이 손을 모아 원을 그리고 있다.

화 작용이라는 것입니다. 저는 글을 쓸 때 클래식 음악을 들으면서 자유로운 음향의 흐름에 따라 사유를 전개하려는 습관이 있습니다. 그런데 음악이라는 것이 사유를 자유롭게 전개시키는 데 커다란 영감을 주는 매우 자율적인 장르이면서도 사실은 기보법이라는 법칙에 의해서 고도로 조직되어 있다는 점은 분명합니다. 문학, 미술, 무용 같은 예술 장르와 달리 음악의 음과 선율은 하나의 의미로 해석하고 규정하고 단정하면서 의미화할 수는 없지만, 그 속에는 언어적 의미화와는 또 다른 속성이 담겨 있습니다. 이러한 음악의 화음으로 나타난 부분을 가타리는 '흐름으로서의 도표'라고 말합니다.

　사람들 간의 관계 역시도 음향, 색채, 향기, 표정, 몸짓 등의 비기표적 기호 작용에 따라 성숙하고 발효됩니다. 그래서 대면적 관계에서 자신도 모르게 사랑과 욕망의 흐름이 생겨나는 것은 당연한 것일지도 모르겠습니다. 가타리의 '흐름으로서의 도표'라는 개념이 개념상으로는 무척 어렵지만, 현실에 놓고 생각해 보면 공동체에서 이미 내재하는 기호 작용에 대해서 말하고 있는 것이라는 생각이 듭니다. 협동조합에서는 이러한 사랑, 욕망, 정동의 흐름에 대해서 돌봄이라는 개념을 통해서 설명합니다. 돌봄은 소수자와 생명을 살리고, 조합원 사이에서 창조적 공유와 협동, 연대를 만들어내면서 낮은 곳으로 향하는 흐름입니다. 우리가 함께 진행하고 있는 서로살림생활협동조합 인문학 모임에서 가타리가 연구되고 있지만, 아직 기초적인 수준이지 않나 하는 생각도 드네요. 당신과 나 그리고 다른 구성원들 사이에서 창발되고 만들어지는 많은 것들에 대해서 꿈과 희망을 가집니다. 흐름은 사랑과 열정의 다른 이름이 아닐까요?

2014월 5월 1일

욕망 자본론

노동가치인가? 욕망가치인가?

사랑하는 윤경 씨에게

〈녹색연합〉에서 〈마르크스와 생태경제〉 특강을 끝내고 집으로 돌아오면서 여러 가지 생각이 머리를 스쳤습니다. 그중 하나가 마르크스의 '노동가치론'을 넘어선 '욕망가치론'에 대한 부분이었어요. 마르크스의 노동가치론은 잉여가치의 원천이 노동에 있다는 점을 보여주고 있습니다. 거기에 대해 저는 노동만큼이나 욕망도 세상을 만들고 생산하고 관리하는 일을 잘 해낼 능력이 있다고 생각합니다. 그러나 속류가 된 마르크스주의자들의 경우, 비노동 영역에 있는 민중의 욕망에 대해서 노동의 중심성에 입각한 헤게모니적인 방식으로 접근했습니다. 이른바 핵심 운동으로 규정된 노동 운동이 중심에 서서 부문 운동으로 규정된 소수자 운동에 대해 헤게모니를 행사하려는 경향이 그것입니다.

그래서 전통적인 노동 운동은 비노동 부문에 있는 소수자 운동들, 즉 동성애 운동, 여성 운동, 아이 운동, 문화 소수자 운동, 이주민 운동, 정신질환자 운동 등을 자신의 풍경이나 배경으로 갖기를 원하면서도 소수자 운동의 가치에 대해서는 대부분 무감각했다고 생각합니다.

그래서 마르크스의 『자본론』(비봉, 2005)에서 노동가치론이 자본주의의 경제동학을 분석하고 설명하는 것인데도, 좌파들이 노동가치론을 옹호하는 것은 오히려 자본주의를 객관적 가치 질서로서 인정하게 되는 역설이 발생합니다. 이것이 지난 몇 십 년 동안 이루어진 가치론 논쟁의 내용입니다. 『자본론』에서는 논의를 자본주의하에서의 자본가들의 논리가 아닌 객관적인 가치 이론으로 생각하는 경향이 대두하면서 논란이 되었죠. 생각해 보면 예술, 욕망, 놀이, 과학 등은 주관적 가치로 치부되어 왔습니다. 그래서 자본주의의 객관적인 가치에 개입할 수는 없었죠. 당신도 알다시피 저는 대학 시절 마르크스주의의 열렬한 신봉자였지요. 지금도 마르크스의 열정과 일부 문제의식은 여전히 유효하다고 생각하지요. 그러나 어느 때부터인가 좌파 사회주의자들에 대해서 뿌리 깊은 불신을 갖게 되었습니다. 그것은 자본주의적 진보와 대안적인 진보의 차이를 바라보지 못한 좌파들이 성장주의로부터 자유롭지 못하다는 점 때문입니다. 『공산당 선언』(책세상, 2002)은 역사 발전의 두 가지 원천을 '계급투쟁'과 '생산력의 발전에 따른 생산관계와의 모순'으로 말하였습니다. 즉 생산력이 발전해 가면서 낡은 생산관계와 충돌하게 되고 결국 다음 단계의 사회로 전환하게 된다는 이론이지요. 이 이론의 중요한 골자인 생산력주의는 좌파 버전의 성장주의나 다름없습니다.

이러한 점에도 불구하고, 마르크스가 던진 시대적인 문제의식은 여

욕망 자본론

전히 유효합니다. 마르크스는 "자본주의가 등가교환을 통한 평등한 관계를 만들어냈음에도, 불평등한 사회가 되는 이유는 무엇일까?" 질문하였고, 이러한 질문에 대한 답으로 자본가와 노동자의 불평등한 계약관계가 노동 현장에 있다고 말하였습니다. 그 이유는 노동조차도 상품인 자본주의에서 비롯됩니다. 자본주의는 노동력에 대한 대가로 임금을 노동자에게 주지만, 노동에 대한 결과물인 잉여가치로부터 노동자들을 분리한다는 것입니다. 즉 노동력의 가치로서의 임금과 노동의 가치로서의 잉여가치는 분열되어 있는 것입니다. 그런 의미에서 자본주의의 등가교환이 부등가교환이며 착취라는 생각은 전통적인 노동자운동에 뿌리 깊게 자리 잡은 사유방식입니다. 그러나 노동자만 불평등한 관계에 놓인 것은 아닙니다. 가사노동을 하는 여성들은 철저히 노동의 대가를 받지 못합니다. 학습노동을 하면서 스스로를 생산하는 학생의 경우에도 노동의 대가가 없습니다. 또한 정상화노동을 통해서 정상생활로 돌아가려는 장애인이나 정신장애인의 경우에도 노동의 대가는 받지 못합니다. 이러한 종류의 노동들은 노동으로 간주되지 않지요. 그래서 저는 이러한 비노동의 영역을 욕망노동 혹은 욕망이라고 말하고 있습니다. 이러한 욕망노동은 자본가가 아닌 주변사람이나 남편, 아버지라는 주체들과 만나서 자본주의 내부로 들어옵니다.

마르크스는 『자본론』 1권 1장에서 상품에 대해서 다룹니다. 마르크스에 따르면 상품에는 유용성을 만들기 위한 '구체적 유용노동'과, 유용성을 각기 다르게 갖고 있는 상품끼리 교환을 위한 '추상적 인간노동'이 들어 있습니다. 여기서 구체적 유용노동은 '사용가치'를, 추상적 인간노동은 '교환가치'를 가진다고 마르크스는 말합니다. 상품이 갖는 가치의 이중성이라는 주제로 알려져 있는 대목입니다. 그런데 여기서 문제가 발생합니다. 상품에는 유용한 '사용가치'와 사용가치끼리의 비교와 교환을 위한 '교환가치'가 함께 들어 있어야 한다는 말에 어울리지 않는 영역이 광범위하게 존재하기 때문입니다. 이를 저는 '가치론의 공백'이라고 말하고 싶습니다. 예를 들어 갯벌과 같은 해양 생태계나 산림과 같은 숲 생태계는 사용가치는 있지만 교환가치도 있을까요? 글쎄요. 물론 갯벌의 가치를 돈으로 환산하면 1조 원이 넘고, 산림의 가치를 돈으로 환산하면 2조 원이 넘는다는 보고도 있지만 말이지요. 환경오염을 유발하는 기업들이 국가에 납부하는 환경 분담금이 훼손된 자연의 가치를 온전히 담은 가격이 아닌 것처럼, 그 가치를 측정하는 일은 거의 불가능해 보입니다. 게다가 돈을 지불한다 해도 그것을 받는 대상이 누구일까요? 갯벌이 없으면 당장의 생활이 불가능해지는 어민일까요? 아니면 국가일까요? 혹은 갯벌에 깃들어 살고 있는 뭇생명들일까요? 어쨌든 생태계가 교환가치를 갖는가에 대해서는 의문이 드는군요.

그리고 그 외에도 노동으로 간주되지 못한 욕망의 광범위한 가치 영역이 있습니다. 공동체나 가정에서의 돌봄과 정동노동(affects work)은 노동가치로 간주되지 않고 욕망가치의 영역에 의해서만 파악될 수 있는 영역입니다. 물론 돌봄의 영역은 점점 가치화되기 시작해서 자본주의의 비물질적 노동으로 포섭되고 있지만, 대부분의 돌봄과 정동, 사랑과 욕망의 영역은 여전히 비노동의 영역입니다. 그런 점에서 살림, 모심, 보살핌, 돌봄, 섬김 등의 영역은 색다른 가치를 생산하는 욕망의 영역이며, 그래서 욕망가치의 문제가 대두할 수밖에 없습니다.

레오뽈디나 포르뚜나띠라는 자율주의자가 쓴 『재생산의 비밀』(박종철출판사, 1997)이라는 책에서는, 노동으로 간주되지 않고 가치를 인정

욕망 자본론

받지 못하던 여성의 가사노동이 사실은 자본주의의 재생산에서 필수적이지만 의도적으로 배제되어 오던 영역이라고 말합니다. 가사노동이 비생산적이라고 말한 속류 마르크스주의자들의 주장과는 달리, 가사노동은 생산적이며 필수적이라는 점도 함께 말합니다. 저는 이탈리아 여성 노동자들이 외친 "가사노동에 임금 지급을!"이라는 슬로건에 대해서 다시 생각하게 됩니다. 우리가 쉽게 노동이 아니라고 판단하고 욕망으로 간주하던 많은 영역이, 생산적인 활동으로 구성되어 있고 이에 따라 우리는 그에 대한 보상이나 정당한 대가를 생각해야 하는 것이지요. 그러나 자본주의는 비노동 영역을 철저히 배제하고 차별함으로써 노동에게만 임금을 줍니다. 그런 점에서 자본주의는 '착취'로도 유지되지만 '차별'로도 유지되는 셈이지요. 원래 경제(economy)라는 단어가 살림(oikosnemene)이라는 말에서 출발되었다고 하지요. 여성의 주체성에 의한 살림살이를 배제한 자본주의 경제를 객관적 가치의 법칙이라고 여긴 속류 사회주의자들의 생각은 어쩔 수 없이 불구화되어 있지 않나 하는 생각이 듭니다.

노동가치론은 진보주의자들에 의해서 받아들여졌지만, 보수주의와 관료주의의 입장에서도 받아들여졌다고 생각됩니다. 제가 재학 시절에 교정에 걸려 있던 만장이나 대자보에서 많이 보던 구절이 "세상의 주인인 노동자"라는 슬로건이었습니다. 인류는 사회주의라는 거대한 실험을 통해서, 노동자가 주인인 세상이 곧 우리가 꿈꾸던 이상향과 유토피아와 같은 곳은 아니라는 것을 깨달았습니다. 특히 소수자와 여성, 장애인, 이주민의 욕망의 차원은 사회주의하에서도 부수적이고 통제되어야 하는 것이 되어버렸습니다. 저는 노동자로 간주되지 않은 욕망의 주체성을 등장시켜, 소수자의 욕망가치를 전면에 내걸고자 합니다. 거기에는 노동의 자주 관리가 아닌 욕망의 자주 관리의 시선에서 세상이 조직된다면 어떨까 하는 문제의식이 담겨 있습니다. 지난번에 어느 전교조 소속 교사로부터 "노동자의 정체성으로부터 답을 찾아야 하지 않는가?"라는 질문을 받았습니다. 저는 문제제기와 대답이 일치하지 않고 분열된 현 시점에 욕망의 문제제기인 "네가 무엇을 원하는가?"의 답이 반드시 노동자의 정체성이 될 수 없는 상황에 직면한다고 대답했습니다. 존재가 아니라 욕망이, 답이 아니라 질문이 중요하다는 말이지요. 사람들은 어디엔가 답이 있고 거기에 맞추어서 행동하면 진리에 부합할 수 있다는 환상에 빠져들곤 합니다. 그러나 이 사회를 바꾸고 변화시키는 것은, 대니얼 스턴(Daniel Stern)이 '표출적(表出的) 자아'라고 규정한 2~6세의 어린아이들이 던지는 문제의식과 같은 것이지 않나 생각합니다. 늘 '왜?'를 달고 다니는 아이들처럼 욕망은 물음표를 갖고 있는 존재들에게 던져진 하나의 질문입니다.

들뢰즈와 가타리는 『천 개의 고원』이라는 책에서 몰(mole)이라는 하나의 모델에 집중하는 움직임과 분자(molecular)라는 여러 모델을 횡단하고 이행하고 변이되는 움직임에 대해서 말한 적이 있습니다.* 사실 노동자계급 운동은 자신의 정체성에 대답을 갖고 있다고 스스로 여기는 경향이 있고 몰적인 계급 이익에 따라 행동하려 합니다. 이에 비해 소수자 운동은 자신의 특이성으로 인해 문제제기를 던지는 움직임이라는 점에서 분자적입니다. 물론 이런 생각은 너무 단순하고 도식적인 감도 있습니다. 몰적인 것에서 분자적인 것이 서식할 수 있고, 분자적

---

* 공동체가 초기에는 여러 가지 의미와 모델을 횡단하는 재미있고 자율적인 활동으로 출발하지만, 제도화되고 시스템이 갖추어지면 하나의 모델에 따라 자동적으로 움직이는 것으로 변한다는 점에서 몰과 분자의 차이를 생각해 보면 좋겠다.

욕망 자본론

인 것이 목적인 것으로 돌변할 가능성도 있기 때문입니다. 저는 이런 의미에서 소수자 운동과 노동 운동이 수평적으로 연대할 필요성에 대해서 생각합니다. 그런 의미에서 노동가치만큼이나 욕망가치도 중요한 셈이죠.

지난 한 세대 동안 노동가치는 답으로서 간주되어 왔습니다. 그래서 다채로운 운동 속에서 자신이 하나의 대답을 갖고 있고, 객관적인 진리가 마르크스가 쓴 원전에 실재한다고 생각하던 세대를 조성했습니다. 그러나 저는 다시 생각합니다. 소수자의 욕망, 그리고 그것의 욕망가치는 이제 오늘날의 문제제기가 되고 있다고 말입니다. 소수자들이 정말 살아가고자 하는 세상, 그들이 꿈꾸고 실천하는 모든 것의 가치가 인정되는 세상이 욕망가치론이라는 개념에 담겨 있습니다. 그런 의미에서 욕망하는 것은 생산하는 것이며 고유한 가치를 가진 것이라고 생각합니다. 그것은 대답으로 나와 있는 계급 이익이 아니라, 질문으로 던져지는 '욕망하는 생산'입니다. 이쯤에서 번뜩 생각나는 부분이 있지요. 1960~1970년대 유럽을 뒤흔든 68 혁명은 욕망의 혁명이었지요. 그래서 어떤 결론이 딱 나와 있는 것이 아니라, "우리가 이렇게 사는 것이 맞는 것인가?", "네가 원하는 게 뭐야?"라는 질문들을 담고 있는 혁명이었습니다. 그래서 미완의 혁명이자 오늘날에도 여전히 진행 중인 혁명이지요. 우리가 욕망하고 꿈꾸고 생각하는 것의 가치는 우리 자신의 삶을 살아가도록 만드는 것이라는 점에서 근본적입니다.

윤경 씨는 평소에 제가 이런 생각을 피력하였을 때, 늘 신중하기를 원했습니다. 노동자 운동의 가치에 대해서 행여나 비하하거나 무시하는 것처럼 비치지 않을까 해서 말이지요. 저도 신중하게 생각하는 것이 필요하다고 생각해요. 노동자 운동이 목적이라고 하지만, 목적인 형태와 분리된 분자적인 것만 추구한다면 소수자 운동의 발전도 지체되거나 사라질 위험에 처한다고 생각되기 때문입니다. 그렇기 때문에 노동가치와 욕망가치가 대립되는 것이 아니라, 공생하여야 할 이론이지 않나 하는 생각이 듭니다. 노동가치는 과거의 대답이며, 욕망가치는 현재와 미래의 문제제기입니다. 이 둘이 함께한다면, 문제제기를 하면서도 겸손하게 '이런 대답이 있기는 하지만 꼭 일치할 수는 없다'고 말할 수도 있게 됩니다. 앞서 얘기했듯이 자본주의 사회는 문제제기와 대답의 분열을 조성하는 특이한 체제입니다.* 대안 운동은 이러한 분열에서 서식하는 빈틈이며 이행의 구성요소가 아닌가 하는 생각이 듭니다. 예전에 저도 대학을 다닐 때는 세상에는 딱 맞는 대답이 반드시 실재한다고 생각했습니다. 그래서 마르크스의 원전을 읽고 나름대로 논리를 가지면서 믿음을 가졌습니다. 그러나 지금은 사람들이 갖고 있는 문제의식에 더 주목합니다. 저는 최근 푸코의 책을 읽다가 그의 권력의 미시물리학 속에서 빛나는 문제의식을 발견했습니다. 그러나 그는 자신이 가진 문제의식에 대해서 20퍼센트도 대답하지 못했다고 느꼈습니다. 그는 자의적이고 잠정적인 대답을 했지만, 완결되고 충족되는 대답의 성격은 아니라는 생각이 들었기 때문입니다. 그렇지만 그가 그런 훌륭한 것은 그 자체만으로도 가치가 있지 않나 하는 생각이 듭니다.

개념이나 이론이 진리로서 실재한다고 생각하면 세상이 참 간편합니다. 마르크스를 지혜가 아닌 진리라고 여기는 사람들은 누가 조금이

---

* 자본주의가 문제의식과 답 간의 분열에 서 있다는 점은 뜬금없는 답으로 문제제기를 봉쇄하려는 특징에서도 발견된다. 그러나 중요한 것은 변이, 이행, 횡단을 조성하는 역사적이고 사회적인 문제제기라고 생각을 한다.

68 혁명 중 한 장면(1968)

나마 마르크스의 개념을 착취하고 수술대 위로 가져다가 절단하고 조
립하려고 하면 발끈하면서 "어떻게 감히 위대한 마르크스를"이라는 말
을 합니다. 물론 마르크스라는 개념적 인물이 갖는 의미에 대해서 폄
하하거나 비하할 의도를 갖고 그러는 것도 아닐 텐데 말이지요. 들뢰
즈는 죽기 직전 하나의 강의를 하는데, 그 주제가 "마르크스의 위대성"
이었다고 합니다. 들뢰즈가 원래 사회당 지지자였던 까닭도 있고, 마
르크스로 다시 돌아가 사유의 경로를 재건하려는 의도도 있었을 테지
요. 들뢰즈가 한 〈마르크스의 위대성〉이라는 강의 노트를 찾는 사람들
도 많습니다. 제가 아는 한 편집자도 그 강의 노트의 사본을 어떻게 구
할 수 있는지에 대해서 프랑스 사람들에게 문의했다고 합니다. 프랑스
활동가들 사이에서 그 사본이 돌고 있다는 소문을 저도 들었습니다.

머지않은 시일 내에 한국에서 들뢰즈의 강의록이 출간되기를 기대해 봅니다.

윤경 씨가 늘 강조했던 "마르크스를 논할 때 신중하라"는 말에 대해서 저도 많이 생각했습니다. 한국에서의 노동 운동은 민주화 과정에서 결정적인 역할을 했습니다. 그리고 정치적 민주주의는 반드시 경제 민주주의를 수반해야 한다는 생각도 그때 생겼습니다. 그러나 다른 한편 임금과 이익에 사로잡힌 노동 운동과 속류가 된 마르크스주의의 경향이 광범위하게 확산했기 때문에, 저 역시 언젠가부터 마르크스 일반을 싸잡아서 규정하려 했다고 생각됩니다. 그러나 착취와 불평등이 없는 세상을 향한 마르크스의 욕망은 여전히 위대하며 우리 세대에 반드시 가져야 할 문제의식이라고 생각합니다.

글을 쓰다 보니 밤이 깊어졌네요. 암흑을 횡단하는 불꽃처럼 사람들은 각자의 잠자리에서 어떤 세상을 그리는 꿈을 꿀까요? 적어도 희망이 존재하는 한, 저는 그 꿈들이 디스토피아가 아니라 유토피아에 가까울 것이라고 생각합니다.

2014년 5월 9일

2부

지금, 기본소득이 필요한 까닭

마르크스가 알지 못했던 욕망가치

지혜와 사랑이 가득한 윤경 씨에게

제가 2013년에 출간했던 졸저 『녹색은 적색의 미래다』(알렙, 2013)에서 느닷없이 욕망가치론을 언급해서, 사람들은 어디에서 나온 개념이냐고 또 실효성이 있냐고 묻기도 했습니다. 저는 이 욕망가치론이 마르크스의 노동가치론이 다 채워주지 못한 가치론의 빈 곳을 메꿔줄 숨은 열쇠라고 감히 생각합니다. 제 박사논문에서도 간단히 언급된 바 있지만, 사실 욕망가치론은 펠릭스 가타리의 빛나는 책, 『분자 혁명』(푸른숲, 1998)의 후반부 「5장 기호적 구축물」 부분에서 나오는 개념입니다. 거기에서 가타리는 마르크스가 얘기한 사용가치와 교환가치 이외에도 욕망가치가 있다고 말하고 있어요. 그러나 그는 '욕망가치'라는 새로운 개념을 창안했음에도 불구하고, 그에 대한 정의를 '욕망과 정동의 강렬한 가치'라는 암시적인 말만 합니다. 자본주의 상품 경제를 설명할 때 사람들은 흔히 마르크스의 '상품의 이중성'에 입각해서 설명합니다만, 상품 이외에 존재하는 '선물과 호혜의 경제'가 상품 질서 내부로 침투해 들어와서 정동과 욕망의 강렬도를 형성한다는 점에 대해서는 바라보지 못합니다. 사실 상품이라는 물건에는 사랑, 정성, 인격이 담겨 있지 않지만, 선물이라는 물건에는 사랑, 정성, 인격이 들어가 있습니다. 그러나 비자본주의 영역인 호혜 경제는 상품의 외부나 경계에만 있는 것이 아니라, 상품의 영역으로 침투해 들어와서 욕망가치를 형성합니다. 그 점 때문에 상품이 고정된 물건으로서만 간주되지 않고 비물질적인 정동과 감정을 갖고 있다고 생각하게 만들지도 모르겠습니다. 물론 자본주의 회계 담론의 메커니즘은 계산 불가능한 영역을 계산 가능하게 만들기 때문에 상품의 영역도 굉장히 추상화되었다는 생각도 듭니다.

제가 편지의 서두에 다짜고짜 욕망가치에 대해서 정의하고 설명부터 해서 당신은 어쩌면 어리둥절했을지도 몰라요. 하지만 욕망가치는 어쩌면 바로 당신에 대한 이야기일 수 있다는 생각이 들어요. 당신이 매일 하는 '살림'이 바로 욕망가치를 생산하는 욕망노동이니까요. 사실 욕망가치는 여성, 아이, 장애인 등의 소수자가 갖고 있는 욕망의 존엄과 자존을 밝히는 가치이기도 합니다. 욕망가치는 정동의 흐름, 돌봄이라고 불리는 영역의 흐름이 공동체와 사회적 관계망 속에서 유통되는 것과 불가분한 관련이 있어요. 보통 사회와 공동체에서 돌봄에 대해서 말할 때, 들뢰즈와 가타리의 소수자 되기가 퍼뜩 떠오르는 것은 우연이 아닙니다. 공동체에서 사랑과 욕망의 흐름이 소수자를 부드럽게 감싸고 보살피는 것은, 이미 욕망가치가 공동체의 가치 질서의 일부가 되고 있다는 점을 의미하지요. 그러나 돌봄과 정동노동에 대해서 동의하지 않는 사람도 있을지 모르겠습니다. "욕망가치가 굳이 가치론의 영역으로까지 들어와 설명되어야 하냐?" 하는 것이지요. 마르크스가 언급했듯이 상품의 이중성, 유용성으로서의 '사용가치'와 교환 가능성으로서의 '교환가치'를 언급하면 과학적으로 자본주의가 해명될 것이라고 여기는 사람들도 많이 있을 겁니다. 그러나 후기 자본주의 상황에서 상품의 사용가치와 교환가치로만 해결될 수 없는 차원이 새롭게 가치화되었다고 생각됩니다. 즉, 어떻게 욕망의 차원을 충족하고 욕망의 흐름을 전달하는가의 영역이 그것입니다.

욕망가치의 실존을 가정하면 공동체 경제의 가치 질서 역시도 해명이 됩니다. 저는 공동체가 보이지 않는 영역에만 있다고 생각하지 않으며, 실체화된 공동체에 대해서도 함께 말하고 싶습니다. 예를 들면 우리가 자주 갔던 홍성의 풀무마을과 같은 곳이 그 사례겠지요. 공동체가 풍부하고 다양해지는 것은 소수자라는 특이점을 통과하면서 사랑과 욕망의 흐름이 발생될 때입니다. 소수자에게 되기(becoming)라는 진행형적 과정으로서의 사랑을 투여할 때, 공동체는 생명 에너지와 활력에 넘치게 됩니다. 대부분의 공동체의 순환과 재생의 흐름이 소수자를 사랑하고 돌보는 것으로 나타나는 것은 우연이라고 할 수 없지요. 이러한 생명 에너지의 흐름은, 사용가치와 교환가치에 따라 나타나는 자본주의 가치 질서의 고정된 의미를 흔듭니다. 즉, 흐름으로 인해 '책상은 책상이다', '이것은 내 것이다'라는 방식으로 의미화되어 있는 상품의 의미 좌표에서 분열과 흔들림이 생기게 됩니다. 그래서 상품과 선물 간의 명백한 차이에도 불구하고 그 사이에서 뒤섞임과 혼재면(混在面)과 카오스가 발생됩니다. 이로써 '자본의 사회화와 사회의 자본화'*가 촉발되고, 한편으로 사회적 가치에 가장 충실한 자본이 출현하고, 다른 한편으로 공동체의 파견자들에 의한 협동조합 등으로 나타나는 사회의 자본화가 일어나기 시작합니다. 그래서 자본주의와 비자본주의 영역 사이의 명백한 구분은 더 이상 유효하지 않고 교환가치/사용가치와 함께 욕망가치의 영역이 등장합니다.

펠릭스 가타리에 따르면 교환가치는 상이한 물건들을 등가물로 만들어내며 사용가치는 유용하며 쓸모 있는 어떤 것이지만, 사용가치와 교환가치는 양극성의 세계 관념과 같은 대응물입니다. 마르크스의 『자본론』은 교환가치와 사용가치의 관계를 '객관적인 가치 질서'와 같이 의미화했습니다. 그래서 과거의 사회주의자들은 혼란에 빠졌습니다. 간단히 말해서 교환 체계에는 주관적인 욕망 따위가 개입할 여지가 거의 없어졌기 때문입니다. 그러나 베블런(Thorstein Bunde Veblen, 1857~1929)과 같은 경제학자에 따르면 자본주의의 과시 소비와 같은 영역에서 욕망이 사회심리적으로 분명히 작동하고 있습니다. 물론 제가 "부르주아의 생활과 문화를 분석하는 제도학파의 방식에 따르고 마르크스주의를 버리겠다."라고 선언하는 것은 아닙니다만, 자본주의의 동역학으로서의 욕망을 말하는 경우는 우리의 일상생활에도 이미 자리 잡고 있다고 생각됩니다. 그것은 자본주의적 욕망이라고 불리며, 생명 에너지로서의 욕망과 구분되는 영역이기는 합니다. 이처럼 욕망가치라는 개념은 펠릭스 가타리의 단상적인 개념으로 잠깐 등장하지만, 자본주의 가치 질서 내부로 들어온 비자본주의적인 가치 질서와

---

* 나는 여기서 자본의 사회화와 사회의 자본화 경향을 자본의 욕망화와 욕망의 자본화라는 경향으로 대체해서 설명하고자 한다. 사회적 경제가 욕망가치의 영역에서 규명되어야 한다는 의미에서 이 양방향에서의 경향은 수렴된다고 본다.

욕망의 작동에 대해서 주목하게 만듭니다.

여기서 욕구(needs)와 욕망(desire)은 엄밀히 구분되어야 합니다. 욕구는 '이미 거기에 있는 것'에 대한 필요이며 결핍과 부재의 게걸스러움을 갖고 있습니다. 반면 욕망은 '아직까지 거기에 없었던 것'이며, 창조와 생산의 역능을 갖고 있습니다. 이익과 이해의 영역은 욕구의 영역이 제도에서 드러나는 형태입니다. 반면 욕망은 제도에서 돌봄과 정동노동의 형태로 드러납니다. 그래서 엄청난 상냥함과 상상치 못할 부드러움으로 욕망이 등장하죠. 벤야민이 『아케이드 프로젝트』에서 환등상으로서의 상품 질서의 환상을 말할 때, 민중의 소망 이미지로 나타나는 것이 바로 부드러운 흐름으로서의 욕망이 동결된 형태이지 않나 하는 생각이 듭니다. 그러나 벤야민의 환상은 상품 질서의 혁신성과 사물성을 동시에 응시하고 있다는 점에서 라캉의 환상과는 다소 차이를 갖습니다. 라캉이 예감했던 '향유', '환상', '결핍'이라는 물신성의 삼박자를 갖춘 질서와는 완전히 딴판인 욕망의 창조적이고 생산적인 지평에 대해서 들뢰즈와 가타리는 '자본주의와 정신분열증' 시리즈인 『앙티 오이디푸스』와 『천 개의 고원』이라는 두 권의 책에서 말합니다. 욕망은 미래를 향해서 나아가는 진행형적 과정이며, 그 속에서 바로 자신과 사회, 공동체를 자기 생산해 내는 색다른 가치 질서입니다. 펠릭스 가타리는 사랑이라는 다소 상투화된 용어를 피하고 모두 욕망이라는 개념으로 설명하지만, 저는 사랑이라는 개념을 살려보고 싶고 사랑의 부드러운 흐름이 창조해 낼 색다른 세상을 생각해 보고 싶어요.

공식적인 자리에서 욕망가치를 말하면, 아마 마르크스주의자들은 코웃음을 칠 것입니다. 자본주의의 객관적 가치 질서 외부에 있는 주관적 가치 질서는 경제학의 논외의 대상이 된다는 것 때문이죠. 그러나 자본주의의 서비스-정신노동의 발전 과정을 보면, 감정조차도 노동의 대상이 되고 있는 현실과 마주치게 됩니다. 자본주의는 인간의 감정조차도 노동의 형태로 직조해 내고 있으며, 이를 통해 감정의 가치화가 현실화되었습니다. 사실 감정노동과 정동노동은 동전의 양면입니다. 이미 자본주의는 주관적 가치 질서라고 여겼던 감정, 욕망, 사랑, 정동, 믿음, 희망, 꿈과 같은 영역으로 가치 영역을 확장하고 있습니다. 그런데 이런 자본주의의 포섭 작용에도 불구하고, 주관적인 가치 영역들을 객관적 가치와 별개의 것으로 치부하려는 투박한 분류가 좌파들에게는 존재합니다. 그렇기 때문에 욕망가치의 영역은 자본주의의 내부에서 엄연히 작동하고 있는 가치 질서라고 할 수 있습니다. 저는 욕망가치를 생산하는 것을 욕망노동이라고 부르고 싶습니다. 욕망노동은 아이들이 문자와 색채, 음향, 몸짓, 언표 등의 기호를 습득하는 학습노동, 여성의 돌봄과 가사노동, 장애인의 재활과 이동을 위한 정상화노동, 정신질환자가 상담자를 만나서 자신에 대해서 분석하게 되는 분석노동, 다음날 출근하기 위해서 TV를 보며 쉬는 시청각노동 등을 망라할 수 있습니다. 이렇듯 욕망노동은 이미 가치화되어 있는 영역이며, 실존의 좌표를 획득하고 있습니다.

아까도 말했지만 교환가치와 사용가치는 마치 양극성 정동장애 즉, 기쁨과 슬픔을 오락가락하는 조울증과 같은 상태를 조성합니다. 하나는 물적 존재에 고착되고 응고되어 있고, 다른 하나는 등가물이라는 기호의 고정성에 응고되어 있습니다. 그러면서도 서로를 보완하면서, 자원/부/에너지/화폐의 흐름을 설명할 수 있는 기제가 되고 있습니다. 그렇기 때문에 사용가치와 교환가치의 이율배반은 공황과 같은 경직된 상태를 만들어냈습니다. 사실 상품은 "A는 A다"라는 방식으로 다분히 의미가 고정된 고정관념의 산물이면서도 자원이나 부, 화폐의 흐름을 조성해야 한다는 도저히 어울리지 않는 숙제를 안고 있습니다. 그래서 자본주의와 자본은 근본적으로 충돌할 수밖에 없는 분열을 내포하고 있지요. 여기서 자본주의와 자본은 모순이 아닌 분열로 설명하는 것이 더 타당할 듯합니다. 모순 개념은 헤겔의 변증법에 따르면 배리(背理)의 논리이면서도 통합과 동일성을 전제로 한 것입니다. 모순은 흐름이 존재의 통일성으로 수렴되는 논리 구도를 의미합니다. 이에 반해 분열은 이중 구속의 상황처럼 잘못된 발신음이 양쪽에서 동시에 수신되는 경우입니다. 분열은 존재의 통일성을 파괴하고 흐름으로 가는 방향성을 의미합니다. 저는 자본주의 가치 질서가 하나의 의미로 고정될 수 있는 고정관념으로부터 형성되어 있으면서도 흐름을 움직이고 유통할 수밖에 없다는 점에서 양극성 정동장애처럼 기쁨과 슬픔을 즉, 생산과 반생산을 함께 갖고 있다고 생각합니다.

상품화된 세계는 셀 수 없을 만큼 다양한 품목을 갖고 있고 서로 다른 유용성을 갖고 있는 것처럼 보이지만, 다소 통속적이고 뻔한 생산자와 소비자의 거래 관계와 TV, 자동차, 아파트, 육식과 같은 통속적인 삶을 재생산하는 것에 불과합니다. 소비에서 얻는 쾌감은 색다른 것에 대한 모험처럼 여겨지지만 사실은 다분히 뻔하게 결론이 나와 있는 것을 향한 잠시 동안의 현기증이나 환상에 불과합니다. 이러한 자본주의하에서 기호 소비에서 보이는 기호 고정점(기표)과 달리, 공동체에서 흐르는 사랑과 욕망은 기호 흐름(도표)을 형성하여, 상품처럼 미리 결론이 나와 있는 관광을 하는 것이 아니라 미지의 영역을 향한 모험과 여행과 같은 상태를 만들어냅니다.*

* 자본주의가 기호 고정점인 기표화된 질서에서 작동한다는 점은 공동체의 기호 흐름

　　　　　　　　　　　　　　　　　　　　욕망 자본론

공동체의 기호 흐름은 자본주의 기표 질서가 만들어내는 고정관념과 편견, 선입견, 혐오 발화로부터 자유로우면서도 고도로 조직된 가치 질서를 조성합니다. 그것이 바로 욕망가치의 현존을 의미합니다. 색다른 기호 흐름을 생산해 내는 것은 공동체이고 이를 뻔한 것으로 만들어내면서 소비하는 것은 자본입니다. 자본은 공동체를 흉내 내고 따라 하기에 급급한 것이지요. 그런 의미에서 자본과 공동체는 '늘 쫓고 쫓기는 톰과 제리의 관계'로도 묘사됩니다만, 저는 이런 비유와 이미지는 상당히 공동체의 가능성을 '탈주'에만 한정시키는 것이라 좋아하지 않습니다.

자본의 상품은 공동체의 선물을 흉내 냅니다. 그 대표적인 것이 크리스마스의 산타 이미지를 갖고 있는 코카콜라라고 할 수 있겠네요. 산타클로스의 온화하고 다정하고 부드러운 이미지를 입힌 코카콜라의 이미지는 우리의 무의식 속에 달콤하게 들어옵니다. 그럼에도 불구하고 공동체의 수다스러움과 화음을 TV의 수다스러움과 리듬이 따라올 수는 없다고 생각합니다. 그런 의미에서 환상을 횡단하는 것과 현실을 횡단하는 것이 명백히 다르고, 이미지 영상의 흐름과 사랑과 욕망의 흐름은 엄밀히 구분됩니다. 문제는 우리의 무의식에까지 들어온 자본주의가 이제 우리 안에 잠재되어 있는 특이성들을 빨아들이고 있다는 점입니다. 첨단기술사회에서 기계류의 창조와 생산은 이제 특이성을 어떻게 조성하고, 관계 성좌를 어떻게 배치하고, 생각의 경로를 어떻게 개척하는가의 여부와 긴밀히 관련되어 있는 상황입니다. 그래서 비자본주의 영역에 있는 공동체적 관계망에서 생산되는 생태적 지혜

으로부터 유래하는 '흐름의 잉여가치'와 상이하다는 것을 의미한다. 고정점과 흐름의 맥락은 자본주의와 공동체의 근본적인 차이점이라고 할 수 있다.

19세기 파리의 아케이드

는 아주 좋은 먹잇감이 되고 있습니다. 생태적 지혜는 관계 내부에서 싹트는 지혜이며, 사랑과 욕망의 비표상적인 흐름이 의미좌표를 흔들 때, 소수자라는 특이점이 공동체를 풍부하고 다양하게 만들 때 발생되는 관여적 지성의 산물입니다. 이에 따라 생태적 지혜의 필요성과 다양성과 차이의 풍부함은 자본 역시도 말하고 있으며, 공동체를 먹잇감으로 둔 자본이 추구하고 있는 바와 정확히 일치합니다.

　욕망가치는 신자유주의 시대라는 가치가 고도로 추상화된 단계에서 자본의 내부에서 작동하고 있는 색다른 가치 질서입니다. 신자유주의 하에서의 자본은 사회화하고 추상되어 버리고 정보의 흐름과 사이버네틱스의 자동적인 과정과 다르지 않은 차원으로 나아갑니다. 자본주

　　　　　　　　　　　　　　　　욕망 자본론

의는 가치의 내부 위기인 공황이라는 상황을 지난 세기 동안 극복하였지만, 가치 질서의 외부에 있는 생명과 생태계의 위기의 현존에 대해서는 제대로 대응하지 못하고 끝없는 추락과 붕괴의 상황으로 내달리고 있습니다. 사실 생명과 생태의 차원은 사용가치는 있지만 교환가치가 없는 질서들이며, 기존 자본주의에서는 무한히 전제된 원료와 재료와 같은 대상으로 간주되었던 영역입니다. 그러나 자원 위기, 생명 위기, 에너지 위기의 상황에서 자연생태와 생명은 유한하며 사라질 수 있다는 점이 금방 드러났습니다. 이런 점에서 생명 에너지의 흐름인 욕망가치의 영역은 인간의 가치 질서 내부로 들어온 자연성이자 외부성이라고 할 수 있습니다.

이러한 외부성의 가치인 욕망가치는 소수자의 욕망이 긍정되고 자신의 존엄을 보장받을 수 있는 가치 질서라는 특징을 가집니다. 동시에 소수자를 향한 정동과 욕망의 강렬한 흐름의 가치이기도 합니다. 이런 욕망가치의 정의는 자의성을 피할 수는 없지만, 욕망가치론을 통해서 욕망 자본론을 전개하기 위한 설명 방식의 하나라고 생각해 주시면 좋겠어요. 제가 욕망가치에 대해서 설명하는 여러 편의 글을 쓰는 동안 많은 사람들이 의문과 관심을 가져주셨지만, 그 논의를 더욱 업그레이드하지 못한 점은 지적 작업의 게으름 때문이었다고 변명하고 싶습니다. 당신을 향한 제 사랑과 욕망의 부드러운 흐름을 가치화한다면 아마 은하계 전체와 맞바꿔도 될 정도라고 말하고 싶습니다. 말하고 나니 쑥스럽군요,

2014년 5월 12일

발전인가? 성장인가?

지혜로운 윤경 씨에게.

2008년 유럽발 금융위기가 터지기 전까지만 해도 시작이 있으면 끝이 있다는 말이 자본주의에도 해당될 거라는 생각을 아무도 하지 못했어요. 날마다 축배를 들 수 있다는 자본주의적 욕망은 천덕꾸러기처럼 사람들을 지배하고 있었지요. 그때만 해도 "일만 벌이면 결국 잘 된다."라는 신화가 사람들의 뇌리에 자리 잡고 있었습니다. 많은 사람들이 지구의 한계에서 비롯된 성장의 한계를 인정하려고 하지 않았습니다. 마치 아파트 분양권을 따기 위해서 긴 행렬을 만들었던 우리 부모님 세대처럼 너도나도 욕망의 사다리를 만들어 위를 향해 달려갔어요. 그 바벨탑이 허망하게 무너져 내렸을 때 당사자로서는 엄청난 실패와

패배의 기억으로 남아 있을 것이라고 생각됩니다. 제 주위에도 하우스 푸어가 된 사람들이 절규와 비탄의 아우성 속에서 살아가거나 이제야 욕심을 내려놓고 근면과 소박을 배우고 있으니까요. 자본주의가 끝없이 계속해서 성장할 것이라는 망상과 달리, 한국 사회는 이제 성장 동력을 상실한 것으로 보입니다. 사실 지금까지 성장이라는 것은 일종의 괴물과 같았어요. 모든 사회 문제와 경제 문제는 성장이라는 장밋빛 청사진 속으로 빨려 들어가 희석되어 버렸으니까요. 나이 드신 분들과 얘기를 하다 보면 1970~1980년대 개발 독재 시절에 대한 향수와 낭만을 읊조리는 모습을 종종 보곤 합니다. 1970년대에는 공장만 열면 다 잘 되는 시기였고, 일만 벌이면 곧 대박과 연결되었던 시절이죠. 과거의 낭만이 다시 시작되기를 바라는 그들의 생각은 어쩌면 순진하기도 하지만, 결국 지구의 한계에 맞닥뜨린 작금의 현실을 떠올려 보면 왠지 기괴하게 일그러져 있다고밖에 볼 수 없어요, 아직도 더 많이, 더 빨리 벌고 싶어하는 욕심을 내려놓지 못하고 성공주의로 향하는 사람들의 배경에는 여전히 희미하게 성장주의의 풍경이 펼쳐지죠, 사실 약간 웃기는 일이지만 말입니다.

사실 제가 학교를 다니던 1980년대 후반만 하더라도 조교가 취업 원서를 나눠줄 정도로 일자리는 부족하지 않은 상황이었어요. 그러나 지금은 일자리와 고용 불안이 도처에 그림자를 드리우고 있습니다. 그런데 지금의 위기는 세계적인 수준에서의 위기라는 점을 아셔야 합니다. 나라마다 놀고 있는 젊은이들이 거리에 나와서 배회하는 것이 일상화 되었죠. 심지어 전 세계적 차원의 위기는 비교적 잘산다는 유럽에서 시작되었어요. 그런데 《녹색평론》에서 나왔던 유럽발 금융위기의 원인을 진단한 글 중에는 아주 재미있는 구절이 있습니다. 바로 북해산

브렌트유의 고갈에 대한 분석입니다. 유럽의 중산층이 그리스로 여행을 갈 수 있었던 것은 바로 유전에서 나온 떡고물 때문이었는데, 그것이 완전히 불가능해지자 관광 수입이 국가 재정의 대부분을 차지하고 있던 그리스에서부터 위기가 확산되었다는 것입니다. 이러한 자원 고갈의 문제에서 미국도 자유로울 수 없습니다. 2013년도에 대규모 세일가스 유전이 발견되자 미국의 오바마 대통령이 직접 방문해서 미국이 앞으로 40년은 더 버틸 수 있게 되었다며 흥분하였다는 기사를 보았을 때, 저는 약간 아찔한 생각이 들더군요. 긴가민가했었는데, 위기는 이제 더 심해지겠구나라는 예감이 엄습했기 때문입니다.

성장주의자들은 "성장이 아니면 대안이 뭔데?"라고 반문할지도 모르겠네요. 저는 성장이 아닌 발전 전략을 꾸준히 언급해 왔습니다. 성장(growth)은 외연적이고 실물적이며, 하드웨어적인 개발과 토건주의를 기본으로 하는 경제라면, 발전(development)은 내포적이고 관여적이고 소프트웨어적인 경제를 추구하기 때문입니다. 발전 전략에 대해서 생태주의자들은 반감이 많아요, 특히 더글러스 러미스(Douglas Rumis)와 같은 사람은 발전 전략이 저발전 국가에 대한 제국주의적인 개발주의를 정당화하는 전략이었다고 비난을 했지요. 그에 따르면 발전의 'development'라는 개념은 '싸다', '감싸다'라는 뜻의 'envelop'이라는 말의 반대어로, 꽃망울이 터지지 않고 감싸져 있는 상태에서 개화하고 만개하는 순간으로 이행하는 형상을 갖고 있다고 합니다. 즉, 그는 '발전하다'는 것은 수동태일 수 없고 내재적인 것으로만 나타날 수 있다는 점을 지적합니다. 그래서 선진국이 제3세계를 저개발국으로 규정하고 발전시키려고 선교사를 파견하고 인류학자와 NGO를 파견하는 것은 어불성설이라고 지적합니다.

욕망 자본론

그러나 제가 언급한 발전 전략은 현재 우리가 살고 있는 도시 사회가 낯선 익명의 사람이 아닌 친밀하고 유대적인 사람들의 관계가 성숙되면서 그 내부 영토에서 돈, 자원, 에너지가 순환하고 재생되는 것을 상으로 갖고 있습니다. 그래서 모든 발전은 내재적인 발전인 셈이죠. 쉽게 말해서 100여 명 단위의 마을 공동체가 형성한 지역 순환 경제나 도시에서의 골목 상권 등이 그 사례라고 할 수 있습니다. 사실 우리가 살고 있는 영등포에서도 편의점과 마트가 들어와서 골목 상권이나 재래시장은 완전히 폐허가 되었다고 해도 과언이 아닙니다. 서민 경제 영역까지 다국적 기업과 대기업이 들어와 있는 셈이죠. 저 역시도 동네 구멍가게에 들어가서 주인과 얼굴을 대면하고 안부를 묻고 마을 이야기를 하면서 물건을 사기도 하지만, 요즘엔 점점 더 그것이 귀찮아지고 좀 더 싸게 사려는 욕심이 생기면서 마트에서 한꺼번에 사는 경우도 많습니다. 어느 날 곰곰이 생각해 보니 제가 소비하는 물건들의 돈이 대부분 대기업으로 들어간다는 생각이 들어서 "어떻게 소비해야 할 것인가?"를 더 고민하게 되었습니다.

발전의 시대는 확장과 성장이 목표가 아니라, 지속 가능성이 더 관건이 되는 시대입니다. 자본주의적인 경제는 대부분 타자 생산인 노동에 기반해서 자본을 형성하고 확대 재생산하려는 움직임을 보였습니다. 그러나 공동체 경제는 이제 자기 생산인 활동을 통해서 이익과 지출이 제로가 되는 색다른 경제 모델을 제시합니다. "이익이 남지 않는데, 그럼 무엇 때문에 일하느냐?"라는 지적이 있을 수 있습니다. 그러나 활동은 일이나 노동이 아니며, 산출의 결과물이 바로 자기 자신이라는 점이 다릅니다. 남을 위해서 일하고 남 일을 하는 사람들에게는 생소할지도 모르겠지만, 자신의 삶을 재생하고 순환시키는 자기 생산의 활동이 있습니다. 대부분의 협동조합이나 사회적 경제에서 활동하는 사람들은 사회적 가치를 만들어내고 유통하며 그것을 할 수 있는 자기 자신을 생산하는 것을 목표로 하는 사람들입니다. 마찬가지로 공동체 경제는 공동체 자체를 새롭게 재생하고 자기 생산하는 것을 목표로 합니다. 그것은 희생이나 봉사가 아닌 자기를 만들려는 자율의 힘을 보존하기 위한 경제라는 점에서 다소 이기적인 요소도 있다고도 할 수 있겠지만, 근본적인 이타적 영역을 향한 실천과 자율적인 행동이라고 규정하고 싶네요.

1972년도 로마클럽에서 〈성장의 한계〉라는 보고서를 낼 때만 하더라도 그것이 우리 세대의 문제가 아니라 먼 미래 세대의 문제처럼 느껴졌습니다. 그러나 그로부터 40년이 지난 지금, 화석 연료 고갈과 에너지 위기, 자원 위기 등이 정말로 현실적인 문제로 다가오게 되었습니다. 아마 미래 세대는 우리 세대보다 더 혹독하고 잔인한 상황이 예측됩니다. 특히 환경 파괴로 인한 생물 종 다양성의 위기와 공장식 축산업에서 나오는 폐기물로 인한 해양 생태계의 파괴, 탄소 순환의 문제로 인한 기후변화 등은 혹독한 미래를 예측하고도 남게 만듭니다. 얼마 전 지인에게 기후변화로 인해 기온이 섭씨 2도만 올라도 지금의 삶을 향유할 수 있는 사람이 전 세계 10퍼센트밖에 안 된다는 제임스 러브록이 제시한 통계를 얘기한 적이 있었습니다. 그분은 "인류가 앞으로 살아남을 수 있나요? 정말인가요?"라고 조심스럽게 물어왔습니다. 그는 저보다도 더 참담한 미래를 예상하고 계셨던 모양입니다. 저는 당황해서 어렵게 통계 자료에 대한 내용을 전달해 드렸죠. 집에 오면서 여러 가지 생각을 했습니다. 그리고 미래 세대에게 무엇을 해야 할 것인지에 대해서 고민했습니다.

욕망 자본론

지속 가능한 발전(sustainable development)은 성장주의를 옹호하는 전략이라는 오해를 받기도 하였지만, 발전 전략 중에서 가장 알려져 있고 NGO나 기업, 정부 기구, 유엔 등이 채택한 가장 잘 알려진 아젠다(agenda)입니다. 이 의제는 석유와 구리 등의 재생 불가능한 자원을 미래 세대에게 남겨줌으로써 미래 세대에게 피해를 입히지 않고 현재 세대와 미래 세대 둘 다의 입장에서 지금의 경제 발전을 수행하자는 내용을 주로 하고 있어요. 저 역시도 기업의 지속 가능한 발전 전략에 대한 보고서를 보면서 약간은 의문이 들었던 것이, 성장을 지속하자는 슬로건처럼 왜곡되어 있다는 느낌을 받았지요. 지속 가능한 발전에 대해서 의문을 표시하는 생태주의자들은 지속 가능한 후퇴를 해야 할 시점이라고 지적합니다. 즉, 역성장, 제로성장의 상황으로 강력히 나아가지 못할 때, 기후변화로 인한 상상도 하지 못할 혹독한 시절을 맞게 될 것이라고 말이죠. 저 역시도 그러한 지적이 근거가 없는 얘기가 아니라 설득력이 있는 주장이라고 생각합니다. 그러나 발전은 경제 발전만이 아니라, 관계의 성숙과 발전을 의미한다고 생각합니다. 즉, 공동체 발전 전략과 같은 영역이 있기 때문에, 발전 전략과 성장 전략은 완전히 다른 궤도에 있다고 생각합니다.

성장이 아닌 발전 전략을 시도했던 사례로 역사상 두 명의 정치가가 있습니다. 한 사람은 루스벨트, 다른 한 사람은 레닌이죠. 아이러니하게도 발전 전략이 좌우파 모두에게서 발견됩니다. 루스벨트는 공황이라는 극단적인 상황에서 내수 진작과 유효 수요를 위한 일자리와 공공 정책, 노조와의 협력 등의 뉴딜 정책을 수행했습니다. 이로 인해 바닥에 있었던 미국 경제는 다시 회복되었고, 자살률이 줄고, 일자리와 복지가 적정 수준에서 지켜질 수 있었습니다. 반면 레닌의 경우는 매우 특이합니다. 좌파들이 자본주의가 가장 발전한 곳에서 사회주의가 가능하다는 2단계 혁명론에 빠져 성장주의로부터 한 치도 벗어나지 못했을 때, 레닌은 소비에트 관계망의 성숙이라는 색다른 현실을 발견하고 4월 테제에서 "모든 권력을 소비에트로!"라고 말하면서 러시아 혁명을 성공시켰으니까요. 그러나 혁명 성공 이후에 곧 레닌은 NEP라는 성장주의로 회귀하고 맙니다. 기존의 차르 시절의 경영자들이 다시 복권됩니다. 이러한 노선 변경에 대해 좌파들은 '어쩔 수 없는 선택'이거나 '막대 구부리기 전략'으로 미화하지만, 이에 반대하고 나선 크론슈타트 수병의 반란에 대한 잔혹한 진압은 그런 말을 무색하게 만듭니다. 그리고 소련 사회는 곧장 스탈린주의로 개편이 됩니다. 가타리는 『기계적 무의식』(푸른숲, 2003)에서 '레닌에 대한 분열분석'*을 수행하는데, 여기서 그는 분자 혁명과 같은 노동자계급의 집단적 '탈영토화'가 있었으며, '도표적인 변형'이 일어났다고 진단합니다. '도표적 변형'은 '책상은 책상이다', '이것은 내 거다'라는 자본주의의 기표적인 질서인 고정관념에서 벗어나 사랑과 욕망, 혁명을 통해서 '내 것일 수도, 네 것일 수도' 있는 도표적인 흐름이 발생했다는 것을 의미합니다. 또한 이러한 집단적 무의식이 집단 속에서 통용되면서 관계망이 성숙되었고, 미지의 세계를 향해 여행을 떠날 수 있는 '탈영토화'의 능력을 획득하였다는 것이지요, 여기서 가타리는 레닌과 러시아 혁명가 집단의 분열 생성에는 세 가지 요소가 발견된다고 말합니다. 다소 어려운 개

---

* 가타리가 언급한 레닌에 대한 분열분석의 장은 발전 전략의 탐색으로도 의미를 갖는다. 나는 여기서 레닌의 주체성 생산이 어떻게 역사적으로 발전 전략과 조우했는지에 대해서 관심을 갖고 있다. 레닌 자신의 분열은 바로 내재적 발전 전략과의 만남이라고도 말할 수 있다.

욕망 자본론

넘이지만 설명해 보자면, 이것일 수도 저것일 수도 있는 흐름으로서의 '도표(diagram)적 과정들', 분석을 통해서 창조적 개입과 이행의 구성요소를 만드는 '분석 장치들', 무언의 춤을 추듯 발언할 수 있는 공동체적 관계망인 '집합적 언표 행위 배치'들이 그것입니다. 즉, 공동체적 관계망의 성숙, 분석가로서의 혁명 집단, 언어적 매체와 연단을 가진 집단으로 설명할 수 있습니다. 레닌에 대한 가타리의 분석은 '주체성 생산'이라는 섬광과 같은 분열의 순간을 분석한 것이지만, 저는 주체성 생산과 동전의 양면인 '관계망 창발'의 입장에서의 발전 노선을 분석하는 것으로 가타리의 생각을 살짝 변형하고 싶습니다. 사실 발전 전략은 가장 극단적인 위기와 혁명의 시기에 정치적인 아젠다로 등장했다가 곧장 사라져버리기 일쑤입니다. 마치 간주곡이나 후렴구와 같이 등장했다가 성장주의라는 아리아에 묻혀 버린 것이지요. 그러나 미래 사회에서는 발전 전략이 핵심적인 아젠다가 될 가능성이 분명 존재합니다.

성장은 직선적인 시간관을 갖고 있지만, 발전은 나선형의 복잡계로 이루어진 프랙털 유형의 시간관을 갖고 있습니다. 성장은 어제보다 나은 내일이 반드시 존재해야 하며, 아주 직전의 과거를 폐허로 만들어 버리고 유행에 뒤처진 것으로 만들어버립니다. 반면 발전은 과거로부터 미래의 씨앗을 수집하여 색다른 것을 생성시킵니다. 성장은 맹목적인 충동을 통해서 앞으로 앞으로 나아가는 속도 사회를 구성합니다. 그래서 자신이 왜 그렇게 빨리 뛰어가고 있는지 이유도 모른 채 사람들은 앞으로 달려가고, 주변 사람들을 마치 성공이나 승리의 배경이거나 사라질 풍경으로 간주해 버립니다. 반면 발전은 옆에 있는 사람들과 관계망을 성숙시키고, 천천히 느리게 의미와 재미를 함께 추구하며 걸어갑니다.

　더불어 살아가는 삶이 아니라 자기만 요행을 바라거나 성공해 보겠다고 길길이 날뛰던 사람들을 요즘 다시 만나보면 의기소침, 좌절, 비관, 멘붕에 빠져 있는 것 같더군요. 그들에게는 불행한 일이지만, 사실 현실을 제대로 알게 되었다는 면에서는 고무적인 일인지도 모릅니다. 더 많은 것을 내려놓아야 하고, 생명, 생활, 생태에서의 변화의 일부로서 자신의 관계망과 배치를 찾는다는 것은 중요한 일인 것 같습니다. 저 역시도 달려가다가 넘어지고 좌절하고 지쳤던 적이 있었는데, 그 시점에서 대안 사회와 대안적 삶을 발견했다는 점이 행운이라고 생각됩니다. 윤경 씨와 저의 관계도 시간이 갈수록 발효되고 성숙되는 것 같아요. 서로를 뻔한 사람으로 간주하고 비루한 일상을 조성하는 것이 아니라, 상대방의 깊이와 새로운 면을 발견하고자 노력한다는 것은 중요한 일인 것 같습니다. 오늘 저녁에는 발전과 성장에 대한 이야기꽃을 같이 피워봤으면 좋겠어요. 늘 행복하기에 감사합니다.

2014년 5월 20일

　　　　　　　　　　　욕망 자본론

내포적 발전 단계에서,
욕망이 필요하다

사랑하는 윤경 씨에게

성장과 구분되는 발전 전략에 대해서 지난번 편지에 언급한 이후, 벌써 며칠이 지났네요. 발전 전략 중에서도 내포적 발전 전략의 중요성에 대해서는 여러 차례 강조한 적이 있지요. 몇 년 전, 이에 대한 논문을 써서 윤경 씨가 교정을 봐준 적도 있잖아요. 사실 내포적 발전은 제가 개발한 개념은 아니고요. 2000년 초에 시민 단체에 의해서 극적으로 창안되었고, 이제까지 많은 내용 첨가와 창의적인 적용이 이루어지고 있는 개념이지요. 때에 따라서 내포적 발전 개념은 내발적 발전, 혹은 내생적 발전이라고도 일컬어집니다. 특히 지역순환경제를 말하면서 내포적 발전 개념을 사용하는 것이 일반화되어 있습니다. 저는 지역순환경제를 경제적인 범주에서 설명하는 것보다는 스피노자의 개넘을 적용시키는 것을 좋아합니다. 아무래도 경제학보다는 철학이 저에게는 편하지요. 지역순환경제를 스피노자 식으로 설명하자면, 이를테면 국지적이고, 가깝고, 유한한 것들이 무한히 결속되면서 시너지 효과를 발휘하는 것입니다.* 그것이 어떻게 경제를 작동시키는가 의문을 갖는 사람들도 있을지 모릅니다. 경제학에서 주로 생각하는 물건들은 '책상은 책상이다'라는 식으로 고정관념에 의해서 실체화되고 구체화된 실물들입니다. 반면 공동체 발전 속에서 작동하는 물건은 사랑과 욕망의 흐름에 의해서 불쑥 등장하지만, 중요한 것은 고정되고 실체화된 물건이 아니라 비물질적인 정서의 순환인 경우가 많지요. 그래서 공동체 경제는 호혜적인 관계망이라는 생각이 듭니다.

제가 내포적 발전을 언급하면, 어떤 사람들은 '공동체를 그대로 두면 폐색되고 닫힐 위험에 처하게 되며, 외부로부터 자원/부/에너지를 수혈받지 않고서는 공동체가 버틸 수 없다'고 지적합니다. 맞는 말입니다. 공동체는 자기 자신의 형성과 유지를 위해서 어느 정도 외부와 구분되는 선이 필요하지만, 외부로부터 투입-산출을 위해서는 열린 시스템도 필요로 합니다. 만약 외부로부터 유입된 자원이 내부에서의 복잡한 작동에 의해서 고르게 분배되지 않고 한 곳에 집중되거나 응고된다면 또 다른 불평등과 폐색의 체제가 될 위험이 있습니다. 그래서 공동체는 순환과 재생이라는 내부의 작동이 중요합니다. 그 작동은 성공과 승리를 향한 성장주의적인 것이 아니라, 관계를 풍부하고 다양하게

---

* 스피노자의 유한자의 무한 결속에 의한 무한자로의 이행이라는 명제에 착목한 것이다. 즉, 변용을 거치지 않은 것들에 대해서 승인하지 않으며, 마르크스가 말한 감성적 실천을 통해서만 공동체 발전을 바라보는 관념이다. 여기서는 헤겔 식의 개인의 관념에서의 유한에서 무한으로의 이행을 거부한다.

욕망 자본론

만드는 사랑과 욕망의 비표상적인 흐름입니다. 보통 돌봄이라고 일컬어지는 활동이 공동체의 순환과 재생에서 굉장히 중요합니다. 이것은 낮은 곳으로 향하는 사랑 즉, 소수자 되기입니다. 공동체가 아이, 동물, 광인, 장애인에 대한 부드러운 돌봄의 흐름으로 향할 때, 유한자의 무한 결속을 가능케 하는 내포적인 발전이 시작됩니다. 내포적 발전 전략은 성장처럼 외연적이고 실물적인 것이 아니라, 관계 속에서 발효되고 성숙하는 것을 지향합니다. 그렇기 때문에 외부에서의 자원/부/에너지의 흐름이 실물적이고 외연적인 것으로 고착되는 것이 아니라, 내부의 사랑과 욕망의 흐름을 따라 유통되면서 성숙해 가는 것입니다. 이런 설명을 하면, 눈에 잡히지 않는 것을 어떻게 경제의 지표에 따라 설명할 수 있겠냐는 질문도 종종 받곤 합니다. 그러나 보이지 않는 것은 눈에 보여서 계측 가능한 것들보다 광범위한 영역에 있으며, 공동체 내에서 그것의 판을 짜고 장을 형성하는 역할이 매우 중요해집니다. 그래서 저는 마을 만들기를 하는 활동가들을 일컬어 판 짜는 사람들, 벡터맨이라고 부르는 것을 좋아합니다.

사실 내포적 발전 전략에서처럼 공동체적 관계망을 중요시하는 시각에 주목할 필요가 있습니다. 흔히 시장에서 하는 것처럼 판매자와 구매자, 생산자와 소비자라는 정확히 구분되는 역할, 직분, 기능에 따라 책임 주체를 설정하지 않고, 각각이 관계하면서 주체성을 형성할 가능성이 높아지기 때문이지요. 물론 경제적인 주체와 공동체적인 주체성 사이에는 심원한 간극이 있다고 생각하기 쉽습니다. 그러나 경제적인 책임 주체만이 아니라, 공동체적인 주체성이 내포적 발전의 경제를 작동시키는 것도 가능합니다. 그것은 결사체(association)이면서도 사업체인 협동조합에서 발견됩니다. 혼자 잘사는 것이 아니라 더불어 잘사는 것, 이윤과 잉여를 위한 것이 아니라 관계망의 성숙과 발효를 위한 경제가 있습니다. 근대적인 책임 주체가 나, 너, 그와 같이 정체성에 의해서 포착되는 인물이라면, 주체성은 '우리 중 어느 누군가'라는 특이성에 의해서 드러나는 비인칭적인 인물입니다. 원래부터 탁월한 능력을 갖고 있는 사람이라기보다는, 평범하지만 공동체가 키워낸 특이한 사람일 가능성이 크겠지요? 그래서 주체성은 우리 사이에서 자발적이고 자율적으로 출현하는, 뜻과 지혜와 아이디어를 가진 사람들이라고 할 수 있지요. 사실 이런 주체성 생산의 순간은, 결과가 뻔히 나와 있고 화석화되고 규칙화되어 있는 공식적인 회의석상이 아니라, 재미있는 놀이와 같은 영역에서 흔히 등장합니다. 하지만 그 놀이에 재미가 있을 뿐 아니라 아주 고도로 조직된 보이지 않는 규칙들이 있지요. 녹색당에서도 몇 년 전 '의미와 재미 사이'라는 주제로 토론회가 열렸던 기억이 있습니다. 저는 의미화는 모델화이며 화석화라고 생각하기 때문에, 재미 쪽으로 기울어 있는 사람입니다. 그러나 의미와 재미 사이의 묘한 긴장관계를 횡단하지 않고서는 이러한 딜레마가 해결될 수 없죠.

위키피디아 영어판 사전(http://www.wikipedia.org/)에서 '내포적 발전(Inclusive development)'을 검색하면 생태민주주의가 하위 범주로 나옵니다. 생태민주주의는 내포적 발전의 중요한 영역 중 하나입니다. 민주주의라면 흔히 다수결과 같은 공리주의나 의사소통을 통한 합의제 등을 생각하게 됩니다. 그래서 사람들은 생태민주주의 역시 기껏해야 합의제를 의미하는 것이겠지 생각하게 됩니다. 그러나 잘 들여다보면 놀라운 점을 발견하게 됩니다. 생태민주주의는 주사위 던지기나 가위바위보, 제비뽑기를 통해서 대표를 뽑는 색다른 실험을 의미하기 때

욕망 자본론

문입니다. 생태민주주의가 확률론적 경우의 수에 착목하는 이유는 대의제 민주주의를 넘어서 가장 고도로 발전된 민주주의를 작동시키기 위한 것입니다. 사실 선거와 투표 집계 등은 함수론적인 방법론이며 사실상 기표(=고정관념)화된 자본주의로부터 벗어날 수 없다는 것을 의미합니다.* 그것은 '1+1=2'라는 함수론에 따라 가장 합리적이라고 지칭되면서도 가장 권력적이며 고정관념에 의해서 지배되는 세계를 의미합니다. 하지만 아주 미시적인 세계에서는 1+1=2라는 함수론이 통하지 않는 영역이 있습니다. 이것이 최근 급부상하고 있는 양자역학의 세계입니다. 양자역학의 영역에서는 함수론 대신 확률론적 세계가 펼쳐집니다. 그 속에서 미시적인 사랑과 욕망이 순환되고 유통되는 색다른 민주주의 공간이 펼쳐지는 것이지요. 그래서 내포적 발전은 미시 정치로서의 생태민주주의를 하위 범주로 갖는 것이겠지요.

내포적 발전 하면 금방 떠오르는 다른 개념이 바로 지역순환경제입니다. 지산지소(地産地消) 개념이 퍼뜩 떠오른다면 오늘의 주제를 절반은 이해했다고 해도 과언이 아닙니다. 우리가 함께 쓴 책, 『달려라 청춘』(삼인, 2014)에서 나오는 몽골에 나무 심는 신혜정 님이 호주의 크리스털 워터스(Crystal waters)에 가서 실천했던 3킬로미터 반경 안에서 나온 것만 먹겠다는 미션은, 사실 지역순환경제의 실험 중 하나인 로컬푸드(local-food)와 관련된 것입니다. 지역에서 필요로 하는 것을 자급자족하는 것은 무슨 의미가 있을까요? 세계화 시대에 고루한 옛

---

* 자본주의는 양자역학이 개방한 확률론적 질서를 받아들이지 않고 있다. 왜냐하면 함수론에 입각한 고정되고 의미화된 자본주의 질서가 흔들릴 수 있기 때문이다. 알랭 바디우가 노동자계급 운동을 표현하기 위해서 제기한 '집합론'의 영역까지 합치면, 함수론, 확률론, 집합론 등이 각기 다른 질서를 갖고 있다고 할 수 있다.

것으로 돌아가자는 슬로건처럼 여겨질지는 몰라도, 그것은 대안과 미래를 위한 중요한 의미를 갖고 있어요. 화석 연료 고갈과 엄청난 기후 변화가 예고되는 현 시점에서 내부적으로 자원/물건/에너지를 순환시킬 여지가 있다는 것은 생존과 직결되는 차원을 의미합니다. 우리들이 현재 도시의 편리와 이기를 다 누리고 살기 때문에 아직 느끼지 못한다 할지라도, 이후 엄청난 기후 단절의 시기가 찾아온다면 기존 도시 문명의 시스템에 의존하고 있던 사람들은 견뎌낼 수 없는 상황이 됩니다. 예를 들어 최근 태국 국토 3분의 1 이상이 홍수로 잠긴 사태와 북미가 영하 50도의 상황에 처했던 이번 겨울의 기후를 생각해 보면 좋을 것 같아요. 지역순환경제는 생존을 위한 최소한의 필요를 공동체에서 찾음으로써, 화석 연료 기반의 다국적 농업 기업의 먹거리가 파괴하고 있는 농촌 경제의 재생과 순환을 위한 필수적인 슬로건이 되었습니다.

마트에서 파는 음식물들이 아주 싸다는 생각을 갖고 사지만 잘 들여다보면 오렌지 주스는 지구 반 바퀴를 돌아서 들어왔고 피망이나 바나나는 대륙을 건너서 왔다는 것을 발견하게 됩니다. 먹거리마다 푸드 마일리지(food mileage)를 측정해 본다면 어떨까요? 어떤 음식은 먹는 데서 발생하는 칼로리보다 운반하는 데 사용한 기름의 에너지가 더 많다는 생각마저 듭니다. 화석 문명이 저물어가는 현 시점에서 지역순환경제는 우리가 생존하기 위한 필수적인 경제 형태입니다.

내포적 발전 전략에 들어가는 지역순환경제를 언급하니까 어떤 분은 그게 다 무슨 소용이냐면서 물, 가스, 전기 등의 민영화가 더 큰 문제라고 말하더군요. 물론 민영화를 막아 공공성을 지키는 것도 중요한 영역이라고 생각됩니다. 그러나 공공 영역, 사적 영역과 더불어 공동

욕망 자본론

체 영역도 있다는 점을 경제에서 빼놓고 생각하면 안 될 것 같습니다. 공동체 경제는 자율과 자치, 자립과 관련된 매우 중요한 영역입니다. 그래서 이러한 공동체 경제 영역이 시장과 국가가 하지 못한 일을 해낼 수 있다는 가능성과 잠재력에 대해서 많은 활동가들이 주목했을지도 모릅니다. 얼마 전 세미나에서, 한 마을 활동가 한 분이 공동체 운동이 지금까지 자본주의 시장의 문제를 간과하고, 자급자족이나 지산지소 등은 자본주의에 무기력했으며, 도시 텃밭은 수돗물을 써야 하고 허가를 맡아야 하는 등 한계를 갖고 있다는 얘기를 하는 것을 들었어요. 물론 저는 우리가 도시 텃밭에서, 마을 만들기에서, 협동조합에서 했던 실천과 실험만이 정답이라고 말하고 싶지 않습니다. 그러나 그것은 우리를 표현해 주는 풍부한 문제제기 중의 하나라고 생각돼요. 그래서 우리는 늘 물음표를 갖고 있는 존재들이지요.

내포적 발전 전략에서 빼놓을 수 없는 부분이 바로 마을 공동체입니다. 한국 사회는 역사적으로 두 번의 마을의 실험이 있었습니다. 그 첫 번째가 바로 1970년대 새마을운동입니다. 새마을운동이 지붕 개량 사업을 하고, 통일벼 사업을 하면서 농가 소득을 높이고 농촌을 근대화하였다는 것은 잘 알려져 있지요. 저는 그것이 성장주의가 농촌을 도시의 전초기지로 만들기 위해서 했던 사업이었다고 생각합니다. 새마을운동은 지극히 외연적이고 실물적이고 하드웨어적인 성장주의의 마을만들기였죠. 나중에 밝혀진 바에 따르면 당시 지붕 개량 사업에 쓰였던 슬레이트는 유독한 발암 물질이었습니다. 제가 어릴 적에는 슬레이트에 고기를 구워먹은 적이 여러 번 있었는데, 지금 생각하면 머릿속이 아득해집니다. 또한 당시 보릿고개 탈출을 위해 정부에서 권장하던 통일벼는 순환과 재생의 농업을 파괴한 주범입니다. 사실 통일벼 이전에 한국에서는 전통적으로 보리와 쌀의 이모작이 중심이었습니다. 보리와 쌀은 서로를 보완해 주는 영양 물질을 갖고 있고, 상호보완적이라서 비료와 농약이 필요 없는 유기농업이었습니다. 그러나 통일벼는 아무리 다수확 품종이라고 하더라도 단모작밖에 할 수 없는 것이었기 때문에 보리에서 영양과 물질을 받을 수 없는 쌀농사는 화석 연료 기반의 비료와 농약을 필요로 하는 상황이 되었습니다. 새마을운동은 겉보기에는 그럴듯했지만, 근대화 과정이 보여주는 위선과 허위를 갖고 있었던 사업이었습니다. 그러나 새마을운동이 당시의 농민들의 가슴을 움직였던 이유는 한국전쟁을 겪은 농민들의 마음을 움직였던 '자립, 자율, 자치'와 같은 슬로건 때문이 아닐까 하는 생각도 듭니다.

두 번째 마을 만들기는 성미산마을에서 점화되고 서울시 등에서 주도하기 시작한 마을 만들기 운동입니다. 이 마을 만들기 사업은 과도한 도시화가 사람들을 고립, 소외, 무위, 자살로 만들고 있었던 점에 대한 문제점으로부터 촉발되었습니다. 도시에 사는 사람들은 관계로부터 해결해야 할 문제를 소비, 향유, 환상 등에서 찾다 보니 그 끝에는 외롭게 남은 자신을 발견하게 됩니다. 우리나라 전체 가구 중 25퍼센트가 1인 가구일 정도로 사람들은 홀로 살아가고 있습니다. 가족보다는 TV의 화음에 의존하고 있고, 스마트폰에 수많은 친구 리스트를 가지고 있지만 지금 만날 사람은 아무도 없는 상황에 직면합니다. 서울시 마을 만들기 사업을 촉발했던 것은 마포에 있는 성미산마을입니다. 성미산마을은 성미산을 지키기 위한 1차, 2차 개발 저지 투쟁에서 관계망이 성숙되었고, 대안적인 먹거리, 보육, 교육 등의 문제의식을 성숙시킬 수 있었습니다. 그리고 수많은 협동조합, 사회적 기업, 마을 기업이 창조발화되면서 마을을 꽃피웠습니다. 이러한 마을 만들기의

욕망 자본론

성미산마을 축제 중 한 장면

사례는 내포적 발전의 구성요소를 뚜렷하게 보여주고 있습니다. 마을 공동체는 관여적이고 내포적이고 소프트웨어적인 것이었습니다. 마을은 관계망과 흐름, 상호작용의 내부 작동에 의해서 유한자들이 무한한 결속의 경우의 수를 갖게 되면서 복잡계에 진입했습니다. 처음에는 500여 명이었고, 서로를 잘 알고 있었던 성미산마을이 이제는 인원이 늘어서 얼굴을 서로 모르는 사람들이 있을 정도로 마포 지역의 주민들에게 확산되었습니다.

저는 성미산마을의 협동과 우애의 관계망과 생태, 생활, 생명의 문제의식의 창발에 대해서 주목했지요. 그래서 2012년도에는 〈성미산 마을공동체 조사연구사업〉에 참여하면서 마을 활동가와 주민들을 만나 인터뷰를 했습니다. 저로서도 귀중한 계기였다고 생각됩니다. 사실 우리나라에는 50대 중반에서 60대의 어르신들을 중심으로 한 주민 자치 운동이라는 마을 운동이 있습니다. 그런데 최근 마을 만들기를 통해 30대부터 50대 초반의 중장년층을 기반으로 색다른 마을 운동의 거대한 물결이 불기 시작했습니다. 성미산의 경우에 그 시초가 된 것은 '두레협동조합'이라는 협동과 우애의 관계망이었죠. 저는 협동조합으로부터 마을까지 발전해 온 성미산 마을을 접할 때마다 내포적 발전의 이미지와 촉감을 느낄 수 있었어요. 아마 마을은 내포적 발전의 판이나 장으로서 굉장히 중요한 의미를 갖고 있다는 생각이 듭니다. 기존 발전 전략들 즉, 뉴딜 사업이나 지속 가능한 발전 등이 갖고 있지 못한 다채로운 면을 내포적 발전은 갖고 있다는 점에서, 대안이 우리 가까이에서 숨 쉬고 있다는 것을 느낄 수 있습니다.

우리는 지난해 말 문래동 예술가들과 함께 일을 해보고 싶다는 생각으로 작업실을 이곳 문래동 예술촌으로 옮겼습니다. 이제 우리는 문래동에서 어떤 마을에 참여하고 협동해야 할까요? 그 작은 시작점이라고 할 수 있는 생태문화협동조합에 대해서 다시 생각합니다. 이번 여름에 특강과 세미나를 통해서 인문학과 예술, 협동조합, 마을 등이 교차하는 뜨거운 계절을 만들어 봤으면 좋겠어요. 물론 당신과 함께라서 저는 늘 힘이 나고 기쁩니다.

2014년 5월 23일

욕망 자본론

관계망 성숙에는 비밀이 있다

가까이에 있어도 늘 보고 싶은 윤경 씨에게

윤경 씨와 함께 하는 서로살림생협 인문학 세미나가 올초부터 하나 둘 인원이 늘어나서 벌써 10여 명 이상의 주부 조합원들이 참여하는 꽤 큰 모임이 되었어요. 지난해 『천 개의 고원』(새물결, 2003)에 이어 올해에는 프랑스 생태철학자 펠릭스 가타리의 『미시 정치』(도서출판b, 2010)를 읽으면서 2년 동안 모임을 이어가고 있지요. 저는 이 세미나에서 아이가 응앙응앙 울고 동물이 오락가락하면 모임이 풍부해지는 느낌이 생긴다고 말한 적이 있어요. 왜냐하면 그 존재들이 "A는 B다"라는 정의와 의미화에 포함되지 않는 근대 사유의 외부적 존재가 있다는 것을 체감하게 해주기 때문인 것 같아요. 다른 이유로는 소수자라는 특이점이 있다는 것만으로도 공동체가 비슷한 것들끼리 모이는 것을 막아주고 이질적인 존재로 인해 다양해지기 때문이라고 생각됩니다. 마지막 이유로는 결론을 향해서 치달아가는 토론과 논쟁에서 하나의 의미에 집중하려는 움직임이 방해를 받고 다른 모델이 간섭하고 개입하기 때문이지 않을까 하는 생각이 듭니다. 제가 뱉어낸 얘기지만 여러 가지로 생각을 하게 만드는 문제의식입니다. 서로살림생협 인문학 세미나에 엄마를 따라 나오곤 하는 '결'이라는 아이가 저로 하여금 많은 생각을 하도록 만들어줍니다.

공동체적 관계망에서 소수자의 의미는 무엇일까요? 아, 질문을 바꿔야겠군요. 먼저 의미를 묻는 것은 제 방식이 아니거든요. 왜냐하면 저는 늘 소수자는 정의(definition)로 딱 떨어지는 의미를 주는 것이 아니라, 문제의식을 던져주는 존재라는 점에 대해서 착목하기 때문입니다. 질문을 바꿔서 공동체에서 소수자는 어떤 역할을 할까요? 소수자는 양적 소수나 사회적 약자, 피해자가 아니라, 특이성을 생산하여 공동체적 관계망을 풍부하고 다양하게 만들어주는 존재라고 생각합니다. 제가 여기서 말하는 공동체는 도시 관계망처럼 낯설고 이질적이고 익명의 사람들에 의한 관계망이 아니며, 그렇다고 해서 새로움을 외부로부터 수혈받는 집단의 형태도 아닙니다. 도시에서는 낯선 존재가 색다르고 이질적이라는 느낌을 주지만, 공동체에서는 그와 달리 자신의 내재성 속에서 외부적 존재를 발견합니다. 스피노자의 내재성(immanence)이라는 단어는 열린 공동체의 내부 환경을 잘 보여주는 개념이라는 생각이 듭니다. 내재성은 내부에 있지만 외부로 간주된 타자가 자신 안에 내재한다는 점을 드러내는 개념입니다. 그래서 공동체에서의 내재성 개념이 중요한 이유는, 그 안에 있는 소수자가 외부적 존재이기 때문에, 소수자를 존중하고 배려할 때 결국 이방인을 환대할 수 있는 열린 공동체의 능력을 확보하게 되기 때문이죠. 공동체의 구성원이 소수자를 사랑하고 들뢰즈와 가타리 말마따나 소수자 되기를 감행한다면, 그것은 공동체의 관계망을 발효하고 성숙시켜서 다양성과 차이를 만들어내는 생산적인 활동이라고 할 수 있겠죠. 소수자를 수동적이고 관조적인 힘의 구분으로 볼 것이 아니라, 그것의 특이점이 공동체적 관계망에 어떤 사회화학적인 촉발을 이끄느냐를 볼 필요가 있다는 생각이 듭니다.

공동체적 관계망에 있는 사람들은 한 마디로 규정할 수 있는 존재로서 화석화되고 멈춰 있는 사람들이 아니라, 그 내부에서 흐름을 만들고 변화하는 사람들입니다. 공동체에서는 종종 흐름이 존재로 귀착되지 않는 경우가 있습니다. 예를 들어 공동체 안에서 어떤 사람이 빈집에 찾아와 누군지 알려주지도 않고 선물을 불쑥 놔두고 갔다면 어떨까요? 실제로 제가 어릴 적 살았던 시골에선 마을 어르신들이 불쑥불쑥 찾아와 어린아이인 제게 자신이 누구라는 것도 알리지 않고 또한 특별한 메시지도 남기지 않은 채 옥수수와 감자 같은 것을 제게 주거나 마루 끝에 놓아두고 가시곤 했지요. 그것은 '누가 누구에게'라는 존재로 귀착되지 않는 흐름입니다. 그래서 보이지 않는 영역에서의 사랑과 욕망의 흐름은 존재와 표상으로 귀착되지 않습니다. 그래서 저는 사랑과 욕망의 비표상적인 흐름으로 표현하는 것을 무척 좋아합니다. 이러한 사랑과 욕망의 비표상적인 흐름이 관계망을 발효시키고 성숙시키는 비밀이라고 할 수 있습니다. 나를 나로 머무르게 하지 않고, 너를 너로 머무르지 않게 하고, 나와 너 사이에서의 흐름은 일종의 뒤섞임과 혼란에만 머물지 않습니다. 너와 나 사이에서 공유 자산, 생태적 지혜, 공통의 아이디어를 만드니까 말이죠. 모든 것을 빨아들이는 권력의 적분을 피하고, 모든 것이 돈으로 결정되어야 한다는 자본의 적분을 피하고, 사랑과 욕망의 흐름을 어떻게 관계를 성숙시키는 미시적인 원동력으로 만들 것인가가 문제입니다.

사랑이라는 말이 너무 형이상학적인 의미좌표를 갖고 있다 보니, 여기서는 욕망이라는 개념으로 설명하면 좋을 것 같습니다. 욕망은 자본주의적 욕망처럼 탐욕(貪慾)과 갈애(渴愛)의 성격을 갖는 것일 수도 있지만, 생명 에너지로서 관계망의 사이에서 사랑과 욕망의 흐름을 조성하는 것으로 볼 수도 있습니다. 빌헬름 라이히 박사가 말했듯이 욕망은 신체에서 생성되는 생명 에너지로 우리의 신체를 감싸고 다른 신체를 향해서 나가는 것입니다. 라이히의 저작에 등장하는 성 욕망에 대한 부분은 이런 이미지와 매우 가깝지요. 그러나 욕망은 자본주의를 거치면서 신체 욕망을 넘어서 어느새 기호 욕망으로 변화하였고, 기호적인 차원에서 욕망이 생성되고 창조됩니다. 혹시 이미지를 소비한다는 얘기를 들어보신 적 있나요? 보드리야르의 『소비의 사회』(문예출판사, 1992) 등에서 언급된 것처럼 우리는 상품 자체를 소비할 뿐만 아니라 이미지를 소비하기 위해서 필요치 않은 것을 사들이는지도 모르겠습니다.

우리는 여기서 두 가지 차원에서의 기호 작용을 생각해 볼 수 있습니다. 너와 나 사이에서 냄새, 색채, 향기, 몸짓, 음향 등의 비기표적 기호 작용이 오가면서 관계를 성숙시키는 방향을 먼저 생각해 볼 수 있지요. 저는 친구와 만나면 그가 하는 말보다는 표정, 몸짓, 음향, 색채 등 관계 속에서 동반되는 다양한 기호 작용에 감응합니다. 그의 눈동자와 활력을 느끼면서 그와 공감하고 생명 에너지의 흐름을 교감할 수 있게 됩니다. 대면적 관계망은 이러한 비기표적 기호 작용을 갖고 있기 때문에 매우 비효율적이라고 생각되지만, 관계망이 갖고 있는 흐름을 품고 있지요. 그저 인스턴트 메시지를 스마트폰으로 전달하는 방식으로는 해결될 수 없는 대면적 관계망의 풍부함이 있습니다.

두 번째로 생각해 볼 수 있는 기호 작용은, 재미와 놀이에서 만들어지는 너와 나 사이를 성숙시키는 기호 작용입니다. 특히 동물들이야말로 놀이를 통해서 관계를 성숙시키는 대표적인 주체성이라고 할 수 있지요. 아이들 역시 놀이를 창안해 내고 그것을 수행하면서 관계의 상호작용을 무르익게 하고 미지의 영역으로 향합니다. 놀이는 어른들이 만들어놓은 고정관념과 다른 방식의 규칙을 갖고 있습니다. 그 규칙은 우리 두 사람 간의 약속이며, 지키지 않는다고 하더라도 비판이나 금기, 터부에 걸려들 이유는 없습니다. 그냥 미련 없이 다른 놀이로 향하면 되는 것이죠. 놀이가 만든 관계망의 성숙은 매우 즐겁고 유쾌하며 흥이 나기 때문에, 관계망을 자유로우면서도 고도로 조직합니다. 첫 번째 기호 작용인 비기표적 기호 작용이 다소 정적인 사랑과 욕망의 흐름을 조성한다면, 두 번째 기호 작용인 놀이는 다소 동적인 사랑과 욕망의 흐름을 조성합니다. 이 속에서 관계망은 성숙하고 발효되어서 낯선 미지의 영토를 향해 탈영토화할 수 있는 능력을 갖추게 됩니다. 사람들이 색다른 미래와 낯선 사람, 아주 이질적인 상황에 뛰어들 수 있는 용기를 갖고 모험을 하게 되는 것은 이 두 가지 기호 작용 때문이 아닐까 하는 생각이 듭니다. 사랑과 욕망의 비표상적인 흐름이 관계망을 성숙시키고 발효시키는 이유를 설명할 때, 이 두 가지 기호 작용으로 설명하는 것을 좋아하지만, 그 흐름 자체의 의미에 대해서는 사실 다른 부가설명이 필요합니다. 그것이 바로 들뢰즈와 가타리가 언급했던 소수자 되기라는 개념이 아닐까 하는 생각이 듭니다.

들뢰즈와 가타리는 『천 개의 고원』에서 소수자 되기의 비밀을 동물

되기를 통해서 설명하려고 했지요. 동물 되기는 동물이 야생에서 살아남기 위해서 무리를 짓고 자율적으로 모험과 도전을 감행하는 야성성에 대한 개념이기도 합니다.* 이러한 동물 되기에서의 야성성의 의미가 소수자 되기에도 기본적으로 들어가 있습니다. 소수자는, 와해되고 고립된 개인이나 파편화된 사회적 약자의 의미를 갖지 않습니다. 대신 소수자 집단과 소수자 운동으로 무리를 짓고 자율적인 방식으로 특이성을 생산하는 야성성을 가진 존재로 사유됩니다. 소수자 되기는 공동체의 관계망을 발효시키고 성숙시키는 사랑과 욕망의 흐름이 갖는 가장 직접적인 행동양식입니다. 소수자 되기는 여성 되기, 아이 되기, 장애인 되기, 이주민 되기, 유색인종 되기, 분자 되기, 투명인간 되기 등으로 나타납니다. 먼저 되기(becoming)는 이기(being)와 같은 '정체성'이나 '존재'가 아니라 흐름입니다. 되기는 사랑과 욕망의 흐름이며, 서로의 존재가 합성되어 그 사이가 성숙하고 발효되는 진행형적인 과정을 의미합니다. 되기는 미완성의 작품이자 문제의식으로서의 우리 삶이 던지는 메시지입니다. 사랑과 욕망을 통해서 낮은 곳을 향할 때 그것은 그저 동정이나 연민이 아니라, 자기 자신이 풍부해지고 다양해지는 길이기도 하지요. 그래서 소수자 되기는, 관계의 성숙과 발효가 사실은 소수자의 욕망에 대한 긍정과 합성, 생성에 있다는 사실을 넌지시 알려주는 개념입니다.

소수자 되기는 많은 메시지를 담은 개념이에요. 지층이나 위계에 가

---

* 동물 되기의 야성성은 곧 자율성에 다름 아니다. 근대 사상이 타자라고 규정했던 외부적 존재들인 소수자들이 자율적으로 되는 과정은 바로 동물 되기처럼 무리 짓기, 영토 만들기, 미지의 영역 개척하기 등을 통해서 소수자 집단과 소수자 운동을 형성하는 것이다.

질 들뢰즈와 펠릭스 가타리

두어져 자신의 자리를 지키는 데 연연하는 것이 아니라, 탈지층화되어 계급, 연령, 학력, 지위, 성별을 떠나서 사랑이라는 숙제를 풀기 위해 홀연히 떠나가는 사람들을 생각해 볼 수 있습니다. 또한 이들은 사랑과 욕망의 강렬도로 인해서 무리를 이루고 내재성의 영토를 만들어내고 그 속에서 화음과 리듬에 몸을 싣고 어디론가 홀연히 떠나갑니다. 이러한 소수자 집단의 거주지를 벗어나는 탈영토화 운동을 생각해 볼 수 있게 됩니다. 이처럼 공동체적 관계망에서는 활력과 생명 에너지의 강렬도로 인해 굉장히 풍부해지고 다양해집니다.

어떤 사람은 공동체 관계망을 신비롭게 보고, 또 어떤 사람은 별 특별할 것 없는 것을 왜 새삼스럽게 얘기하냐는 듯이 대합니다. 분명히 공동체적 관계망이 성숙하고 발효되면 뜻하지 않은 효과를 누리게 되죠. 예를 들어 저는 제자들에게 따로 떨어져 있는 100그루 나무와 서로 연결되어 숲을 이룬 50그루 나무를 선택하라면 어떤 쪽을 선택하겠냐고 묻곤 합니다. 그러면 대부분의 학생들이 "숲을 이룬 50그루 나무요!"라고 대답합니다. 그러나 그 이유에 대해서 물으면 대개 우물쭈물합니다. 그때 제가 연결망이 갖는 시너지 효과에 대해서 설명해 줍니다. "숲을 이루면 버섯, 새, 미생물, 동물 등이 생겨날 수도 있고, 외부 환경에 맞설 수 있는 내재성의 영토가 생기거든." 하면서 말이지요. 사실 연결망 혹은 관계망은 산술적 합 이상의 능력을 보유하게 됩니다. 그리고 점점 관계가 성숙되어 색다른 잠재력을 보이기도 합니다. 생태계가 창발해 낸 생명이 자율성을 갖고 색다른 영토를 개척할 수도 있게 되는 것이지요. 들뢰즈와 가타리는 『천 개의 고원』에서 유목민의 수의 조직화 모델에 대해서 다룹니다. 유목민들은 산술적 합으로서의 수열을 생각한 것이 아니라, 각각의 수가 각각의 고유한 특질을 갖는 것으로 사유합니다. 예를 들어, 2, 3, 4, 5 등의 수를 단순히 1이 여러 개 더해진 것이 아니라, 그 수 자체의 고유한 특성을 생각해서 쌍라이트, 트리오, 벡터맨, 독수리 오형제 등으로 사유할 수 있듯이 말이지요. 공동체적 관계망에서 수의 특징도 이와 매우 유사합니다. 각각 수를 떨어뜨려 놓으면 유한하지만, 그 수들이 접속되고 배열되는 것에서는 무한히 전개될 가능성이 있어서 시너지 효과를 무한대로 가질 수 있기 때문입니다. 그러나 그 '유한이 무한이 된다'는 말은 접속하고 변용될 가능성의 무한대를 의미할 뿐, 고립된 개체들이 갖는 속성이나 잠재성 논의는 결코 아닙니다.

공동체적 관계망이 성숙했을 때 갖게 되는 시너지 효과 중 단연 먼

욕망 자본론

저 떠오르는 개념이 돌봄이라는 개념입니다. 협동조합이나 공동체에서는 보통명사처럼 돌봄노동이나 돌봄에 대해서 얘기를 합니다. 사실 도시에 사는 사람들에게는 돌봄이 간섭처럼 느껴지고 익명의 사람들 틈에서 고독하게 홀로 있을 권리를 누리고 싶어 하지요. 농촌 공동체에서는 간섭과 돌봄의 경계를 살짝 넘는 관계도 있으니까요. 그러나 돌봄은 이웃끼리, 가족끼리, 마을 구성원끼리 서로를 챙기고 아껴주며 지지해 주는 작은 행동입니다. 돌봄, 모심, 살림, 보살핌, 섬김 등으로 다양하게 불리는데, 요새는 노동자들도 돌봄노동자라고 불립니다. 가사 도우미나 장애인 활동보조인 등도 돌봄노동자라고 규정됩니다. 그렇지만 저는 돌봄은 공동체를 자기 생산하는 활동이지, 타자 생산하는 노동이라고 보고 싶지 않습니다. 사실 돌봄노동자들도 돈만 위해서 일하는 것이 아니라 관계 속에서 만들어지는 보람과 사랑 등에 따라 실천합니다. "공동체적 관계망이 성숙되고 발효되면 우리는 무엇을 할 수 있을까?"라는 질문에 대해서 잘 답해 주는 것이 바로 돌봄이라는 생각이 드는군요. 사실 저도 당신의 돌봄과 사랑에 의해서 책을 보고 글쓰기를 하고 음악을 듣고 여유를 찾습니다. 그래서 늘 고마움을 느끼고 시간이 날 때마다 더 많은 대화를 하고 싶어요. 공동체적 관계망에 대해서 우리들을 자극했던 문제의식이 "공동체는 3명에서 출발하는가? 아니면 2명을 최소 단위로 하는가?"였지요. 우리는 2명으로도 공동체의 자격이 충분하다는 데 의견을 같이했지요. 늘 또 다른 존재로 횡단하면서 서로를 위해 제3의 존재가 되곤 하며 놀이를 즐기는 우리 둘에게는 매일 수십수백 명이 새롭게 등장하는 색다른 공동체가 숨어 있으니까요.

2014년 5월 25일

일반지성의 기본 전제들

지혜로운 윤경 씨에게

우리가 함께 지내면서 어쩌면 서로를 뻔하게 볼 위험도 있다고 생각해요. 외부에서 낯설고 색다른 것을 만나지 못한다면, 사실은 공동체 내부에서 늘 새로움을 만들어내는 특이성 생산이 굉장히 중요해지는 것 같습니다. 그런 의미에서 펠릭스 가타리의 '특이성 생산' 개념은 매우 주목할 만한 개념입니다. 이제 자본주의는 좌파가 생각하듯이 구조적 수준에 의해서만 움직이지 않아요. 오히려 현대 사회는 이미 네트워크 사회로 진입했고 이후에는 작은 기계 부품의 기능 연관에 따라 움직인다고 봐야 합니다. 이런 작은 기계 부품 단위에서 특이성이 생산되면 이에 따라 연관된 전체 네트워크에 돌이킬 수 없는 변화가 가능하다는 구도를 그립니다. 이러한 구도를 그리면 저는 행복해집니다.

도처에서 혁명이 일어나고 있다는 생각을 하게 되기 때문입니다. 그렇다면 이 사회에서 특이성을 생산하는 사람은 누구일까요? 바로 소수자들이라는 생각이 듭니다. 소수자는 아주 당연하게 의미화되어 있는 삶에 문제제기를 던지는 존재들입니다. 여기서 소수자는 돌봄의 대상이 아니라 특이성 생산을 통해서 전체 사회 생태계에 돌이킬 수 없는 변화를 주는 적극적인 의미를 갖게 됩니다. 그렇기 때문에 소수자에 대한 그간 오해는 상당히 불식됩니다. 이미 소수자는 보이지 않게 사회에 기여하는 셈이 되니까요. 소수자는 노동하지 않고도 공동체와 사회를 풍부하고 다양하게 만들어내는 주체성으로서 의미를 갖습니다. 이를테면 특이자로서 변화를 이끌어내기도 하며, 생각의 경로를 개척할 수 있는 관계망 창발로 이끌기도 하는 것입니다. 저는 '특이성 생산'이라는 개념보다는 '관계망 창발'이라는 개념을 자주 쓰는데, 두 개념은 비슷하면서도 조금 다릅니다. 한쪽은 분자적 자율성을 강조하지만, 다른 한쪽은 공동체적 관계망을 강조하기 때문이죠. 저는 배치와 관계망이 없는 특이성은 무기력하다고 생각합니다. .

이러한 관계망 창발의 산물로 생태적 지혜가 있어요. 생태적 지혜는 아카데미처럼 관계 외부에서 관조자, 관찰자로서 관계망 외부에 진리를 구축하는 것이 아니라, 관계 내부에서 사랑과 욕망의 흐름을 통해서 성립된 지혜입니다. 그래서 아카데미의 진리와 공동체의 생태적 지혜는 엄격하게 구분되어야 할 것입니다. 제가 현존 아카데미의 모태가 된 플라톤에 대해서 비판하면서, 진리가 공동체적 관계망과 따로 실재한다는 생각이 얼마나 해악적인가에 대해서 말하자, 어떤 선생님께서 플라톤의 스승인 소크라테스는 변증술처럼 대화 속에서 지혜를 찾는 요소를 갖고 있었지만, 그 사상을 집대성했던 플라톤의 방법론의 문제 때문일 것이라고 설명했습니다. 저는 거리의 철학자로 나서야 아카데미의 전통으로부터 자유로울 수 있다고 생각합니다. 아카데미에서 구축한 진리는 '~은 ~이다'라는 정의(definition)와 의미화의 논법에 따릅니다. 그래서 생각의 경로를 규정과 단정의 형태로 고정관념화하며 구축하려는 의지를 갖고 있습니다. 이러한 고정관념은 자본주의적인 등가교환의 초석이자 토대라고 할 수 있습니다. 반면 생태적 지혜는 어떤가요? 그것은 할머니들이 갖고 있는 자연과 공동체의 순환과 재생의 리듬에 따라 생겨나는 것입니다. 그래서 생태적 지혜는 규정과 단정이 아닌 '~도 맞고 ~도 맞다'라는 논법에 따릅니다. 이런 얘기를 하면 상대주의의 혐의와 오해가 불쑥 튀어나오기 마련입니다. 어찌 보면 맞는 말입니다. 공동체는 사실 상대주의자들의 천국입니다. 생태적 지혜는 관계망 속에서 사랑과 욕망의 흐름이 만들어낸 살아 있는 노하우입니다.

저는 대학에서 강의할 때마다 학생들에게 미안한 생각이 많이 듭니다. 아카데미 특유의 의미화와 정의의 방법론을 배우고, 진리는 저 멀리에 따로 있다는 식의 지식을 배우는 젊은이들에게 현실과의 접속은 매우 힘들고 고뇌에 찬 것입니다. 학생들이 졸업과 함께 창고 대방출처럼 사회에 나가서 직면하게 되는 현실은 아카데미가 가르쳐준 지식과는 다릅니다. 진리가 아닌 지혜를 익혀 자신이 직접 살림하는 법과 살아가는 노하우를 알아야 할 시점에, 학점으로 측정 가능한 고정관념만 배우고 사회에 나간다는 것은 실로 불행한 일입니다. 자본주의는 의미화를 할 수 있는 것, 즉 '책상은 책상이다', '이것은 내 거다'라고 응고시키고 실체화할 수 있는 것만을 상품의 목록에 올립니다. 그래서 의미화의 논법은 가장 자본주의적이라고 할 수 있습니다. 그것은 회계

욕망 자본론

담론으로 빨려들어간 현실의 복잡계라고도 할 수 있습니다. 세상을 계산 가능한 것으로 보는 회계 담론에 일단 빨려들어가면 모든 것이 계산과 계측에 의해서 양적으로 환원되기 때문입니다. 그러나 이 세상은 의미화할 수도 없고 계산도 불가능한 보이지 않는 요소들이 많습니다. 그중 하나가 보이지 않는 영역에서 소수자들이 사회에 주는 영향이라는 생각이 듭니다. 소수자의 욕망은 공동체의 이질적인 것과 함께 만나 관계망 창발 혹은 특이성 생산이라는 현상을 유도합니다. 공동체 일원 중에서 소수자와 특이자가 있다는 것만으로도 공동체는 풍부해지고 다양해질 가능성이 높아지는 것이죠. 그래서 이 관계망에서 색다른 지혜가 싹트게 되는 것이지요.

생태적 지혜가 우리 삶에 과연 어떤 역할을 하는가에 대해서 의구심을 갖는 사람들이 많습니다. 생태적 지혜는 관계망을 복잡하게 만들어서 생각과 사유의 경로를 색다르게 구축합니다. 관계망은 마음이나 사유의 원천입니다. 그렇기 때문에 혼자 환상 속에서 여러 가지 생각을 할 수 있는 것이 아니라, 관계망에 따라서 마음이 생기는 것입니다. 그래서 "관계와 배치가 생각이며 마음이다."라는 명제를 주장하고 싶습니다. 이 내용은 우리들이 공동 작업한 『눈물 닦고 스피노자』(동녘, 2012)에서 다룬 적이 있지요. 그런 의미에서 심리주의적인 발상은 기각됩니다. 관계망과 배치에 따라 생각이 발생하고 흐르기 때문입니다. 이것은 마음의 문제뿐만 아니라, 일반지성과도 관련이 되어 있습니다. 마르크스는 발명이나 창작이 무(無)의 상태에서 출발하는 것이 아니라 공통의 것으로부터 출발한다는 생각을 '일반지성(general intellect)'이라는 개념에 담았습니다. 일반지성의 사례는 다양합니다. 뉴턴과 라이프니츠가 동시에 미적분을 발견한 사례나 벨이 전화기 특허를 받고 몇 시간 후에 똑같은 원리의 전화기를 특허 신청한 사람이 있다는 사실이 그것입니다. 어떤 사람이 발명이나 창안을 할 때 그것은 자신의 천재적인 재능에 의해서가 아니라, 일종의 공유 자산인 일반지성의 성숙도에 따라 발명과 특허가 이루어지는 것을 생각해 볼 수 있습니다. 그런데 저는 여기서 한 걸음 더 나아가려고 합니다. 일반지성의 기본적인 토양은 사실은 생태적 지혜에 있으며, 더 깊게 들어가면 관계망이 얼마나 풍부하고 다양한지에 달려 있다는 점입니다. 그렇기 때문에 공동체 내부에 있는 소수자들의 존재는 관계망을 풍부하고 다양하게 할 뿐만 아니라, 생태적 지혜의 창발에도 깊은 연관을 갖는 것입니다.

대부분의 사람들은 기계에 대해 어느 정도 환상을 갖습니다. 특히 첨단기술사회에서 기계를 만들어내는 것은 어쩌면 연구실이나 실험실 환경과 같이 격리되고 폐쇄된 공간에서 이루어지는 첨단과학의 실험 행위에서 비롯된다고 말입니다. 그러나 기계가 가진 비밀은 사실은 욕망에 있습니다. 여기서의 기계는 전태일 열사가 "우리는 기계가 아니다."라고 했던, 반복강박적인 자동기계가 아닙니다. 여기서 기계는 일종의 외부에 대해 열린 '차이 나는 반복'입니다. 생태, 생활 생명과 같이 차이 나는 반복이 이루어지는 모든 것이 기계 작동이지요. 또한 욕망이 색다른 반복을 만들어내는 것도 생각해 볼 수 있습니다. 들뢰즈와 가타리는 '욕망하는 기계'라고 표현했죠, 하지만 이것은 결코 은유가 아니며, 실제 기계 현상을 설명할 수 있는 전거라고 할 수 있습니다. 공동체가 전체주의 사회처럼 식별 가능한 똑같은 사람들로 이루어지는 집단이라면 사실은 반복강박적인 움직임에 따를 위험이 크지만, 공동체 내부에 소수자들이 차이 나는 반복이라는 편차와 편위 운동을 일으킨다면 사람들은 색다른 반복을 생각하고 욕망할 여지는 풍부해

욕망 자본론

집니다. 그래서 결국 소수자는 첨단기술기계를 만지지도 만들지도 않지만, 사실은 기계라는 반복의 설립에서 보이지 않는 역할을 하는 것입니다. 그런 점에서 소수자는 관계망을 풍부하게 함으로써 이미 첨단기술사회의 기계제 생산의 원천을 제공해 준다고 할 수 있습니다.

기술 혁신에 대한 경제학의 그림을 그린 사람은 슘페터(Joseph Schumpeter, 1883~1950)입니다. 그는 혁신과 모방이라는 행동역학을 유발하는 기술 변화에 따라 기업 환경이 어떻게 바뀌는지에 대해서 경기순환 곡선을 통해서 그려냅니다. 그러나 저는 기술 혁신에 결정적인 것을 경영자의 리더십이나 발명가의 특별한 창조 능력에만 한정시키고 싶지 않습니다. 대신 기술 혁신의 원천을 일반지성이라는 마르크스의 색다른 공유 지대에서 찾고자 합니다. 그러나 마르크스도 일반지성이 어떻게 생성되는지에 대해서는 설명을 하지 못합니다. 그래서 기술 혁신의 원천을 저는 소수자의 관계망 창발의 결과인 생태적 지혜라는 색다른 차원으로 끌어내렸습니다. 모든 관계망이 풍부해지고 다양해질 때 역동적인 지식 생태계가 조성될 뿐만 아니라 색다른 기술의 창안도 이루어진다는 점에 주목한 것이지요. 이런 구상을 몇몇 지인들에게 조심스레 꺼내보였더니, 그것은 다분히 보이지 않는 영역의 문제라고 얘기해 주셨습니다. 사실 구체적인 설계도면이나 발명 특허와 같이 한 장의 종이 속에 담아서 내보일 수 있는 것이 아니라, 보이지 않는 영역에서 관계망을 풍부하고 다양하게 만드는 것이 사실은 색다른 반복의 원천이 된다는 생각이 듭니다. 그런 정신을 무엇이라고 부르면 좋을까 고민하다가 우분투 정신이라고 규정할 수도 있겠다 하는 생각도 들었습니다. 우분투(ubuntu)는 남아공과 아프리카의 전통적인 정신이며, 위키피디아 사전에 따르면 남아공의 전직 대통령인 넬슨 만델

라의 다음과 같은 말이 인상 깊습니다.

"옛날에 우리가 어렸을 적에 여행자가 우리 마을에 들르곤 했습니다. 여행자는 음식이나 물을 달라고 할 필요가 없습니다. 들르기만 하면 사람들이 밥상에 음식을 차려주기 때문입니다. 이것은 우분투의 한 측면이고, 다양한 측면이 있을 것입니다. 우분투는 사람들이 자신을 위해 일하지 말라는 것이 아닙니다. 중요한 점은, 그렇게 하면 여러분 주변의 공동체가 더 나아지므로 그 일을 하느냐는 것입니다. 이런 것들이 인생에서 가장 중요한 것들이고, 만일 여러분이 그런 일을 한다면, 다른 사람들이 고마워할 아주 중요한 일을 한 것입니다."

그것은 창조적 공유의 사상입니다. 공동체 속에서는 소수자에 대한 사랑과 배려가 관계망을 성숙시켜서 관계망을 풍부하고 충만하게 만들며 결국 기술 혁신에 결정적인 역할을 할 수 있다는 점을 생각해 볼 수 있습니다. 저는 최근에 리눅스 중에서도 우분투 OS에 대한 공부를 달빛소프트 박비봉 대표와 시작했습니다. 박 대표는 프로그램을 구체적으로 배우기 전에 우분투 정신에 대한 이해와 깊은 사유가 필요하다고 설명했습니다. 저는 그 말에 대단히 감명을 받았고, 우분투 정신을 소개해야겠다는 생각이 들었지요.

기존 마르크스주의자들의 오류는 공유(共有, property owned in common)와 공유(公有, public ownership)를 혼동했다는 점에 있다고 생각합니다. 물론 공동체 활동가들 역시 민영화와 같은 국면에서 공유(公有) 역시 중요하다고 얘기를 하지만 말입니다. 그러나 공유(共有)는 공동체가 풍부하고 다양해지면서 복잡계로 들어가고 그 속에서 색다른 시너지 효과로서 생태적 지혜를 형성하는 것을 그려낼 수 있게 합니다. 그래서 공유(公有)만을 강조하면서 주체성 생산과 관계망 창발에 대해 도외시하는 상황과는 구분될 수 있습니다.

저는 또한 공통성(common) 논의에서 공유 자산과 더불어 빼놓을 수 없는 부분이 생태적 지혜라고 생각합니다. 연결망이나 관계망은 집단이나 무리를 넘어서서 내부에 생태계와 같은 환경을 조성합니다. 생태계와 유사한 환경이 왜 중요한가 하면, 생명 역시도 생태계의 시너지 효과의 일종이기 때문입니다. 생태계에서는 갖가지 생명들이 피드백하고 상호작용하면서, 색다른 것을 생산해 낼 수 있는 창조성을 보여줍니다. 그래서 공통성은 그저 두 사람이 공유하는 부분을 함의하는 것이 아니라, 나와 너 사이에서 네 것도 내 것도 아니지만 색다른 아이디어와 지혜, 공유 자산을 만들어낼 수 있다는 생각이 듭니다. 이질적이고 다양한 사람들이 만나서 색다른 것을 만들어내기 시작할 때 정말로 흥이 나고 신이 납니다. 그것이 한두 사람 사이가 아니라 여러 사람 사이라면 문제가 달라집니다. 사람들은 집단과 공동체의 화음에 따라 어디론가 향하고 색다른 지평을 개방합니다. 그것은 실체가 분명한 공동체 집단이 아닐 수도 있지요. 사회 어딘가에서의 관계망 속에서 창발될 수도 있습니다.

제가 강의를 할 때 칠판에 관계망 창발이라는 개념을 쓰는 순간, 어떤 학생이 관계망 창발에는 어떤 구성 요소들이 작동하는지에 대해서 심오한 질문을 던졌습니다. 저는 그때 조금 머뭇거리면서 '흐름', '상호작용', '관계망', '반복'이라는 네 가지 구성 요소로 어렵사리 대답할 수 있었습니다. 사실 저의 대답이 중요한 것이 아니라, 그 친구의 문제

"우분투, 당신이 있으니 내가 있습니다."

제기가 굉장히 소중하게 느껴집니다. 질문을 던지자 저는 생각을 하게 되었고, 색다른 생각의 경로가 형성되었기 때문이지요. 사실 그 학생 처럼 소수자의 욕망도 이 사회에 엄청난 질문과 문제제기를 던지는 측 면이 있습니다. 그래서 관계가 풍부해지고 다양해지는 것이겠지요. 그 런 의미에서 저는 대답보다는 문제제기를 중시하는 철학의 노선을 사 랑합니다. 마르크스의 여러 가지 저작들 중에서 『자본론』(비봉, 2005) 은 가장 과학적으로 답을 하려는 의도를 갖고 있는 데 비해, 일반지 성이라는 색다른 문제제기를 던지는 『정치경제학비판 요강』(그린비, 2007)은 문제의식과 연구 계획, 아이디어로 가득합니다. 그래서 저는

욕망 자본론

『자본론』보다 『요강』이 더 풍부한 가능성과 잠재력을 가진 책이라고 생각합니다.*

　연구실에 들어와 살게 된 길냥이 달공이와 대심이를 보면서 요즘 색다른 생각을 갖게 되었습니다. 이 생명들이 사실은 어떤 질문과 문제 제기를 갖고 있는 물음표의 존재라는 생각이 그것입니다. 사실 생명들이 살아가는 것은 의미화된 답을 갖고 있어서가 아니라 삶과 생활이라는 내재성의 영토에 기반한다는 생각이 듭니다. 저 역시도 윤경 씨의 눈빛과 발언, 몸짓, 향기, 느낌 등에서 아주 색다른 문제의식을 발견하게 됩니다. 저의 생각은 바로 당신과의 관계망이 성숙하면서 만들어지고 펼쳐지는 표현이 아닐까요? 저는 『욕망 자본론』의 연구 계획 이후에 기다려주고 들어주는 당신의 모습에서 색다른 사유의 경로가 개척되어 가는 것을 느낍니다. 만약 의미화된 답을 원했다면 사실은 그 문제의식이 성숙할 수 없었겠지요. 그래서 저에게는 늘 당신이 지혜로운 윤경 씨인지도 모르겠습니다.

2014년 5월 26일

---

* 『자본론』에서 기계는 불변자본이나 고정자본처럼 가치를 생산할 수 없는 것으로 간주되지만, 『요강』에서 기계는 일반지성의 산물이자 사회적 노동의 산물로 간주됨으로써, 가치를 담아내고 전달할 수 있다는 논거를 제공해 준다. 여기서 나는 소수자의 욕망과 생태적 지혜가 기계류로 응집한다고 생각한다.

완전히 색다른 욕망 경제

자애로운 윤경 씨에게

우리는 매일 아침에 일찍 일어나 연구실에 출근해서 저녁까지 저술 및 독서를 하고, 해 질 무렵 걸어서 집으로 들어가곤 합니다. 쓰는 글이나 책은 다르지만 일과는 늘 그렇게 비슷비슷한 생활의 연속이지요. 그래서인지 어제는 갑자기 어제가 오늘이라고 느꼈어요. 질 들뢰즈에 의하면, 동일성의 반복은 차이 나는 반복과 다르다지요. 저는 하루하루가 새롭고 윤경 씨와 함께하는 시간이 즐겁기만 하지만, 반복을 새롭게 설립하는 것이 혁명이기도 하다는 점도 느끼고 있어요. 우리의 삶은 어떻게 바뀌어야 할까요? 분자 혁명처럼 색다른 기계(=반복)를 설립하여 세상을 새롭게 재창조하는 것도 가능할까요? 저는 사실 하루를 시작할 때마다 이 하루가 마지막일 수도 있다는 생각에 사로잡히곤 합니다. 그것은 공포와 불안이 아니라, 저의 유한성에 대한 응시에 가깝습니다. 그러면서 색다른 반복으로서의 삶을 만들어내는 것을 꿈꾸곤 합니다. 완전히 다른 삶이 가능하며, 우리의 감수성, 지각 작용이 완전히 바뀔 수도 있다는 점을 알기에 그것을 응시하면서, 그 예감에 매일매일의 추진력을 얻고 지금 여기에 충실하려는 것인지도 모르겠어요.

지난번 편지에서 언급했듯이 기계(=반복)의 성립은 자연주의적인 것이라기보다는 욕망 즉 '네가 원하는 것이 무엇인지?'와 관련되어 있어요. 내가 하고 싶은 것은 한두 번 하고 마는 것이 아니라 세 번 네 번 계속 반복적으로 하게 되고, 이 반복이 뭔가를 만들어내는 '생산'으로 이어지게 되기 때문이지요. 그래서 우리가 꿈꾸고 생각하고 욕망하는 모든 것이 추상적인 반복을 구체적인 것으로 만들어내는 기계류로 실체화될 수도 있는 것입니다. 그런 점에서 꿈가치, 생명가치, 욕망가치, 기계적 가치는 실존하는 지평이라는 생각도 듭니다. 뭔가 직접 생산하기 전 단계 즉, 욕망하고 꿈꾸는 것, 더 나아가 특이하게 존재하는 것 자체로 가치를 가진다는 의미이지요. 사실 이런 얘기를 하면, 노동가치의 입장에 선 사람들은 발끈합니다. "어떻게 노동 과정을 거치지 않고 가치화되는 것이 가능하다는 말인가?"라고 말이지요. 하지만 단순한 예로 내가 어떤 물건을 사용하기에 불편하다고 느낄 때, 그것을 개선하고 싶다는 열망이 모여서 한 목소리를 내고 반복을 만들 때 새로운 기계류의 출현을 만들어냅니다. 그렇기 때문에 저는 구체적인 기계는 관계망 창발의 효과나 현현이라고 생각합니다. 구체적인 기계 작동의 복잡한 매뉴얼보다 공동체적 관계망 속에서의 관계 성좌를 따라 흐르는 사랑과 욕망, 생명 에너지의 흐름은 더 복잡하고 미묘하며 색다른 반복을 품고 있습니다. 그래서 기계류로 결정될 수 있는 생각의 경로를 발생시키는 모든 것 속에는 관계망이 숨어 있는 것입니다. 그런 의미에서 마르크스가 말했던 일반지성의 비밀은 사실상 관계망이 성숙하고 빠름과 느림의 형태로 무한히 조합하여 변용되는 바에 따른다는 생각마저도 듭니다. 저는 접속이나 변용을 거치지 않고 환상을 횡단하는 것을 결코 믿지 않습니다. 그렇기 때문에 어떤 기계류를 생산할 수 있는 것은 변용으로서의 사랑과 생명 에너지로서의 욕망이 작동하여서 색다른 성좌를 구축하는 것에 따라 추상적인 반복이 가능하다고 생각합니다. 그런 점에서 추상 기계*는 형이상학적인 논의가 아니라, 공동체적 관계망에서 작동하는 보이지 않는 기계의 설립이라는 생각이 듭니다.

기계류를 가능케 하는 일반지성에 대해서 말하다 보니 한국 사회에서 논의되었던 다중지성, 집단지성, 떼지성의 논의가 생각됩니다. 한 매체에서는 촛불집회 속에서 사람들이 무리를 이루고 집단지성으로 진화하였다는 논의가 있었습니다. 저도 한 후배를 통해 촛불집회에서 밤새워 토론하고 집단의 관계 성좌가 복잡해지면서 매우 다채로운 담론이 생산되었다는 얘기를 들었습니다. 그 후배는 대학원이나 아카데미에서 볼 수 없는 색다른 지혜와 정보, 지식, 담론, 스토리의 창안 과정을 경험했다고 했지요. 저는 집단지성에 대한 매우 스테레오타입화된 개미의 비유를 생각해 냈습니다. 개미들은 서로 물질, 정보, 자원을 교환하기 위해 떼를 이루면서도 마치 한 몸처럼 움직인다고 하지요.

---

* 들뢰즈와 가타리는 구체적인 기계와 구분되는 추상 기계라는 개념을 『천 개의 고원』에서 언급한다. 보이지 않는 영역에서의 반복이 작동하고 있으며, 그것이 구체적인 실체로서의 기계 설립의 기초가 된다는 생각이다.

욕망 자본론

개미는 자신의 페로몬 물질을 변조시키면서 각각이 처한 다른 상황에 대한 정보를 교류하고, 결국 그러한 떼지성에 기반해서 집단이 어떻게 할 것인가에 대한 결정을 더불어 하게 됩니다. 촛불집회에서의 집단지성도 그런 것이 아니었을까 하는 생각도 했습니다. 그리고 몇 해 지나 그러한 기억은 각각이 처한 현장인 인권, 소수자, 노동, 대안 운동으로 돌아가 특이성을 생산하는 재료가 되었지만, 지금 생각해 보면 기계류 설립을 단순히 정적인 일반지성의 지식 구축물로 보는 것이 아니라, 역동적으로 조직되는 생태적 지혜로 보아야 한다는 생각마저도 듭니다.

첨단기술사회에서 노동의 종말은 현실이 되고 있습니다. 그리고 그나마 남은 노동도 그림자 노동이라는 생각이 확산되어 있지요. 노동을 착취해서 이윤을 얻던 기존 패러다임과 달리, 첨단기술사회에서는 다양한 활동과 욕망에 기반하여 기계류를 혁신하는 소재로 삼는 그런 시기가 되었습니다. 최근에는 일자리 하나를 만드는 것도 무척 어렵게 되었습니다. 당신이나 내 대학 후배들이 몇 년째 구직 중이거나 비정규직을 전전하며 살고 있는 것을 봐도 알 수 있지요. 대부분 단발적이거나 한시적인 프로젝트성 사업에 배치되고 혹은 비정규직의 상황에 직면하게 됩니다. 안정적이고 급여가 많고 보험이나 사회적 보장이 동반되던 일자리의 신화는 사라진 지 오랩니다. 그런 의미에서 첨단기술사회에서는 기계적 가치가 노동가치를 앞서고 있다고 생각할 수도 있습니다. 즉, 노동보다는 광범위하게 욕망을 동원하고 그 속에서 색다른 반복의 가능성을 착취하는 단계가 되었다는 얘깁니다. 어떻게 그것이 가능한가라고 질문할지도 모르겠습니다. 저는 기업 혁신의 담론 대부분이 일자리를 구조조정하는 것으로 바뀌고 있는 현실을 목도했습니다. 기업들이 노동 기반에서 욕망 기반으로 이행하면서 노동이 기계로 대체되고 있습니다. 그 과정에서 "노동자들은 어떻게 되는 것일까?"라는 질문을 던졌습니다. 그래서 "해고는 죽음이다."라는 플래카드가 노동자 시위에서 등장하는 것을 보면서, 정말 사지까지 내몰린 노동자들의 현실을 체감했습니다.

첨단기술사회의 발전의 비밀은 바로 기계적 가치입니다. 기계적 가치는 다른 식으로 욕망가치라고도 얘기할 수 있습니다. 모든 기계는 욕망에서 연원하기 때문입니다. 욕망을 통해서 색다른 반복을 설립하고 그에 따라 가치를 생산하는 것이겠지요. 그런 의미에서 첨단기술사회는 생산 체제 전반이 비노동자이면서 욕망을 통해서 자신의 준거를 발견할 수 있는 소수자들과 대면하고 그에 감응하는 시스템입니다. 보통 소수자들이 이 사회에서 관계 성좌를 풍부하게 만들고 욕망을 통해 색다른 반복을 성립하는 데 결정적인 역할을 함에도 불구하고 그 대가는 전혀 주어지지 않지요. 대신 욕망의 경제는 차별과 배제의 매커니즘을 작동시킵니다. 관계망에서 창발된 색다른 욕망도 곧 자본주의의 통속적인 인물이 아니라면 배제되고 차별됩니다. 그 배제와 차별, 왕따는 아무도 관계하지 않는 방식으로 이루어질 수 있어요. 저는 3년 전 우리가 사는 아파트 8층에서 몸을 던졌던 노인의 상황을 가끔 생각해 봅니다. 그날 주차장에 모여서 웅성거리던 사람들과 경찰차의 경광등 불빛을 잊을 수 없습니다. 아무런 존중, 배려, 보살핌과 돌봄이 없는 배제된 소수자이며, 그저 생명만을 유지하거나 그마저도 힘든 노인의 경우에도 차별과 배제가 숨어 있습니다. 자본주의는 착취로도 유지되지만, 차별로도 유지되지요. 자본주의는 노동자들에게 착취를 통해 엄청난 노동력을 빨아들이지만, 소수자들에 대해서는 철저히 왕따시키

욕망 자본론

고 배제하는 방향에 서 있습니다. 그 차별의 방법이 자본주의 문명의 핵심입니다. 지금 제3세계 인민 중 10억이 절대빈곤에 있고, 해마다 굶어죽는 사람들이 600만 명이라는 사실은 철저히 문명화된 세계에서는 감추어집니다. 그 대신 그것이 내면화되어 우리 주변에 있는 소수자에 대한 차별로 나타나지요.

마르크스의 『정치경제학비판 요강』에는 「기계에 대한 단상」이라는 습작노트가 있습니다. 그 속에는 기계를 그저 고정자본이나 불변자본처럼 가치를 생산하지 않는 영역으로 규정했던 『자본론』과 달리, '사회적 노동의 산물'이라는 개념이 나오죠. 그래서 기계와 인간의 만남을 사회적 노동과 공존노동의 결합이라는 개념으로 사유합니다. 그것은 마치 기계-인간이라는 사이보그에 대한 단상으로도 보일 수 있어서 저는 상당히 흥미로웠습니다. 즉, 기계 역시도 노동자들의 사회적 노동이 들어간 것이며, 가치를 생산할 수 있다는 생각을 『요강』은 품고 있는 셈이지요. 안토니오 네그리의 사회적 노동자 개념은 노동자와 구분되는 소수자를 설명하지 못하는, 어떤 면에서는 중도적인 위치에 서 있는 개념입니다. 오히려 좌파 사회주의자들이 『자본론』을 근거로 삼아 소수자나 민중에 대해서 갖고 있었던 헤게모니적인 발상은 사회적 노동자 개념에서는 기각됩니다. 소수자 역시 노동 현장에 있지 않지만 사실상 생산적인 욕망을 갖고 있기 때문이지요. 사실 그동안 좌파들에게 노동자계급과 소수자, 당과 민중이라는 관계는 중심과 주변의 관계로 치부되어 왔습니다. 그 때문에 모든 것이 노동과 자본의 문제로 빨려들어 갔다고밖에 설명할 수 없습니다. 이러한 논리는 소비에트 사회주의와 같은 전체주의 국가의 시스템을 내재하고 있다는 혐의로부터 자유로울 수 없습니다. 저 역시도 소수자 운동에 대해서 헤게모니를 행사하려는 좌파들을 보고 상당히 우려스러웠습니다. 소수자 운동의 자율성과 특이성은 관계 성좌를 풍부하게 만들고 사회를 다양하고 풍부하게 만드는 적극적인 역동성을 갖고 있으니까요. 그런 의미에서 소수자 운동은 늘 축제이며 향연인 셈이죠.

주류 경제학자들 사이에서는 이단아 취급을 받던 슘페터는 기술 혁신의 놀라운 결과물에 대해서 누구보다 예리하게 응시했지만, 기술 혁신이 어떻게 가능한지에 대해서는 설명하지 못했습니다. 슘페터의 근로복지국가 구상은 필연적인 정치적 결론이며, 기계는 가치를 생산하지 못한다는 의미를 근본적으로 벗어나지 못하고 오히려 사회주의로 수렴되지요. 창의적인 기업가 정신이 기업 혁신을 이끈다는 그의 구상에 대해서 후대의 사람들이 수긍한다는 생각은 별로 들지 않습니다. 사실 기업 혁신은 곧장 고용 불안과 대량 해고로 현실화되었으니까요. 슘페터주의자들이 바라보지 못했던 지점은 '기계적 가치가 어떻게 작동하는지'가 아니라 '기계적 가치가 어떻게 형성되는지'였습니다. 초기 노동 운동의 역사 속에서 잊혀졌던 기계 파괴자의 전통 즉 러다이트 운동도 생각해 볼 수 있습니다. 그러나 기계류 일반을 거부하고 원형적인 자연주의로 투항하는 것은 굉장히 위험한 생각입니다. 오히려 기계에 대한 재전유와 재창조는 언제든 이루어질 수 있습니다. 왜냐하면 기계를 만들어낸 것은 사실 우리의 욕망이니까요. 또한 기계가 가치를 생산할 수 없다는 식의 생각 역시도 곰팡이 냄새가 나는 교조주의의 틀을 벗어날 수 없습니다. 기계는 인류의 가능성입니다. 저는 인터넷에서 집단지성이 얼마나 유용하며, 기술의 민주화에 어떻게 기여했는지를 사례로 들고 싶습니다. 그래서 화석 연료 고갈이나 기후 단절이라는 극단적인 상황에서도 집단지성을 통한 해결책 모색이 필요하다는 점에서 인터넷이라는 전자적인 연결망을 기필코 사수해야 한다고 생각합니다.

저는 21세기가 막 시작될 때, 인터넷이 처음으로 한국 사회에 확산되면서 인터넷 기반의 경제가 어떤 형태로 움직이느냐에 대해서 관찰했습니다. 사실 인터넷 기반의 경제가 처음 소개될 때는 경제 민주화와 같은 성격이 될 것이라는 막연한 기대도 했지만, 사실상 욕망 경제의 모습을 보이는 것을 어렵지 않게 발견했지요. 이는 가상화된 질서에 기반한 경제여서 거품이라는 지적도 많이 있었습니다. 하지만 중요한 점은 들뢰즈와 가타리가 『앙티 오이디푸스』에서 언급했던 욕망 경제의 구도가 현실 속에서 드러난 것입니다. 이 책에서는 접속에 따라 욕망이 생산되는 국면을 인터넷이 만든 네트워크 질서가 갖고 있지만, 곧 차별과 배제의 'A이냐, A가 아니냐'라는 선별과 등록의 시점을 거쳐 결국 '나는 A이다'라는 욕망의 소비 단계에 이른다고 그림의 구도를 그립니다. 즉, 욕망 경제에서는 선별과 차별에 따라 통속적이고 정체성이 분명한 것만이 남는 구도를 드러냅니다. 결국 자본주의의 욕망 경제는 승자 독식의 상황에서 서로 자기가 잘났다고 뽐내고 자랑하는 상황을 만들어내는 것이라고 할 수 있습니다. 그것 역시 경쟁에서 살아남기 위한 필사의 노력이라고 할 수 있겠지요. 그리고 권력의 적분(積分)에 따라 인정받은 사람에게 더 많은 자원/부/명예가 주어집니다. 사실 이러한 자본주의 욕망 경제는 노동 착취보다 낫다고 할 수 없습니다. 왜냐하면 한 사람의 빛나는 모습 배후에서 우리는 그를 추앙하는 군중이거나, 경쟁에서 패배한 루저거나, 볼거리에서 재미를 갖는 구경꾼이어야 하기 때문입니다. 그것은 첨단기술사회에서 자본주의 시스템을 더 고도로 공고하게 만드는 욕망 경제를 의미할 뿐입니다.

웹 2.0을 구성하는 다양한 네트워크들

저는 완전히 색다른 욕망 경제를 구상하려고 합니다. 욕망이 자기
보존과 존엄, 미래 진행형적 사유와 관련된 생명 에너지라는 점에 주
목하고 싶습니다. 자본주의처럼 승자 독식이며 잘난 사람들이 더 주목
받는 것이 아니라, 특이하게 욕망함으로 인해 관계 성좌가 풍부해지
고 그에 따라 사회적 지성, 일반지성, 집단지성이 성숙하게 되는 그림
의 구도를 그리고 싶습니다. 이러한 저의 구도를 여러 지면을 통해 반
복적으로 얘기하면서 우려스러웠던 점은, 저의 이런 생각이 노동 윤리
나 노동가치를 중심으로 생각하는 사람들에게는 그리 환영받지 못하
는 그림의 구도라는 점입니다. 좌파들은 노동 중심성을 해체하는 논의
로 받아들이고 공격적인 발언을 하는 경우가 많습니다. 보수적인 사람
들은 더 강력하게 반문을 합니다. "빨갱이들이나 하는 얘기를 하는 거

욕망 자본론

냐? 네가 얘기하는 것은 결국 복지고 그것은 좌파다."라는 반응이 그 것입니다. 사실 좌파나 우파 모두에게서 환영받지 못한 개념이어서인 지, 제가 갖고 있는 생태주의와 결합하여 논의를 진행하고 싶어지는 생각이 커집니다.

윤경 씨는 저의 얘기가 보이지 않는 영역까지도 생각하는 것이라서 자칫 형이상학적인 논의로 빠질 것을 걱정하기도 했지요. 물론 보이지 않고 손에 잡히지도 않는 관계 성좌가 첨단기술사회에 혁신적인 역할 을 한다는 생각이 인정되기란 쉬운 일이 아니라는 생각이 듭니다. 사 회는 가시적이고 실체화된 질서에 의해서 움직이는 것 같지만, 생태계 의 연결망이나 보이지 않는 공기, 햇빛 등과 같이 우리가 생각하지 못 한 요소의 총합이라는 생각이 듭니다. 저는 여러 번 윤경 씨를 바라봅 니다. 옆모습을 보기도 하고, 정면을 보기도 하고, 화날 때, 기쁠 때, 울적할 때마다 윤경 씨를 한 번씩 되풀이해서 봅니다. 그때마다 다른 모습으로 있는 윤경 씨가 있어서 저는 생각을 바꾸고 기분이 바뀌는 것을 느낍니다. 소수자의 특이성은 더 풍부할 것이라는 생각이 듭니 다. 우리의 관계가 특이한 욕망이 화수분처럼 나오는 그런 것이었으면 좋겠어요.

2014년 5월 29일

지금, 기본소득이 필요한 까닭

함께해 줘서 늘 고마운 윤경 씨에게

올 초《녹색평론》에 기본소득에 대한 글이 실린 것을 보았습니다. 녹색당과 생태주의자들도 기본소득에 대해서 긍정하고 함께 참여하는 것 같아서 기분이 좋았습니다. 저는 10년 전 사회보장소득이라는 개념으로 기본소득(basic income)의 문건들을 번역하고 소개했던 적이 있습니다. 아주 오래전 일이지만, 그렇게 되면 참 좋겠다는 생각이 들어서 열정적으로 번역과 글쓰기를 했더랬지요. 이제 우리 사회에도 기본소득에 대한 문제의식은 상당히 확산되어 있습니다. 자신의 살아가고자 하는 욕망 이외에 노동을 통해서 자신을 확인받을 수 없는 많은 사람들이 있습니다. 청년 실업자, 노인, 농민, 아이, 장애인, 가정주부, 중장년 명퇴자 등이 그들입니다. 그 사람들에게 기본소득의 급여를 준다는 것은 그저 복지의 차원으로만 한정되지 않고, 한국 사회가 색다른 가능성으로 향하는 것을 의미합니다. 집단지성이 성숙할 것이고, 문화 예술이 꽃필 것입니다. 민중들에게서 낙관과 유머, 재치가 다시 샘솟을 겁니다. OECD 자살률 1위라는 오명을 받고 있는 한국 사회가 업그레이드될 수 있는 계기가 되지 않을까 생각합니다. 저는 몇 년 전에 학교에서 강의를 할 때 이명박 전 대통령의 4대강 사업을 반대하면서, "그럴 거면 기본소득을 주는 것이 훨씬 생산적이고 창조적이다."라고 발언했던 적이 있습니다. 그러고 나서 학생들이 기본소득을 조사해 와서 발표했는데, 모든 학생들이 귀를 쫑긋이 세우고 수업을 경청하는 모습이 보기에 좋았습니다. 관심이 많이 가는 주제라면서 나중에 몇 명의 학생들이 찾아와서 따로 얘기도 했지요.

　기본소득처럼 '묻지도 따지지도 않고' 모든 사람들에게 소득을 주는 형태에 대해서 어떤 사람들은 선별해서 복지를 해야지 무슨 얘기냐고 말합니다. 그러나 선별하고 관리하는 비용이 만만치 않고 비대한 관료 시스템을 유발하기 때문에, 그냥 무조건적으로 통장에 쏘아주는 형태가 적절하다는 점에 대해 많은 사람들이 동의합니다. 그러나 기본소득에 대해서 얘기하다 보면, 노동하는 사람과 노동하지 않는 사람 간의 역차별이 생기지 않을까 하는 우려의 목소리도 큽니다. 당신도 잘 알다시피 그동안 저는, 노동하지 않지만 특이한 욕망을 갖고 있는 사람들도 이미 사회에 기여하는 바가 크다는 점을 역설해 왔습니다. 노동자가 아닌 소수자나 민중은 사회와 공동체에 보이지 않는 기여를 많이 합니다. 지난번 편지에 썼던 것처럼 특이한 욕망의 흐름이 공동체의 관계 성좌를 복잡화하여 생태적 지혜를 형성하고 또한 그것이 집단지성의 발전에 도움을 주어 결국 첨단기술사회의 기계류의 혁신에 결정적인 역할을 한다는 것이 제 설명의 요지입니다. 그렇기 때문에 소수자나 민중은 그저 수혜적인 위치에 있는 것만이 아니라, 사회에 기여한 부분에 대한 정당한 보상을 받는다는 적극적인 의미를 가질 수 있습니다. 그렇기 때문에 노동 대신 욕망의 긍정적이고 적극적인 의미에 착목할 때, 비노동 영역에 있는 사람들이 기본소득을 받아야 하는 이유에 대해서 설명이 가능합니다.

첨단기술사회는 실질적 포섭을 통해서 그 자신의 외부를 사라지게 만드는 경향을 만들었지만, 외부라고 여겼던 아이, 동물, 광인, 자연이라는 부분이 내재화되어 내부 식민지와 같은 영역을 만들었습니다. 오늘날 양극화는 그저 부의 불평등한 분배의 수준을 뛰어넘어, 사회를 분열시키고 내부 식민지에 있는 99퍼센트의 민중과 기득권층인 1퍼센트 간의 형이상학적인 분리를 가져다주었습니다. 성공주의와 승리주의와 같은 무한경쟁 질서도 있지만, 그 역시도 기존에 자산과 부, 인맥등을 갖고 있는 사람들에게 유리하게 설계되어 있어서 대다수의 사람들은 배제당하고 추방당합니다. 대신 지배 질서는 전보다 훨씬 더 유연해졌지요. 예를 들어 교실 내에서 문제가 일어나면 곧바로 상담사와 심리치료사, 정신분석가가 투입됩니다. 보다 부드러운 예속이라고 할수 있지요. 민중들은 TV의 달콤한 메시지와 같은 부드러운 예속에 꾸벅꾸벅 졸음을 느끼면서 자본주의의 외부를 응시하지 못합니다. 그런가 하면 자본주의의 외부로 향한 혁명 집단에게는 강경한 탄압과 무시무시한 억압이 기다리고 있습니다. 펠릭스 가타리의 '부드러운 예속과 강경한 탄압'이라는 개념은 많은 시사점을 줍니다. 여기서 분열된 자본주의의 상황을 인정하고 그 속에서 현실적인 해법을 찾는 것이 아무래도 기본소득이 아닐까 하는 생각도 듭니다.

욕망 자본론

기본소득의 논의를 진행할 때, 우리의 머릿속에 두 주체성이 떠오릅니다. 한 사람은 노동자이며, 다른 한 사람은 소수자입니다. 첨단기술 사회에서 기계류가 일자리를 뺏다 보니 광범위한 비노동 인구를 만들어냅니다. 이 비노동 인민들은 노동을 통해서 소득을 보전받을 가능성이 거의 없고, 그나마 노동을 하더라도 비정규직과 같은 유연노동에 동원됩니다. 제법 그럴듯한 일자리는 현저하게 줄어들거나 사라지는 경향이 있습니다. 그래서 노동자라는 인물이 주도하는 사회계급의 혁명성에 착목하던 집단이나 세력도 한꺼번에 약화되고 있습니다. 대신 사회 기층에서 다양한 소수자 운동이 발흥하고 있습니다. 성 소수자, 문화 소수자, 장애인, 청소년, 여성 등의 운동이 그것입니다. 문제는 이들의 특이성 생산 활동에 대해서 누구도 경제적인 활동이라고 여기지 않는다는 점입니다. 그러한 점 때문에 소수자 운동의 창조적인 가능성에 대해서 대부분 비경제 영역의 문화 운동이라는 쪽으로 사고하기도 합니다. 그러나 소수자 운동이나 소수자 집단의 특이성 생산에 대해서 다시 한 번 생각할 부분이, 바로 그러한 특이점이 관계 성좌를 풍부하게 만드는 역동적인 문제의식을 내포하고 있다는 점입니다. 그래서 소수자 운동은 집단지성에 결정적인 역할을 하는 아주 적극적인 관계망 창발의 가능성을 부여하면서 사고될 필요가 있습니다. 비노동자들의 활동도 결국 실질적 포섭의 상황에 있는 자본주의의 경제 발전에 일정한 역할을 하는 것입니다. 그런 의미에서 기본소득을 비노동 민중에게 주는 것은 사회 발전에 아주 긍정적인 역할을 할 것이 분명합니다.

  몇 년 전 녹색당에서 농민에게 기본소득을 주어야 한다는 분을 만난 적이 있습니다. 그의 생각을 따라가다 보니 설득력이 있는 주장이라는 점이 드러났습니다. 우선 농민들은 농자천하지대본(農者天下地大本)이라는 말처럼 이 사회의 가장 근저에 놓인 기반 산업입니다. 농민이 중시되는 사회는 안정감을 갖고 먹거리를 자급자족하는 사회를 의미합니다. 사실 농업이 살아야 사람이 살 수 있고, 공동체적 관계망이 성숙할 수 있는 것이지요. 농업이 사회의 기반 산업이다 보니 농업공무원 제도나 농업대체병역제도가 필요하다는 의견도 중요하다는 생각이 듭니다. 해외에서 수입되는 값싼 농산물로 인해 농민들이 설 땅은 매우 줄어들고 있고, 농민 인구 수도 차츰 줄고 있는 상황입니다. 가장 직접적인 필요를 해결해야 할 부분에서 가장 중요한 영역이 농업인데도 말이지요. 그뿐 아니라 이러한 점과 더불어 생각해야 할 현실적인 이유도 있습니다. 대부분의 농민들은 농가 부채를 지고 있습니다. 농업을 통해서 소득을 보전받을 수 없는 상황에 놓인 농민들은 농협과 금융 기관에 억대가 넘는 부채를 짊어지는 사람들이 대다수입니다. 여기에 대한 정부와 금융 당국의 대안은, 새로운 빚을 저금리에 또다시 주면서 돌려막기를 하게끔 보장해 주는 것입니다. 이것은 어찌 보면 기본소득을 하기 이전에도 신자유주의 식의 기본소득을 하고 있는 것처럼 느껴질 수밖에 없습니다. 목돈으로 빌려주는 것보다 기본소득으로 안정되게 소득을 보전하는 것이 더 현실적이라고 여겨지는 이유가 그것입니다.

기본소득에 대한 문제의식은 보이지 않게 사회적인 아젠다로서 역할을 하고 있습니다. 그래서 보편적 복지나 기초연금의 문제에 있어서도 사람들은 자연스럽게 기본소득의 문제의식에서 그것을 바라보고 있습니다. 복지 영역에서 세대별 그래프는 U자의 형태를 보여줍니다. 아이에게는 더 많은 투자와 돌봄 비용이 지급되고, 청년이 될수록 줄

욕망 자본론

어들다가, 노년층이 될수록 다시 늘어나는 형태가 그것입니다. 이러한 U자형 복지보다 더 급진적인 발상이 세대, 연령, 자산, 계층, 학력을 따지지 않고 일정한 기본소득을 주는 것이라는 생각이 듭니다. 그런데 청년 세대에게 기본소득을 주어야 한다는 생각에 대해서 기성세대들은 노동 윤리나 도덕적 해이와 같은 것을 얘기하곤 합니다. 그러나 청년 세대는 기본소득을 밑천 삼아 창조, 예술, 문화, 삶의 지지 기반 등을 구축하고 최소한 살아갈 수 있는 자원을 가질 수 있을 것입니다. 그래서 기본소득 중에서 가장 급진적이고 역동적이며 사회 발전에 기여할 수 있는 부분이 오히려 청년 기본소득이 아닐까 하는 생각이 듭니다. 제 후배 중에 청년연대은행을 만들려는 친구가 있어서 얼마 전 자리를 함께 한 적이 있습니다. 그 과정에서 준비 모임이 협동조합으로 전환한다는 얘기를 들었고, 청년 사이의 관계망 속에서 관계를 성숙시키는 사랑과 욕망의 흐름이 유통되고 순환되는 과정에 대해서 들었습니다. 활력과 욕망의 생명 에너지를 갖고 있는 청년들이 더 창조적인 방향으로 자신의 삶을 바꿀 수 있는 계기가 기본소득이 아닐까 하는 생각도 그때 들었지요.

그래서 저의 욕망가치론은 자신의 삶을 보존하고 유지하는 데 필요한 욕망가치에 한정되지 않고, 보다 능동적인 역할로서의 욕망가치로 전진배치되어 있습니다. 이러한 욕망가치에 대한 생각은 제가 주변 공동체와 접촉하고 색다른 사유를 전개하면서 더 급진적인 형태가 되었습니다. 즉, 욕망가치라는 영역의 능동적이고 적극적인 면은 기계류의 혁신에 결정적인 역할을 할 수 있는 관계망 창발의 원동력이라는 점에 있다는 생각이 그것입니다. 욕망의 영역은 신체에서 생성되는 생명 에너지라는 생각이 프로이트로부터 라이히까지 이어지는 사유였습니다. 그러나 최근의 자본주의는 신체 욕망의 단계로부터 영상 이미지와 정보 기계 등의 기호 작용에 따라 욕망이 생성되도록 만드는 기호 욕망의 단계로 진입해 있습니다. 그것이 언제부터인지, 또 어떤 이유에서인지는 더 연구해야 할 부분이라고 생각됩니다. 이러한 기호 욕망의 단계에서 욕망가치가 비록 자본주의의 미디어와 정보 기계들에게 포섭되어 있다 할지라도 훨씬 더 창의적인 방향으로 전환하여 색다른 반복을 창안할 가능성이 아예 없는 것은 아닙니다. 공동체나 사회에서 중요한 것은 관계망 속에서 어떤 특이한 욕망이 생성되는가의 여부입니다. 이러한 특이한 욕망은 기계류의 혁신에 동원될 수 있는 기초적인 재료가 된다고 할 수 있습니다. 결국 욕망가치는 단순히 "나의 욕망이 존엄하고 삶의 의지가 인정되어야 한다."는 수준을 뛰어넘어 "내가 욕망하는 순간 색다른 반복으로서의 기계 작동이 설립된다."라는 수준으로 이행해 있다고 생각합니다. 이런 점에서 욕망가치는 기계적 가치와 동전의 양면이라고 할 수 있습니다. 또한 기계적 가치를 근본적으로 가능케 하는 것은 욕망가치가 형성되었을 때입니다.

욕망가치가 인정되는 기본소득이라는 구상은 비노동 민중과 소수자의 역동적인 특이성 생산의 효과에 따라 사회적 관계망이 성숙해 나가서 기술 혁신을 촉발하는 것으로 사고될 수 있습니다. 그래서 소수자나 민중은 그저 수혜적인 시각에서 수동적인 태도로 기본소득을 받는 것이 아니라 공동체 발전과 사회 발전의 효모로써 그것을 사용하게 될 것이라고 생각합니다. 저는 어떤 인터뷰에서 "기계에게 전기를 주듯, 소수자의 욕망에 기본소득을"이라는 슬로건을 말했던 적이 있습니다. 그 당시에는 기계적 가치와 욕망가치 간의 상관관계를 풀 수 있는 생태적 지혜라는 매개 개념을 발견하지 못하고 이론적인 방황이나 주

욕망 자본론

기본소득을 주장하며 퍼포먼스를 벌이고 있는 스위스의 한 시민단체

저하는 것에 머물러 있을 때였습니다. 그저 문제제기의 단계에 있었을 뿐입니다. 사실 저의 생각이 성숙해 갔던 데에 가장 결정적인 역할을 한 것은 펠릭스 가타리 사상입니다. 저는 그의 사상을 통해서 학위를 받았지만, 그보다 더 중요한 것은 그를 통해 영감과 창의적인 사유를 배웠다는 점입니다.

기본소득 이후의 삶의 형태에 대해서 저는 욕망가치에 입각해서 색다르게 전망해 보고자 합니다. 욕망의 차원은 '기호'와 '기계'의 단계로 이행해 있습니다. 어쩌면 기본소득을 받으면서 게임에 빠져 있는 청년 세대를 도덕적 해이이라고 훈계하는 기성세대를 떠올릴 사람도 있을지 모릅니다. 그러나 저는 욕망이 주는 활력과 생명 에너지가 공동체 경제와 집단지성의 성숙에 엄청난 토양으로서 작용하면서 기본소득이 창조적이고 생산적인 지평을 열 수도 있다고 전망하고 있습니다. 현재의 상황에서는 "욕망해도 괜찮아" 수준의 범생과 같은 담론이 주를 이루지만, 이것을 뛰어넘어 야성적이고 생산적이고 창조적인 욕망이 아직까지 기억에 없는 것들을 만들어내는 것도 가능하다고 생각합니다. 그렇다고 기본소득이 자본주의를 넘어선 사회주의와 같은 것을 만들 것이라고 생각하면 오산입니다. 기본소득은 자본주의를 뛰어넘어 다른 체제와 시스템을 구상하지 않고 시장과 공공 영역의 작동 속에서 더불어 작동될 수 있는 질서 중 하나입니다.

우리 집 기본소득이 있었던 거 기억하나요? 예전에는 윤경 씨가 제게 일주일에 7만 원이나 되는 용돈을 기본소득으로 보장해 주었지요. 그때 저는 군것질도 많이 하고 후배들에게 자장면도 사주었고, 급하면 택시도 타면서 유용하게 잘 썼지요. 그러나 최근 들어서 윤경 씨가 용돈 공급을 끊으면서 저는 스님이나 수행자 모드가 되었어요. 저는 지금 생활에 불만이 있는 것은 아니지만, 기본소득처럼 용돈이 두둑이 있다면 뭔가 색다른 구상도 할 수 있지 않을까 하는 생각도 약간 해본 적이 있습니다. 제가 술도 안 마시고, 군것질을 하는 것도 아니고, 아침저녁으로 당신과 함께 연구실에서 공부하는 상황인지라 딱히 용돈이 필요한 것은 아니지만, 한번 생각해 봤어요. 욕망가치와 기본소득이라는 주제가 용돈이라는 주제로 넘어갔군요. 예전에 용돈을 챙겨 주던 윤경 씨를 그리워하며.

2014년 6월 1일

욕망 자본론

3부

욕망은 상품 물신성을
어떻게 보는가?

세계 자본주의, 욕망을 포섭하다

보고 또 봐도 늘 새로운 윤경 씨에게

고양이들이 낮잠을 자는 한가로운 오후입니다. 얼마 전 중성화 수술을 한 한 살배기 달공이는 윤경 씨의 무릎을 차지하고, 혼자서 사색하기 좋아하는 일곱 살 원숙한 고양이 대심이는 책상 위에 자리를 잡았군요. 저는 동물들의 신비한 눈동자와 야성성을 좋아합니다. 지금 우리 곁에 있는 두 마리 고양이도 과거에 거리를 누비고 다녔던 존재들이지만, 이제 우리 연구실에서 없어서는 안 될 존재가 되었네요. 언젠가 야생동물 보호에 대해서 글을 썼던 적이 있어요. 저는 야성성의 보존과 보호가 사실은 눈에 보이지 않는 자율성에 대한 보호라고 사고하였지요. 자본주의 문명의 외부적 존재들인 아이, 동물, 광인들과 같은 소수자들은 문명의 내부에서 우리와 함께 살면서 외부적 사유를 이끄는 특이점들인 것 같습니다. 사실 우리에게 외부란 없어진 것이나 마찬가지이지요, 지구촌이라는 개념이 등장하면서 전 지구 사람들은 국경의 경계를 넘어 가까워졌습니다. '외부의 소멸'이라고 여겨질 정도로 전 세계가 자본주의 문명에 빨려 들어가고 있는 것도 사실입니다. 그래서 외부는 더 소중하게 보호되어야 하며, 정복되고 약탈될 대상이 아닌 것입니다.

마르크스는 '형식적 포섭'과 '실질적 포섭'이라는 개념을 『자본론』에서 등장시켰습니다. 형식적 포섭은 자본주의 문명 외부에 있던 농촌의 젊은이들이 도시에 유입돼서 공장에서 일을 하기 시작하는 것과 같은 이미지를 그려냅니다. 또한 자본주의 문명 내부에서 교육훈련을 받고 노동자 가정의 아이들이 다시 노동자가 되는 과정은 실질적 포섭이라는 이미지에 부합됩니다. 안토니오 네그리(Antonio Negri)의 『제국』(이학사, 2001)은 제국주의와 그 외부로서의 식민지의 이분법이 사라진 제국의 상황을 그립니다. 이 책에서 네그리는 실질적 포섭의 개념처럼 외부의 소실이 가져다준 정치적 효과로서의 색다른 정치를 구상합니다. 여기서 저는 실질적 포섭을 통해 외부가 완벽히 사라졌는가 반문하고 싶습니다. 자본주의 외부에 있던 생명, 자연, 욕망, 우주 등이 그 내부로 빨려들어가고 있지만, 자본주의의 문명이 이 모든 것을 포획하였다고 보기는 어렵기 때문입니다. 마치 무대의 막간극처럼, 혹은 이음새의 틈새처럼 야성적인 집단과 무리가 나타나 자본주의를 뒤흔들고 기성 질서를 조롱하니까 말입니다.

푸코의 『감시와 처벌』을 읽어보신 적이 있나요? 외부성에 대한 푸코의 인식은 색다른 지평으로 이끕니다. 그는 처벌과 억압의 훈육 사회 모델이 끝나고 감시와 통제의 생명관리정치의 단계로 이행한 과정을 그려냅니다. 그는 『성의 역사』(나남, 1990)라는 책에서 역사적으로 봉건제처럼 군주가 신민의 생살여탈권(生殺與奪權)을 갖는 단계에서, '죽일 수도 있으나 살게 놔두는' 훈육 사회의 단계를 거쳐 '잘살도록 하면서 그 외부로 향하면 죽게 내버려두는' 통제 사회의 단계로 이행하는 과정을 그려냅니다. 푸코의 외부는 미시 권력의 네트워크 속에서 배제된 자, 추방된 자이며 그저 생명만 유지되는 영역으로, 이는 조르조 아감벤(Giorgio Agamben)이 '호모 사케르(Homo Sacer)'라고 부르는 영역과 일치합니다. '호모 사케르' 하면 떠오르는 것은 제3세계 민중들입니다. 천막이나 토굴과 같은 집에서 하루 한 끼를 걱정하며 말라붙은 채 누워 있는 수많은 사람들의 모습이 저에게는 굉장히 받아들이기 힘들었습니다. 그/그녀들은 호모 사케르인 셈이죠.

그러나 여기서 분명히 해두어야 할 지점이 있습니다. "자본주의 외부가 완벽히 소멸하였는가?" "그렇다면 자본주의 외부로 향하는 것은 배제와 추방의 의미만 갖는 것인가?"라는 질문이 그것입니다. 저는 욕망 속에 자본주의 이후 문명의 잠재력이 숨어 있다고 생각합니다. 되풀이해서 말하자면 욕망은 자본주의적인 탐욕이 아니라 창조적인 생명 에너지입니다. 욕망은 외부를 생산하고 외부와 접속하고 미래를 향해 진행형적인 흐름을 만들어냅니다. 그래서 욕망을 통해 자유로워진 공동체와 한번이라도 접속해 본 사람들이라면, 자본주의 체제의 외부가 공포며 멘붕, 죽음이 아니라, 엄청난 상냥함과 예상치 못한 부드러움으로 가득 찬 욕망의 잠재력의 영역이라는 점을 피부로 느낍니다. 저 역시도 자본주의 외부로 간주되어 왔던 욕망의 주체성에 대해서 사유합니다. 아이, 동물, 광인, 장애인, 이주민 등은 체제의 외부로 간주되던 소수자들이며, 사실은 욕망의 주체성이라고 할 수 있습니다. 왜

욕망 자본론

냐하면 소수자들은 노동을 통해서 자신을 긍정할 수 없고, 욕망을 통해서만 자신을 긍정할 수 있는 존재들이기 때문입니다. 또한 특이한 욕망을 가진 소수자들은 공동체의 내부에 있는 외부입니다. 그래서 공동체가 소수자를 배려할 때 이방인도 환대할 역량이 생기는 것입니다. 여기서 자본주의 문명이 소수자라는 외부를 소멸시키고 체제의 내부로 빨아들이고 있다고 하더라도 소수자들은 자본주의 문명이 갖고 있지 못한 욕망의 야성성에 따라 특이성을 생산할 수 있는 존재들입니다. 소수자는 문명 외부로 추방되고 배제되고 차별받는 존재라는 의미 좌표를 갖고 있지만, 더 적극적인 의미에서 특이성을 생산함으로써 외부를 생산하고 있는 존재라고 볼 수도 있습니다. 그래서 자본주의 외부는 공포와 불안, 죽음의 영역이 아니라, 생성과 창조, 가능성의 영역이라는 생각이 듭니다. 「피리 부는 사나이(The Pied Piper of Hamelin)」라는 동화를 읽어본 적이 있으시죠? 저는 때때로 피리 부는 사나이가 아이들과 동물들을 끌고 미지의 곳으로 향하는 모습을 그려 볼 때가 많습니다. 어떤 분은 공포스러운 동화였다고도 하더군요. 그러나 저는 흥이 나서 외부로 향하는 그런 모습을 좋아합니다. 자본주의 문명에서 추방되면 죽음 혹은 그저 생명 연장만이 있는 것이 아니라, 자본주의 문명을 벗어나는 공동체를 건설하면서 새로운 생산과 창조의 욕망의 잠재력을 유감 없이 보여줄 수 있다는 생각이 그것입니다.

그래서 몇몇 푸코주의자들이 사회적 경제와 공동체에 미시 권력의 잣대를 들이대면서, 젊은 세대들과 소수자들에게 미시 권력의 배치로 작동하고 있다는 말을 할 때마다, 저는 권력이 아닌 욕망의 미시 정치를 주장하였습니다. 그들은 자본주의 문명이 외부에 대해서 잠금과 배제를 작동시키면서 그 내부에서는 자기계발을 하면서 잘 살도록 만

동화 「피리 부는 사나이」의 삽화

드는 미시 권력의 작동이 공동체, 협동조합, 사회적 경제에도 숨어 있다고 주장합니다. 그때마다 저는 공동체와 협동조합은 사랑과 욕망의 흐름이 관계망과 배치에서 순환하고 자율성을 갖게 되는 미시 정치(Micro-politics)를 말했습니다. 그리고 마음속에서는 푸코가 갖고 있는 미시 권력의 논의가, 대안 사회로 향하는 소수자 운동의 자율적인 움직임에 대해서는 설명의 한계를 갖고 있다고 생각했습니다. 물론 미시 권력은 조심하고 주의해야 할 부분이라고 생각합니다. 공동체, 협동조합 등의 사회적 경제가 미시 권력의 지층과 위계에 빠져든다면, 진정한 의미에서의 연대와 협력, 협동이 불가능해질 수도 있으니까 말이지요. 물론 푸코가 설명하는 신자유주의 사회는 매우 예리한 통찰력을 보여줍니다. 신자유주의는 자기 스스로 결정하고 선택하는 자유를 극대화하지만, 그것이 사실은 자기 통치를 통해서 책임을 사회가 아닌 개인에게 지우는 방식이라는 점에서 필사적으로 자기계발 담론으로 몰두하게 만든다는 미시적인 영역에 대한 설명은 현 시대의 모습의 일부를 드러냅니다. 여기서 신자유주의의 '자유'의 개념은 사형 집행이 잠시 유예된 사람들처럼 스스로 추방되고 배제되지 않도록 필사의 노력과 자기 통제를 하는 인물들을 등장시킵니다.

저는 주변에서 푸코를 공부하는 사람들로부터 말년 푸코의 작업에 대해서 들었습니다. 즉, 주체 형성에 대해서 관심을 갖고 인류사적으로 그것의 가능성을 탐색하는 바에 대한 것이었습니다. 가타리의 '주체성 생산'은 사랑과 욕망의 흐름, 그리고 배치와 관계망 속에서 창발되는 바입니다. 그에 비해 푸코는 미시 권력의 결을 살짝 넘나드는 주체의 색다른 정치적 가능성에 대해서 말합니다. 가타리에 따르면 주체성 생산에 따라 사랑과 욕망이 외부적 지평과 접속하는 것이 언제든 가능합니다. 그런 의미에서 욕망은 외부를 생산하는 야성성의 지평을 개방합니다. 근대 자본주의 사회의 외부는 우리 안에 있던 소수자와 생명, 자연이 만들어내는 색다른 기계 작동을 의미합니다. 그래서 기계적 무의식이라는 개념이 등장하지요. 제가 기계적 무의식 개념을 이해한 바로는, 그것은 모든 생명, 자연, 관계망 속에서 기계 작동으로서 서식하고 있는 무의식이 있다는 데서 출발하지요. 예를 들어 제가 도서관에서 책을 빌려 책꽂이에다가 꽂아두면 그때부터 이미 책을 읽는 것이 시작되고 읽지 않더라도 그것이 작동하고 있는 것이 됩니다. 마찬가지로 생명과 자연은 기계처럼 작동되는 무의식이 서식하는 영토입니다.

실질적 포섭의 상황에 대해서 안토니오 네그리는 '사회적 공장'의 상황으로 자본주의 사회가 바뀌었으며, 모든 사람이 '사회적 노동자'라고 규정했습니다. 가타리의 욕망가치론의 구도와 매우 유사한 사유 방식이 여기서 개방됩니다. 그러나 네그리는 노동의 패러다임을 고수했고, 가타리는 욕망이라는 색다른 영역으로 나아갔다는 점이 다릅니다. 네그리 역시도 노동의 테마를 고수할 수 없는 작금의 상황에 대해서 인정했는지, 이후에 다중(multitude)이라는 색다른 주체성에 대한 논의로 방향을 선회합니다. 그러나 여전히 특이성의 실존 영역에서의 미시 정치가 아니라, 정체성의 영역에서의 정치로부터 벗어나지 못합니다. 아무래도 네그리가 큰 이야기를 하다 보니 미시적인 영역에서의 변화와 이행, 횡단에 대해서는 민감하지 못한 이유도 있습니다. 그의 후반 작업은 미래의 선지자나 예언가적인 느낌마저 듭니다. 그래서 혁명이 신학화된 느낌이랄까요?

펠릭스 가타리는 실질적 포섭의 상황을 '통합된 세계 자본주의'라는 개념으로 설명합니다. 통합된 세계 자본주의는 미시적인 영역에 부드럽게 파고든 자본주의 문명을 의미합니다. 이러한 체제는 특이성이 생산되어 전체 시스템에 불가역적인 변화를 주는 것을 끊임없이 봉쇄하고 분자적인 억압을 작동시킵니다. 그러나 통합된 세계 자본주의는 세계 어디를 가나 똑같은 삶을 생산하는 동질 발생적인 형태의 문명입니다. 저 역시도 통합된 세계 자본주의의 문명을 진단하기 위해서 자동차, 육식, TV, 아파트라는 삶의 형태를 분석했던 적이 있습니다. 이러한 통속화된 삶은 체제의 내부에서 졸리고 달콤한 삶의 방식으로 이끕니다. 너무도 달콤해서 누구도 그 영역에서 벗어나려고 하지 않지요. 그러나 이러한 문명의 유형은 생태계 위기와 생명 위기, 자원 고갈, 기후 단절, 화석 연료 정점에 직면한 현 시점에서 굉장히 취약한 문명 형태입니다. 만약 이런 문명에서 살고 있는 사람들을 한 마디로 표현하라고 한다면 '세상의 힘든 일을 잊고자 하는 마약 중독자'라는 개념이 떠오를 정도입니다.

통합된 세계 자본주의는 세계 어디를 가나 똑같은 문명을 이식합니다. 그래서 세계 어디를 가나 백화점, 마트, 호텔, 편의점 등과 같은 시설이 있게 됩니다. 신자유주의하에서 국경을 넘어서 매끄럽게 이동하는 초국적 자본을 지역에 머무르게 하기 위해서 지자체에서는 장소 마케팅을 합니다. 장소 마케팅은 자신의 장소의 특이성을 보여주기 위해서 디즈니랜드화, 축제, 특산품, 박물관 등으로 자본을 유혹하는 것입니다. 이런 풍경은 세계 도처에서 똑같이 드러납니다. 여행을 다니던 친구들은 아프리카에서 맨몸으로 야생에 사는 사람들이 사실은 관광 수입의 일부를 받고 있는 사람들이며, 그들도 먹고살기 위한 것이라는 얘기를 한 적이 있습니다. 아주 독특해 보이는 장소도 역시 자본의 논리가 침투해 들어와 있던 것이지요. 이러한 동질 발생적인 방향의 통합된 세계 자본주의는 이질적인 것에 대해서 배제하거나 추방하고 억압하는 것이 특징입니다. 어디를 가든 등가교환이 가능해야 하며, 합리적이고 계산 가능한 논리가 작동해야 한다고 생각하는 것이지요. 도시 안에서는 많은 사람들이 낯설고 이질적인 것처럼 새롭게 느껴지지만 비슷비슷한 삶의 유형 속에 놓여 있게 됩니다. 사실 도시는 인류역사에 있어 거의 비슷한 시점에 계통적으로 등장한 이질 발생적인 흐름이 교류하고 접속될 수 있는 가장 유력한 장소임에도 말이지요. 그래서 도시의 복잡한 관계망에서 색다른 욕망이 생산될 가능성은 언제든 존재하지만, 사실은 등가교환을 위한 통속적 목적에 포획된 이질성과 낯섦으로 한정됩니다. 즉, 소비자는 생산자와 친분이 있으면 장사를 할 수 없겠지요. 도시와 달리 공동체는 친밀하고 유대적인 관계망이라서 열정과 활력을 갖고 있는 사람들에게는 답답한 마음이 들 수도 있습니다. 그러나 공동체는 등가교환을 위한 관계망이 아니라 호혜적 관계망이기 때문에 역설적으로 특이성 생산의 가능성 역시 굉장히 높아집니다.

통합된 세계 자본주의는 네트워크 사회와 네트워크로 직조된 세계 체제의 상황을 의미합니다. 네트워크는 서로 연결되어 있기 때문에 국지적인 영역에서의 특이성 생산이 금방 전체 네트워크에 색다른 변화를 이끌지요. 그래서 통합된 세계 자본주의는 특이성 생산으로 인한 변화를 제어하기 위해서 똑같은 것만 반복되는 동질 발생적인 방향성으로 시스템을 짜놓습니다. 이제 한국 드라마는 터키에서도 똑같이 방송되고 한국 아이돌 그룹들에 대한 인기는 베트남에서도 드높습니다. 그런 의미에서 욕망은 완전히 다른 배치를 갖게 됩니다. 욕망은 "네가 원하는 것이 뭐냐?"라는 근본적인 질문을 통해서 체제와 시스템에 대해서 문제제기를 하며, 순식간에 색다른 대안의 구성에 많은 사람들을 동원하는 특성을 갖습니다. 아무리 색다른 욕망이 등장하지 않도록 체제의 질서를 만들어놓으려 해도, 자본주의 역시 욕망의 활력과 생명 에너지를 동원하지 않을 수 없는 상황이기 때문에 자본주의는 이율배반적인 시스템을 구사합니다. 그래서 자본주의는 욕망을 생산하면서도 욕망을 억압하는 이중 구속 논리에 따라 정신분열증을 내재화하고 있습니다. 통합된 세계 자본주의의 욕망의 정치와 공동체와 대안 운동의 욕망의 미시 정치는 아주 다른 작동 방식을 갖고 있지만, 욕망의 생명 에너지에 기반하고 있다는 점은 같습니다. 그러나 통합된 세계 자본주의는 욕망이 자신의 외부로 향할 정도로 강렬하고 야성적으로 바뀌는 것에 대해서 항상 주의를 기울입니다. 그래야만 현존 질서가 유지될 수 있으니까요.

우리의 삶에서 외부는 아주 가까이에 있습니다. 우리 자신의 욕망일 수도 있고, 연구실 구석에서 잠자고 있는 고양이와 같은 동물들일 수도 있지요. 문명의 외부로 향한다는 것이 욕망의 자연스러운 흐름을 '욕망 해방을 향한 강렬한 에너지', '공동체의 활력과 미래를 향한 추동력', '사회에 순환되는 생명 에너지'로 만든다는 것은 언제든 가능합니다. 그것은 놀이와 축제, 즉 재미있는 일이니까요. 체제와 문명의 외부에 대한 자각은 늘 필요합니다. 우리가 쓰는 전기와 가스, 물 등이 영구적인 것이 아니라는 점과 같은 것이죠. 문제는 어떻게 하면 지구의 한계, 성장의 한계, 삶의 한계를 인식하는가만이 아니라, 유한한 삶에서 나오는 욕망을 대안을 구성하는 생명 에너지의 흐름으로 만들 것인가입니다. 저는 윤경 씨와의 만남이 지구별 어디에선가 유한하며 국지적인 영역에서의 사랑과 욕망이라는 점을 느낍니다. 그래서 더 소중합니다.

2014년 6월 2일

상품 물신성의 기원, 등가교환

사랑하는 윤경 씨에게

올여름 방학에는 우리가 문래동 예술가들과 함께 창립을 준비 중인 생태문화협동조합에서 철학 강의를 기획하고 있지요. 이번 방학이 참 기대되는군요. 첫 번째 강의로 잡힌 것이 바로 '스피노자와 사랑, 변용'이라는 주제의 강의입니다. 스피노자는 무의식과 욕망을 발견한 최초의 철학자답게 정신분석학이나 심리 치료 프로그램 등이 갖지 못한 광활한 영역을 응시하고 있습니다. 무의식이라는 개념을 사용할 때 들뢰즈처럼 '기계적 무의식'이라는 개념으로도 말할 수 있지만, 저는 '광야-무의식'이라는 개념을 즐겨 쓰곤 합니다. 들뢰즈와 가타리는 사랑이 상투적인 레퍼토리에 오염된 개념이라고 보면서, 그와 유사한 개념으로 욕망을 제시합니다. 여기서 욕망은 창조적인 생성을 만드는 에너지로서의 욕망이며, 그런 의미에서 사랑과 유사하다고 보고 그 의미를 굳이 구분하지 않고 통합해서 사용한 것이지요. 그런 점에 대해서는 저도 비슷한 생각을 가지고 있습니다. 지난달 도서관에서 양자역학에 관한 책을 빌릴 때 윤경 씨는 상당히 의아해했었지요. 그러나 저는 사랑과 욕망이 어떻게 적용되는지가 궁금했던 것입니다. 양자역학이 사랑이나 욕망과 어떤 관련이 있냐고요? 사랑과 욕망은 양자역학처럼 확률론적 질서이며 랜덤(random)이어서 누가 누구를 사랑하게 될지 결정되어 있지 않습니다. 또한 사랑과 욕망은 부등가교환이어서 그 사람의 작은 호의가 엄청난 선물 공세로 나타날 수도 있습니다. 제가 가장 선물다운 모습을 잃어버린 것을 상품권이라고 생각하는 이유도 거기에 있습니다.

이에 대해 저는 조르주 바타유(Georges Bataille, 1897~1962)의 사상을 빌려 얘기해 보려고 합니다. 바타유는 비생산적 소모인 축제, 의례. 종교 의식, 희생 제의 등에 대해서 언급하면서, 잉여를 파괴하는 방탕함이 본능적 충동의 경제를 만든다고 보았습니다. 그의 생각은 카니발리즘(cannibalism)과 같은 축적된 잉여의 파괴 의례에서 보여지는 황홀경과 경탄, 도취, 희생 제의, 인신 공양, 난교, 변태와 같은 모습에 주목합니다. 그는 종교적인 신성함의 본성에는 비생산적인 과잉 에너지를 소모하려는 의도가 있다고 보면서 기존 경제학과 다른 궤도에서 리비도 경제를 바라봅니다. 그가 생각한 카니발리즘이라는 축제는, 금기시된 것을 한꺼번에 무너뜨리는 폭력이자 파괴 행위라고 할 수 있습니다. 욕망에는 물론 축제를 빼놓고 얘기할 수 없습니다. 그러나 저는 바타유의 방식이 아니라, 사랑과 욕망의 흐름이 풍부한 증여와 선물로 나타나는 축제 형태를 얘기해 볼까 합니다. 마르셀 모스(Marcel Mauss,

1872~1950)의 『증여론』(한길사, 2011)에서는 태평양 연안 인디언들의 포틀래치(potlatch)라는 증여 게임을 소개합니다. 포틀래치는 마을의 한 사람이 다른 사람들에게 엄청난 양의 선물을 주면서 증여의 축제를 벌이는 것입니다. 이에 대한 보답의 축제도 벌어지고 주고받음 속에서 관계가 성숙됩니다. 이 포틀래치에서는 인디언들에게 상당한 가치를 갖는 동판을 깨뜨려서 나누어주기도 합니다. 이것은 잉여를 파괴하거나 방탕하게 쓰는 바타유의 경제학 구상과 달리, 잉여를 선물하고 증여하면서 관계망을 풍부하게 만드는 모스의 경제학 구상을 의미합니다. 이 점에서 축제의 기원을 카니발리즘으로 보는 것이 아니라, 소수자나 사회적 약자에게 증여를 하고 그럼으로써 이방인을 환대하는 풍습이 아닐까 하는 생각이 듭니다. 물론 지금은 이런 축제가 사라졌지만, 마을 시장 같은 곳을 가보면 이러한 증여의 축제와 같은 요소들이 많았습니다.

얼마 전 세미나에서 어떤 분이 어떻게 사람이 변하냐면서 시간이 지나도 사람의 기질은 변하지 않는다라는 발언을 했던 적이 있죠. 하지만 저는 사람은 변한다고 생각합니다. 누구나 사랑과 욕망을 가지고 있기 때문입니다. 섬광과 같은 변화를 통해서 세상을 재창조할 수 있는 원동력이 바로 사랑과 욕망입니다. 헤겔은 변증법이라는 원리를 통해서 흐름이 존재로 귀착되는 방법론을 창안합니다. 사랑과 욕망의 흐름은 결국 존재의 성숙을 위한 소재일 뿐, 존재 자체의 근본적인 변화를 초래하는 것은 아니라는 말이죠. 저는 변증법이 흐름의 논리를 불구화시켰다고 생각합니다. 사랑과 욕망의 흐름은 정체성, 존재, 이기(being)와 같은 것으로 귀착되지 않을 수도 있습니다. 이를테면 누구에게 선물을 줄 때 이름을 알리지 않고 줄 수도 있는 법이니까요. 제가

인디언들의 선물 경제인 포틀래치의 한 장면

어렸을 때 살던 마을에서는 이웃집에 슬쩍 선물을 주고 이름을 알리지 않고 사라지는 농부들이 있었습니다. 이러한 순수 증여와 같은 영역은 종교적으로는 '아낌없이 주는 나무'와 같은 개념으로 알려지고 있습니다. 자연은 마치 부처님의 자비처럼 아낌없이 모든 것을 줍니다. 들뢰즈와 가타리의 소수자 되기는 순수 증여 영역에 가깝게 아낌없이 사랑을 줌으로써 사랑의 능력이 더 증폭되는 것을 의미합니다. 우리가 아이나 동물, 장애인, 광인들을 사랑하는 것은 보답을 바라고 하는 것이 아닙니다. 오히려 돌봄을 통해서 사랑할 수 있는 능력이 더 성숙하고, 사랑의 힘으로 단 한 번뿐인 삶의 의미를 알아가는 것입니다. 그렇게 사랑이 더 깊어지고 풍부해지면서 흐름의 과정에서 모든 변화 가능성에 열려 있게 되는 것이지요. 이에 비해 등가교환은 아까 어떤 분의 얘기처럼 세상이 고정되어 있고, 뻔하다는 생각으로부터 기원합니다. 그것을 의미화의 논리라고 합니다. 결국 자본주의 경제는 사랑과 욕망의 흐름이 아니라, 고정된 의미와 존재를 통해서 등가교환을 이루는 것입니다. 그래서 문명의 전환과 같은 시급한 문제에 대해서 반응할 수 없는 통속적인 무심결의 사람들을 양산하고 있는 것입니다.

금융자본주의는 미래를 차압해서 현재의 축제 수단으로 탐욕스럽게 써버립니다. 스톡옵션이나 금융상품 등은 미래를 끌어다 쓰는 대표적인 자본주의의 형태라고 할 수 있습니다. 아주 추상적이고 가상적인 영역까지 금융자본이 유통되고 있으며, 이는 실물경제의 수백 배에 달하는 것으로 추정되고 있습니다. 사랑과 욕망은 미래 진행형적 사유의 흐름이며 추동력이기 때문에 그 잠재력은 어마어마합니다. 우리가 욕망이 던지는 문제의식을 해결하기 위해서 반복을 지속할 때, 결국 그것은 우리의 삶의 궤도를 바꾸기 때문입니다. 그래서 어떤 답 속에서 살아가느냐가 중요한 것이 아니라, 어떤 욕망 혹은 어떤 문제의식 속에서 살아가느냐가 아주 중요한 것입니다.

문제는 "답이 뻔히 나와 있다"라고 생각하는 고정관념입니다. 자본주의의 등가교환은 답이 뻔히 나와 있습니다. "약은 약사에게, 병은 의사에게"라는 말이 있지요. 자본주의는 다양한 문제를 역할, 직분, 기능으로 해결하고자 합니다. 이는 일종의 시스템이며, 정해진 방식에 따른 거래와 역할 분담이 자동적으로 문제를 해결한다는 틀입니다. 이러한 고정된 틀 속에서 사람들은 똑딱거리듯 자동인형처럼 움직입니다. 이런 모습을 루카치와 같은 사람들은 사물화라는 개념으로 설명했지요. 자본주의의 상품물신성은 사회적 관계 내부로 들어와서 시스템 내에서 자동적으로 움직이는 사람들을 양산하지요. 이러한 자동주의적 삶의 유형은 성장주의, 속도 사회, 관료주의 등의 병폐를 갖고 있습니다. 최근에 있었던 세월호 사건과 같은 심각한 사건에서도 누구 하나 스스로 책임지려는 사람이 없고, 다들 시스템에 의해서 자동적으로 움직이는 예속인들이었다는 것이 드러났으니까요. 등가교환은 생산자와 유통 상인, 소비자들과 같은 기능과 역할 분담이 있지만, 결국 뻔한 관계 속에서 자동적으로 움직이게 만드는 자본주의 시스템입니다. 그렇기 때문에 이러한 통속적인 주체들은 생태계 위기와 자원 고갈, 환경 오염 등의 심각한 상황이 예고되어 있는 미래 사회를 준비할 수 없는 통속적 관계를 만든다고 할 수 있습니다.

그런데 욕망 경제에서는 등가교환이 아닌 다채로운 방향성이 있습니다. 욕망 경제의 일부로서, 예술적 가치, 기계적 가치, 생명가치, 생태적 가치 등이 최근에 대두되고 있지요. 그런데 자본주의적 경제는 이러한 욕망 경제를 포섭해서 자신의 내부적인 작동 원인의 일부로 만들려고 합니다. 그러니까 자본주의도 역시 '흐름'에 대해서 착목하고 있는 상황이며, 이는 사회적 경제와 같은 영역으로도 나타나고 있는 것입니다. 욕망 경제가 부등가교환이며 증여의 경제를 움직인다는 점은 상당히 매력적입니다. 예를 들어 복지의 영역에서도 수혜적인 차원에서의 복지가 아니라, 공동체의 내부 작동인 사랑과 욕망의 흐름에 자원/부/에너지의 흐름을 부여해서 내재적인 원리에 따라 움직이게 하는 방향이 있습니다. 이러한 사회적 경제의 영역은 놀라운 시너지 효과를 가질 수 있으나, 물론 일각에서는 금융자본주의의 보완적인 영역에 불과하다는 비판도 하고 있습니다. 저는 호혜적 경제, 증여의 경제에서 욕망 경제를 작동시키는 가장 근본적인 원동력은 소수자의 욕망에 대한 긍정과 생산에 있다고 봅니다. 어떤 사람은 욕망 경제라고 하면 주변부에서 발흥한 성 욕망이나 탐욕, 자본주의적 욕망으로 색안경을 끼고 봅니다. 물론 그런 영역도 없는 것은 아니지만, 중요한 것은 소수자를 사랑하고 소수자의 욕망을 존중하고 배려함으로써 공동체에서 욕망 경제가 작동하는 방향성이라는 생각이 듭니다.

어떤 분은 "순수 증여의 영역이 있을 수 있는가?"라는 질문을 던지더군요. 결국 자본주의든 공동체든, 상품이나 선물을 주고받는 과정에 있으며, 전혀 아무런 조건 없이 주기만 하는 것이 과연 가능할까 하는 질문입니다. 사실 순수 증여에 대한 논의는 부처님의 자비나 예수님의 사랑과 같은 영역일 수도 있습니다. 그러나 우리가 소수자를 사랑할 때, 보답을 바라고 하는 일인가를 생각해 볼 수 있습니다. 소수자를 사랑하면 자신의 사랑의 능력이 증폭되는 자기 생산의 결과물이 있을 뿐, 그 대가가 주어지는 것이 아닙니다. 이를테면 제3세계 아이들을 후원하거나, 길냥이와 유기견에게 먹이를 주는 일처럼 말이지요. 우리의 부모님이 아이들을 돌보거나 공동체의 일원들이 소수자를 아끼고 사랑하는 모습이 바로 순수 증여의 모습이 아닐까 하는 생각도 들었습니다. 물론 자본주의적인 욕망도 현존하지요. 그러나 자본주의적 욕망이 있다고 해서 증여와 순수 증여의 대안적 욕망의 영역이 없다고 할 수는 없을 것 같습니다. 최근에는 자본주의적 욕망과 함께 대안적 욕망이 결합된 사회적 기업의 형태도 등장하고 있으니까요. 사회적 기업은 가장 자본주의적인 형태를 띠면서도 소수자에 대한 돌봄과 환경생태 문제, 지속 가능성, 나눔의 실현에 대해서 생각하는 기업 형태입니다. 이러한 기업 형태는 어찌 보면 대안적 욕망과 자본주의적 욕망이 맞교환되고 교차되는 형태이지 않나 하는 생각도 듭니다. 어떤 활동가는 자본주의의 첨단과 극한 영역에 사회적 기업이 있다고 얘기하기도 합니다. 그러나 사회적 경제는 소수자의 욕망과 소수자에 대한 사랑이 현존하며 작동하고 있다는 점, 즉 대안적 욕망 경제를 응시하고 있는 기업 형태라는 점은 부정할 수 없습니다.

이러한 사회적 변화에도 불구하고, 아카데미는 여전히 고정관념의 세계에서 빠져나오지 못하고 있지요. 어떤 사람이 지혜롭게 되는 것은 사랑하고 느끼고 실천하고 신체가 변용되는 것과 따로 떼어놓고 사고할 수 없습니다. 또한 각각의 지혜는 제각기 다른 삶과 실천 속에서 구성되는 것이지, 객관적 표상을 가진 단 하나가 진리로 존재하는 것은 아니지요. 이러한 관계 내부에서의 지혜가 아니라, 아카데미는 관계 외부의 관찰자나 관조자로서의 객관적 표상이 바로 진리라고 주장합니다. 과거에 제가 대학에서 공부했던 것들은, 욕망을 배제한 이성의 논리가 대부분이었습니다. 물론 모든 커리큘럼이 이성 일색이었다는 것은 아니지만, 욕망에 대한 논의는 거의 찾아볼 수 없었습니다. 이런 점에서 대학 공간은 공동체적인 인간형을 만드는 것이 아니라, 각각 분리되어 있는 합리적인 시민 유형의 사람들을 배출하는 공간이라는 생각이 듭니다. 그동안 아카데미가 편견과 선입견 가득한 눈으로 손가락질해 오던 욕망은 도착적인 것이 아니라, 사실은 공동체를 풍부하게 만드는 흐름입니다. 아카데미는 욕망을 탐욕과 같은 덩어리로 바라보는 경향이 있지만, 사실 욕망은 공동체에 유통되어 활력이 되고 신체를 감싸는 생명 에너지와 같은 것입니다.

제가 욕망에 대해서 착목하는 이유는, 욕망의 흐름에 따라 가다 보면 저절로 흥이 나고 신나게 대안적인 삶을 만들 수 있고 생명 위기를 극복할 수 있는 문명의 전환도 가능하다는 생각 때문입니다. 우리는 전문가와 관료에 의해서 이 사회가 짜임새 있게 관리될 수 있다고 생각하지만, 민중 속에서 생성되는 욕망의 흐름에게 이 사회를 맡긴다면 보다 엄청난 일도 해낼 수 있습니다. 그것은 우리의 기억 속에서도 존재합니다. 촛불 시위, 태안 원유 유출 사태, 부안 코뮌, 밀양, 강정 등을 떠올려 본다면 금방 깨달을 수 있는 영역입니다. 여기서 욕망은 홉스처럼 이기적인 코나투스(conatus)가 아니라 스피노자처럼 기쁨이 될 수 있는 이타적인 코나투스라고 생각하면 좋을 것 같습니다. 욕망은 우리가 원하고 욕망하는 것이 무엇인지에 따라 미래를 계획하고 설계하는 자율적인 능력을 의미합니다. 그래서 욕망은 어떤 전문가보다 사회를 더 잘 관리할 능력이 있다는 생각이 듭니다. 저의 녹색 전환 2.0에 대한 아이디어와 영감은 가타리의 욕망의 미시 정치라는 개념에 담겨 있습니다. 이렇게 오늘 제 생각을 주절주절 말하다 보니 벌써 저녁입니다. 이제 철학공방 〈별난〉에서 윤경 씨가 해주는 시원한 콩국수를 먹겠군요. 이 시간이 저는 대단히 행복합니다. 당신에 대한 사랑과 욕망의 흐름이 주는 달콤한 행복과 엄청난 상냥함을 느끼며.

2014년 6월 3일

선물과 증여의 욕망을
어떻게 볼 것인가?

자애로운 윤경 씨에게

한때 우리는 미래의 가능성까지 끌어와서 탕진해 버리는 거대한 도시 문명에 회의를 느끼고 농촌 공동체를 찾아서 지속 가능한 삶을 고민하자는 데 의견 일치를 보았던 적이 있지요. 그때 우리가 유력한 후보지였던 홍성에 여러 차례 찾아가서 사람들을 만나며 거의 집과 땅을 사기 바로 직전까지 갔던 것 기억하나요? 홍성 풀무마을은 여러 가지 생각을 하게 만드는 곳입니다. 일제 때부터 항일 운동과 농민 운동의 거점이었고, 지금은 풀무학교에서 배출한 청년 농부와 활동가들이 북적거리는 활력과 생명 에너지로 가득 찬 공간이었지요. 저는 그곳에 위치한 그물코출판사 사장을 만나러 내려가서, 마을주점 '뜰'에서 밤새 술을 마셨지요. 그때 저는 주책없이 자청해서 노래를 부르기도 했

공장식 축사에서 생명이 사육되고 상품화되는 과정을 묘사하는 그림

습니다. 지금 생각하면 부끄럽네요. 하지만 공동체이기에 가능했던 도발이었던 것 같아요. 공동체에서는 호혜적인 관계망을 갖고 있어서, 서로에게 넌지시 주는 선물과 증여의 경제가 작동합니다. 사랑과 욕망의 흐름이 실물화되는 것이 바로 선물이라는 생각이 드는 이유도 그것입니다. 왜 그런 호혜적인 관계망을 갖는가 하면 과거 농경 사회에서 자연으로부터 얻어진 많은 농산물들을 그저 노동의 결과라고 보지 않고 누군가가 준 선물처럼 생각해 온 것에서도 유래합니다. 물론 관행농의 경우에는 비료와 농약의 결과물로서 농산물을 생각함으로써, 자연 순환에서 생기는 영성으로부터 벗어나 버리지만 말이죠. 공동체에서는 사람들이 자연 생태계를 닮은 호혜적인 관계망을 만들어갑니다.

그래서 서로가 주고받는 선물에는 사랑과 정성, 인격이 담겨 있습니다. 그리고 모두가 순환되고 재생되는 공동체 관계망의 일부이기 때문에, 흐름의 일부로서 인식하지 그것을 고정시켜서 자기 것으로 만들어야 한다는 생각은 갖지 못합니다. 물건에 사랑과 정성, 인격이 담겨 있다고 생각해서 오히려 물건을 소중히 여기고 가치 있게 씁니다.

자본주의의 시장경제에서는 상품이라는 물건을 사고팝니다. 서로 잘 알고 친밀하고 유대적인 사람끼리 모여 있는 공동체에서는 등가교환이 무척 어렵고 대신 선물과 같은 형태로만 존재했던 것들이, 시장경제에서는 서로 낯선 익명의 사람들이라는 전제하에서 상품을 사고파는 관계가 비로소 성립됩니다. 종교학자 신이치의 『사랑과 경제의 로고스』(동아시아, 2004)에 따르면 이러한 시장경제에서의 물건은 사랑과 정성, 인격으로부터 분리되어 있습니다. 그래서 보이지 않는 윤리와 미학이라는 것이 불가능해지고, 대신 외양이나 겉보기 등에 관심이 집중되어 있습니다. 선물이 사랑과 욕망의 흐름을 물건으로 변형시킨 것이라면 상품은 이미지 영상의 흐름과 같은 환상을 횡단하는 흐름이 사랑과 욕망을 대체합니다. 공동체에서는 익숙했던 물건들도 상품이 되면 아주 낯설고 새로운 것으로 등장하여, 광고와 영상 이미지의 흐름에 따라 유행이 되는 그런 것이 됩니다. 시장경제에서는 물건을 오래 써서 도깨비가 되는 것이 아니라, 물건 자체에 환상이라는 도깨비가 따라다닙니다.

요즘에는 상품의 탈인격성이 고도로 발달되어 있습니다. 그래서 이제 생산하는 사람이 대우를 받는 세상도 아닙니다. 인터넷 홈쇼핑 사이트나 마트에 가보면 상품을 사도록 유도하고 도와주는 유통업이 대부분의 마진을 가져가는 상황이니까요. 또한 가게 주인이 있다는 것도 이제는 부담입니다. 물건을 고르는데 가게 주인이 다가와 "무엇이 필요하냐?", "이거 어떠냐?"며 말하는 것도 간섭으로 느껴지고 이제는 무수한 상품 더미에서 스스로 골라내서 캐셔에게 건네주면서도 늘 왕 대접을 받는 소비자가 생겼습니다. 이제 가게 주인과의 밀고 당기는 가격 흥정은 사라진 지 오래며, 외상으로 사먹는 것도 불가능해졌습니다. 저는 윤경 씨와 마트를 갈 때 엄청나게 쌓여 있는 상품 더미를 보는 것이 너무 힘들어서 대부분 밖에서 기다리곤 하지요. 저는 상품이 산더미처럼 쌓여 있는 것을 보면 기괴하다는 생각이 듭니다. 그곳에 쌓여 있는 대부분의 상품들이 꼭 필요하지 않음에도 사도록 만드는 것들이 대부분입니다. 필요하다고 하더라도 유행에 뒤처져 짧은 과거만 지난다면 결국 폐허가 된다는 발터 벤야민의 말이 생각나서 거대한 무덤처럼 느껴지기도 합니다. 또한 마트의 편리한 동선과 먼지 한 점 없이 깔끔하게 정리된 진열장도 어쩐지 괴기스럽게 느껴질 때가 있습니다. 겉보기에 위생적인 공간도 사실은 보이지 않는 곳에서 윤리적이고 미학적인 것이 지켜지지 않는다면, 굉장히 지저분한 공간일 수 있지 않을까요? 특히 고기를 파는 정육 코너 근처에서는 지저분하고 습하고 어두운 공장식 축사가 생각나 특히 피하게 되더군요. 그런 저의 까칠한 취향 때문에 늘 혼자 힘겹게 카트를 몰고 들어가는 윤경 씨의 뒷모습을 바라보곤 합니다.

마르크스는 『자본론』에서 상품의 탈인격성을 상품물신성이라는 개념으로 설명했습니다. 물건과 물건의 관계가 인간과 인간의 관계를 대신하고 은폐한다는 것입니다. 그의 상품물신성에 대한 설명은 노동자와 자본가의 사회적 관계가 상품들끼리의 관계가 되고, 노동자의 노동력이 상품화되는 사실에 대해서 주목하였습니다. 이러한 『자본론』에서의 상품물신성 논의는 기 드보르(Guy Debord, 1931~1994)의 『스펙터클의 사회』와 같은 책에 영감을 준 것은 분명합니다. 이 책에는 노동자가 자신이 만든 생산물에서 소외되고 배제되어 엄청나게 축적된 자본의 힘을 자신의 힘이라고 여기지 않고, 전도와 물신성에 사로잡힌다는 지적이 나옵니다. 또한 노동자는 구경꾼이 되어 생산 현장에서 천대받고 있음에도 불구하고, 소비자로서의 달콤한 환대를 받는다는 환상에 사로잡혀 환상적인 이미지 영상의 흐름에 현혹된다는 점도 함께 지적합니다. 저는 여기서 전도와 물신성이라는 주제에 대해서 주목했습니다. 그 근원에는 공동체의 사랑과 욕망의 흐름으로부터 분리된 사람들의 삶이 있다는 점을 발견했기 때문입니다. 공동체에서의 반복과 화음은 거기서 살아가는 사람들에게 삶의 역동적인 리듬이 됩니다. 반면에, 현재를 살아가는 사람들은 TV프로그램의 화음에 맞추어 아침마당으로 하루를 시작해서 저녁 뉴스와 드라마, 심야 월드컵 중계로 이어지는 통속적인 삶의 유형을 살고 있습니다. 여기서 인간과 인간의 사회적 관계는 상품을 소비함으로써 향유될 수 있는 것으로 전도되어 나타납니다. 저는 대면적 관계의 풍부함을 느끼지 못하는 도시인들을 많이 발견합니다. 서로의 눈빛을 보고, 표정을 보고 얘기해야 해결될 부분을 그것을 대체하는 환상이나 TV 프로그램, 인터넷, 소비 생활 등으로 풀려는 모습을 많이 발견하였습니다. 사실 도시인들은 관계로 풀어야 될 문제를 그것을 대체하는 수단으로 풀고 있는 셈이죠.

그것이 도시 생활에서 더 강력한 형태로 나타난 것이 바로 물신성의 극한이라고 할 수 있는 '도착'입니다. 자본주의적 욕망의 근원에는 물신성, 전도, 도착이 자리 잡고 있습니다. 인간의 유한성에 대해서 응시하지 못하고, 영원한 가족과 영원한 신, 영원한 권력이라는 형태로 도착이 형성됩니다. 영원성에 대한 망상과 도착의 극한에는 파시즘이 있다고 해도 과언이 아닙니다. 파시즘은 태양계에서 위대한 민족이 영원히 지속되리라는 망상 속에서 우주적인 사업을 펼칩니다. 그것은 전쟁과 파괴를 통한 폭력입니다. 대부분의 권력자들은 애국심이나 민족주의에 오염되어 지구와 생태계, 자연의 한계를 바라보지 못하고 대규모 토목 사업과 같은 위대하고 영원한 사업을 해야 한다는 망상을 일정하게 갖고 있습니다. 상품물신성으로 이루어진 전도된 세계는 이제 욕망을 추동하면서, 그 물건을 탐하고 추앙하도록 만듭니다. 마치 팬덤 문화가 스타를 추앙하는 군중을 요구하듯이 예속을 강렬히 욕망하면서 도취, 황홀경, 경탄에 사로잡히게 만드는 시스템을 짭니다. 이러한 자본주의적 욕망의 정치는 극도로 위험한 차별, 배제, 증오의 정치이기도 합니다. 그래서 상처와 희생양, 속죄양을 만들면서도 권력을 가진 자들은 자신의 욕망을 주체할 수 없는 욕망의 바벨탑을 쌓도록 만드는 것입니다. 저는 상품이나 스타를 추앙하며 따르는 거대한 욕망의 긴 줄을 이따금 보곤 합니다. 한국 사회에서도 2008년 유럽발 금융위기가 있기 전에 아파트 열풍에 사로잡혀 자본주의적인 도착의 긴 줄을 섰던 경험이 있고, 황우석과 같은 유사 파시즘에 환호하는 많은 군중들을 만들었던 경험이 이미 있지요.

하지만 물건이 영원할까요? 저는 백년도 살지 못하는 사람들이 일만 년 된 산을 소유하겠다고 등기부등본에 소유권을 표시하는 것에 대해서 무망한 일이라고 생각합니다. 자연생태계나 지구도 유한하지만, 인간은 더더욱 유한한 존재입니다. 그런 의미에서 지금 여기에 단 한 번밖에 없는 실존적인 삶을 사는 것이 소중하며 의미가 있는 것입니다. 저는 단독성(singularity)이라는 스피노자의 개념을 매우 사랑합니다. 단독성은 특이성, 특개성, 유일무이성, 고유성, 일의성이라는 동의어를 갖고 있는데, 결국 맥락상 '세상에 단 한 번밖에 없는 특이한 것'이라는 의미 좌표를 갖고 있습니다.* 우리의 인생도 똑같은 삶의 유형이 반복된다는 보편성의 논의로 향한다면 굉장히 지루하고 비루한 논의로 빠져들 위험이 있습니다. 학생은 시계추처럼 학교와 집을 오가면서 학생다운 삶을 살고, 회사원도 다들 비슷비슷한 생활을 하고 있다고 생각하면 이 세상은 얼마나 재미없을까요? 저는 소농 축산인들이 키우는 소와 돼지에 애정을 가지며, 이름을 지어주는 것을 목격했습니다. 그런데 공장식 축산업자들은 그저 소는 보편적인 소일 뿐이며, 단독성이 전혀 없는 것으로 간주합니다. 그래서 돈 만드는 기계와 같이 생명을 다루지요. 그런 의미에서 사르트르가 생각했던 실존주의 역시도 단독적인 실존적 순간인 유한성의 실존 좌표에 대한 생각으로 여겨집니다. 물건이 영원하다고 생각하는 자본주의적인 유형의 사람들은 수전노 같은 형상을 갖습니다. 아이러니하게도 수전노와 같은 사람들은 다른 사사로운 욕망이 전혀 없다는 특징을 갖고 있으나, 자신의 유한성을 물건이나 화폐의 영원성으로 대체하려는 엄청난 도착적 욕망의 소유자이기도 합니다.

물신주의에 대해서 가장 효과적인 대응은 지각 불가능하게 되기 혹은 투명인간 되기입니다. 사실 우리는 결국 우주의 먼지와 같은 존재로 돌아갈 사람들이고, 투명인간처럼 보이지 않는 사랑의 감정을 남겨

---

* 특이성은 공통성과 한 쌍을 이루는 개념이다. 공동체는 특이성을 사랑하는 공통성으로 사유될 수 있는 데 반해, 자본주의 사회는 보편/특수/개별의 방법론을 통해서 특이성 중 보편성이 될 수 있는 것만 솎아내고 선별한다. 이는 통합된 세계 자본주의 모델이 갖고 있는 통합의 방법론이기도 하다.

두고 홀연히 떠나갈 존재들입니다. 저 역시도 제 친구가 불의의 기차 사고로 죽고 나서 곰곰이 그 친구가 남기고 간 것이 무엇일까를 고민해 본 적이 있습니다. 그러다 보니 "그 친구가 보이지 않는 사랑의 감정을 남겼구나."라는 생각이 섬광과 같이 느껴졌었습니다. 그 친구의 따뜻한 말 한마디와 느낌만이 남았기 때문입니다. 물건이라는 것도 욕망이 응고되고 덩어리진 것에 불과할 뿐, 사실은 흐름으로서의 관계망이 더 중요합니다. 뭔가 남아야 되고 영원해야 된다는 전도된 생각을 다시 뒤집어보면, 미래로 향하는 역사의 흐름과 같은 영역이 보이게 됩니다.

저는 대학에서 강의하면서 상품의 욕망과 선물과 증여의 욕망의 차이점을 쉽게 설명하기 위해서 윈도우즈와 같은 상용 서비스와 리눅스와 같은 오픈 소스를 비교해서 설명하는 것을 좋아합니다. 윈도우즈는 집을 살 때 어디에 전기가 흐르고, 어디에 가스가 흐르고, 어디에 수도가 흐르는지 전혀 몰라도 됩니다. 다들 돈으로 사람을 써서 고치면 그만이기 때문입니다. 설계도가 공개되지 않는 집을 사는 것은 바로 상용 서비스인 윈도우즈를 사는 것과 같습니다. 그런데 집을 사는 사람이 집 설계도를 알고 자신이 스스로 고쳐서 쓴다면 어떨까요? 약간의 불편함을 우려하실 분도 계실 겁니다. 이것은 오픈 소스인 리눅스로 대표되는 프로그램의 철학입니다. 리눅스와 같은 오픈 소스는 공동체가 주는 선물처럼 공유재라고 보면 됩니다. 여기서 공유는 국가 소유의 공유(公有)가 아닌 공동체의 창조적 공유(共有) 영역입니다. 상품의 욕망과 증여의 욕망을 비교해 볼 때, 상품은 계산 가능하고 돈으로 해결될 수 있는 통속화된 욕망의 영역을 다룬다면, 증여는 계산 불가능한 공유재 영역의 욕망을 다룬다는 것이 차이점일 것입니다.

자본주의적 욕망이 아닌, 생명 에너지로서의 욕망은 드러나는 방식도 독특합니다. 그것이 비선형적인 프랙털 유형의 관계망을 만들고, 그 형태 역시 경우의 수와 같은 형태로 드러난다는 점이 특이합니다. 그래서 공동체의 욕망 속에는 소비생활에서 통속화된 욕망이 아니라, 우발성에 따른 아주 색다른 질서가 있습니다. 어떤 사람은 제가 사랑과 욕망에 대해서 이야기를 하는 것을 듣고 사랑과 욕망이라는 개념이 남녀 간의 사랑에만 한정되어 있는 게 아닌가 하는 의문을 제기하기도 하더군요. 보다 보편적이고 초월적인 사랑이나 욕망에 대해서는 왜 애기하지 않느냐는 것이죠.

그러나 저는 국지적이고 유한하고 가까운 곳에서의 사랑과 관계의 성숙에 희망과 기대를 갖고 있습니다. 그래서 윤경 씨와 저의 공동체인 철학공방 〈별난〉에 대해서 주목하는 것일지도 모릅니다. 우리 두 사람은 아주 특이한 공동체를 만들어서 누구도 예측하지 못했던 사랑과 욕망의 흐름을 만들어내고 있습니다. 저는 많은 것을 만들어낼 우리 두 사람의 관계를 생각할 때마다 마음이 설레고 기대가 많이 됩니다. 우리에게 사랑은 아마도 평생 풀어야 할 숙제가 아닐까요?

2014년 6월 5일

상품 물신성에 혁신은 없을까?

지혜로운 윤경 씨에게

오랜만에 연구실에서 고즈넉한 오후를 보내고 있습니다. 고양이들이 꾸벅꾸벅 졸고 있어서 우리에게도 졸음이 전염되는 듯한 느낌이 듭니다. 오늘은 '황금알을 낳는 거위' 이야기에서부터 시작하고 싶네요. 황금을 더 많이 얻기 위해 결국 거위의 배를 가른다는 마지막 부분은 황금 만능주의의 극한을 보여주는 좋은 예이지요. 2008년 금융위기 이후에는 조금 잠잠해졌지만, 그전까지만 해도 얼마나 많은 사람들이 물신화된 욕망에 들떠 있었는지 기억이 납니다. 자원 고갈, 생태계 위기, 기후변화로 인해, 물신적 욕망이 설 자리는 거의 없어지고 있지만, 파시스트들이나 극우파들의 기억 속에는 '좋았던 옛날'의 낭만으로 자리 잡고 있어요. 평범한 사람들마저 무한 경쟁과 승자 독식의 아수라장에 뛰어들어 승리주의와 성공주의와 같은 성장 만능주의적인 삶을 살아왔죠. 지금도 여전히 그런 삶의 방식을 포기하지 못한 사람들이 많아요. 하지만 성공을 향해 달려가다가 결국 좌절하고 패배해서 루저나 잉여의 삶으로 전락한 사람도 꽤 되는 것을 보면 이러한 자기계발의 논리 역시도 한계가 있구나 하는 생각이 듭니다. 한때 유행했던 자기계발서, 처세술, 성공학, 심리학 책들이 대부분 이런 콘셉트의 책들이었고, 대중들을 오염시켰던 문화 산업이었습니다. 하지만 지금은 오히려 생태철학, 대안 공동체, 사회적 경제에 대한 책의 수요가 조금씩 증가하고 있는 것을 보면, 이 사회가 전환의 시대로 접어들었음을 느낍니다. 덕분에 제 전문 분야인 생태철학을 강연해 달라고 불러주는 곳이 늘었지만, 한편으로는 조금 씁쓸해지는 것이 사실입니다. 그만큼 생태, 생명, 생활의 위기가 우리 코앞까지 다가왔다는 사실의 반증이니까요.

자, 다시 물신주의 이야기로 돌아가 볼까요? 종교학자 신이치에 따르면, 물신주의의 기원은 물건에서 인격, 사랑, 정성이 분리될 때 나타납니다. 그런데 어떻게 그것이 역사적으로 가능하였는가라는 질문에 대해서 신이치는 커다란 신전과 같은 곳에서 희생 제의나 제사용품으로 쓰였을 동물이나 물건에 초월성이 부여되면서 탈인격화된 상품의 모습이 처음 등장하지 않았는가 하는 인류학적인 추정을 던집니다. 저도 예수님이 신전 옆에서 제례용품이나 동물을 팔던 장사치들의 좌판을 뒤집으며, "이 독사의 자식들아."라고 꾸짖었던 성경 구절을 기억합니다. 사실 이러한 물건은 신의 초월성의 탈을 쓰고 결국 물건을 숭배하는 것으로 이행할 수 있는 단초를 마련한다고 할 수 있습니다. 공동체의 호혜적 관계 속에서 주고받던 선물에 만약 초월성이 부여된다면 어떤 일이 생길까요? 약간의 상상력을 동원해 추측해 보면, 공동체가 공유했던 많은 것들을 신의 것이라고 하면서 소유를 따지기 시작할 때, 공동체의 구성원들도 네 것과 내 것을 따지기 시작하지 않았을까요? 마찬가지로 제사보다 제삿밥에 더 관심이 생기게 되는 현상도 동반되었을 거구요. 제사에서 자신의 마음과 정성, 인격을 담아서 신에게 바치는 것들이 대부분 얼마를 헌금했느냐, 어떤 제물을 바쳤느냐는 것으로 귀결될 것입니다. 그래서 신의 초월성은 결국 황금송아지 숭배 사상으로 전도가 일어나게 된 것이지요.

여기서 "상품 물신성에 혁신성은 전혀 없을까?"라는 느닷없는 질문을 던져볼 수도 있습니다. 기술이나 상품의 물신성과 혁신성의 양면성을 본 사람이 바로 발터 벤야민(Walter Benjamin, 1892~1940)입니다. 발터 벤야민의 『아케이드 프로젝트』(새물결, 2013)에서는 유행에 뒤처져 있던 유리와 철골 구조물인 아케이드가 등장합니다. 이 아케이드는 자본주의의 환등상이면서 반대로 미완의 소망 이미지와도 오버랩됩니다. 마치 우의 형상인 알레고리(allegory)의 횡단처럼, 벤야민은 아케이드를 이루는 모든 것들을 나열하고 시와 같은 언어로 묘사합니다. 마치 프루스트의 『잃어버린 시간을 찾아서』의 의식의 흐름처럼 말이죠. 벤야민의 핵심적인 질문은 근대 사회가 갖고 있는 물신성과 그 배후에 있는 혁신성을 어떻게 함께 볼 수 있는가 하는 것이었습니다. 당시 상품의 집합소였던 아케이드는 우리의 먼 기억 속에 있는 신화적인 요소처럼 원형적인 원시 공동체의 기억을 담고 있으며, 그것은 또한 자본주의 문명을 넘어선 미래의 소망 이미지를 의미합니다. 결국 핵심은 자본주의는 환등상으로서 물신성을 갖고 있으면서도, 과거의 기억에서 유래된 미래 구성적인 요소로서의 소망 이미지도 함께 갖고 있다

욕망 자본론

는 것입니다. 저희가 올 봄 수잔 벅모스의『발터 벤야민와 아케이드 프로젝트』(문학동네, 2004)를 문래동 예술가들과 함께 읽으면서 참 재미있는 시간을 보냈던 것 기억하죠? 그때의 기억을 다시 떠올리려고 하니 마치 두뇌가 정지되는 것과 같은 느낌이 드네요. 발터 벤야민의 양면적이고 양의적인 표현과 개념들이 우리를 미궁으로 이끌었던 기억이 납니다. 저는 간혹 발터 벤야민의 사유가 입구는 있는데 출구가 없는 것 같은 느낌을 받습니다. 그래서 커뮤니티 아트를 하는 문래동 예술가가 발터 벤야민에 매혹되어 공부를 더 하고 싶다는 의지를 보이는 것을 보고, 저 자신이 미노스의 궁전에 드리워진 붉은 실타래가 되어 그의 안내자 역할을 하고 싶은 욕심이 들기도 했죠.

　상품 물신주의와 같이 물건에서 인격이나 사랑이 분리되는 것에 대해서, 종교학자 신이치는 자신의 책『사랑과 경제의 로고스』에서 어머니로부터 떨어지기 싫어하는 아이들의 분리불안에 대해서 언급합니다. 여기서 신이치가 도입하고 있는 라캉의 사유에는 아이들이 어머니로부터 분리되어 분열된 자아로서 자신을 거울을 통해 대면하는 단계가 있습니다. 그래서 모든 현대인들은 분열되어 있으며, 통합된 자아의 상을 갖는 데카르트의 '코기토 에르고 숨(cogito ergo sum)'과 같은 것이 불가능한 것이지요. 그러나 공동체적 관계망은 분리된 자아, 분열된 자아가 아니라 집단적 배치와 관계망 속에서 어우러져 사랑과 욕망, 돌봄의 흐름에 감싸여 있게 만들어줍니다. 그래서 라캉이 묘사한 방식에서 근대의 시민처럼 관계로부터 분리되어 분열되고 고립된 자아와는 거리를 갖는 셈이지요. 라캉의 관계에 대한 사유는 기껏해야 일대일 대응 관계에 불과합니다. 또한 라캉은 아이들의 부분충동을 설명하면서 똥, 시선, 유방, 성기 등에 대한 반복이 존재한다는 점을 발견합니다. 그것을 'objet a'라고 개념화하지요. 그중에서도 똥은 자기 몸속에서 딱딱한 것이 분리되어 나온다는 점에서 물신주의를 만들어 내는 분리의 기원이기도 합니다. 그래서 무의식 속에서는 '똥은 곧 돈 이다'라는 생각이 생기는 것이 아주 일리가 없는 얘기는 아닙니다. 그러나 라캉이 묘사한 부분충동의 반복은 공동체로 이행한 사람들에게는 '어떻게 반복될 것인가가 미리 결정되어 있지 않고 욕망에 따라 반복이 형성되는 것'으로 나아갑니다. 그래서 어떤 사람은 공동체는 괴물의 형상과 같다고 말합니다. 항문과 입이 연결되고, 손과 유방이 연결되고, 눈과 배가 연결되는 등의 이질생성적인 모습을 보이니까요.

근대가 시작되자, 의심과 회의가 광범위하게 퍼져서 종말론과 같은 분위기가 감돌았습니다. 데카르트의 방법론적 회의도 근대 초기의 의심과 회의를 반영합니다. 사실 프로이트의 작업은 의심과 회의의 영역에 있던 무의식의 영역을 학문화한 것이라는 생각이 듭니다. 프로이트 이전까지는 의심과 회의의 영역은 학적 대상이 되지 못했습니다. 특히 기독교적 전통에서는 그러한 영역은 사라져야 할 부분이었죠. 그러나 의심과 회의라는 분리와 분열의 무의식 영역은 상품 물신성의 영역처럼 사랑과 정성, 인격으로부터 분리된 물건들이 유통되면서 더 광범위한 것이 되었습니다. 그래서 상품을 소모한다는 것은 환상과 기호, 무의식을 소비하는 것과 같은 것이 되어버린 것이지요. 저는 이러한 상품 물신주의의 분리라는 영역이 극단화된 것이 바로 분열된 사회의 양상이라고 생각합니다. 여기서 물신주의는 아주 세련화된 형태로 등장합니다. 마치 TV에서 나오는 서바이벌 게임과 같은 형식으로 승자 독식으로 분열된 사회를 미화하지요. 많은 청년들이 이러한 분리와 분열의 메커니즘에 따라 무한 경쟁의 블랙홀로 빨려 들어갑니다. 그리고

욕망 자본론

이러한 물신화된 질서에서는 더욱더 속도를 냄으로써 주변에 있는 사람들과 관계망을 그저 성공을 향한 길거리의 풍경이나 배경과 같은 것으로 만들어버립니다. 그리고 정신을 차려보면 자신이 외롭고 소외된 한 사람으로 겨우 살아가고 있음을 깨닫지요. 물신주의의 시작은 성공을 향한 엄청난 충동이지만, 그 끝은 소외, 고독, 무위, 자살과 같은 분열된 사회의 그림자입니다.

어떻게 분리의 작동이 물신주의의 기초가 되는지를 알기 위해서는 상품의 등장 배경부터 얘기해야 할 것 같습니다. 마을 공동체에서 익숙한 것들은 사실 상품이 아니며, 그저 사랑과 욕망의 흐름과 자연의 순환에서 익숙하게 쓰고 사라지는 것들입니다. 그런데 여기에 의미가 부여되는 것이 작동되면서 익숙하고 친밀하고 유대적인 것 가운데서 아주 낯설고 분리된 어떤 것을 만들기를 원합니다. 그러면 마치 세상에서 한 번도 나타난 적이 없는 듯 보이는 것이 상품이 되어 등장하게 되지요. 사실 '성의 상품화' 과정이 바로 이러한 원리에 의해서 나타났습니다. 그리고 성의 상품화는 신전 옆에서 순례객들을 위한 것으로부터 출발합니다. 이 점은 앞서 얘기한 것처럼 신전 옆에 있는 희생 제의의 물품들에서 상품이 시작되었던 것과 똑같은 원리를 따릅니다. 성에 대해서 초월성이 부여되고 탈인격화되면서 공동체에서 낯선 것으로 간주되기 시작할 때, 비로소 상품으로써 작동하게 되는 것이지요. 그렇기 때문에 성 노동자들은 사실은 신들의 아들/딸들이었다고 말해도 무방할 것 같습니다.

성 욕망에 대해서 다루었던 사람은 빌헬름 라이히입니다. 그는 성 욕망의 활성화와 생명 에너지가 사회 민주화에도 결정적이라고 간주했습니다. 즉, 권위주의에 의해서 성 욕망이 억제되고 억압되어 있는 사회에서는 성 욕망의 에너지가 사라지는 것이 아니라, 굴절되고 변형되며 억압을 욕망하는 이상야릇한 성 욕망이 발생한다는 것이 그의 설명입니다. 라이히에서 상품 물신주의에 대해 설명할 수 있는 부분이 있다면, 그것은 생명 에너지로서의 욕망의 흐름에 대한 부분입니다. 자연스러운 1차적 욕망이 흐르고 순환된다면 전혀 문제될 것이 없는데, 억제되다 보면 그것에 물신성이나 환상, 도착이 덧씌워져서 변형되고 굴절된 2차적 욕망이 된다는 것입니다. 그래서 공동체에서 자연스러운 순환과 재생이 이루어지고 사랑과 욕망이 잘 흐른다면 공동체는 풍부해지고 다양해질 것이지만, 금지와 죄의식, 양심의 가책 등에 의해서 협착된다면, 이것을 대신할 물신주의의 대리물을 요구하게 되는 것입니다.

또한 공동체에서의 돌봄과 정동노동은 자연스러운 흐름입니다. 소수자와 사회적 약자, 아웃사이더에 대해서 애정을 갖고 배려하고 돌보는 것이 공동체를 풍부하고 다양하게 만드는 것이니까요. 그런데 그러한 돌봄의 과정의 일부를 낯선 것이자 계산 가능한 것으로 만들어버리면 그것은 상품이 됩니다. 대부분의 서비스 노동은 이러한 경로에 의해서 노동의 형상을 갖지요. 그러나 사랑과 욕망이 계산 가능한 척도에 의해서 평가된다는 것은 이율배반적인 것이 아닐 수 없습니다. 공동체에서는 각 구성원들이 서로를 돌보는 것이 당연하다고 생각하는 것이 대부분인데, 거기에 돈을 지불한다면 더 특별한 것이 있어야 하지만, 그런 요소는 거의 없습니다. 사실 공동체에서의 정동노동은 사랑할수록 사랑의 능력이 증폭되는 것인데, 이것이 감정노동이나 서비스노동으로 바뀌면 고역이 되고 자신을 소진하는 것이 됩니다. 그래서 사랑과 정성, 인격으로부터의 '분리'의 다른 측면은 인위적으로 가공

된 영역을 계산의 척도로 만드는 것입니다.

물신화된 상품 세계는 사랑과 욕망의 흐름에 따라 선물을 교환하는 것과 달리, 사랑과 욕망에서 분리되어 있기 때문에 환상의 요소를 필요로 합니다. 자신이 소비 생활에서 환대받고 있다는 환상의 구조물은 이미지 영상의 흐름에 의해서 대체됩니다. '환상을 횡단한다'라는 생각은 말년 라캉의 태도와 유사한 지평에 있지요. 그러나 향유, 환상, 결여와 같은 원리를 갖고 있는 라캉의 방법론이 욕망을 잘 설명한 것인가에 저는 의문이 있습니다. 특히 욕망과 사랑의 흐름을 대신해서 이미지 영상의 흐름을 향유하려는 태도에 깊은 의문을 갖습니다. 관계망으로부터 분리되어 TV나 영화를 보면서 환상이 곧 사랑일 수 있다고 착각하는 젊은 세대의 등장은 우려스러운 현상입니다. 이는 물신주의를 강화하고, 전도된 상과 이미지를 현실이라고 느끼는 상황을 만듭니다. 그러나 사랑과 욕망의 흐름은 대면적 관계에서 사람들을 강건하게 만든다고 생각됩니다. 이것이 불가능한 사람들에게는 환상이 보족물이나 대체물이 될 수도 있겠지만, 환상은 결국 환상일 뿐이죠. 저는 TV 예능 프로그램을 볼 때가 많습니다. 그것은 MT 가서 친구들과 나누었던 농담과 놀이, 장난과 아주 유사하기 때문입니다. 그러나 그렇게 생각 없이 웃으면서 TV에 마음을 뺏기다가도 어느 순간 소스라치게 놀라 TV를 끄곤 합니다. 바로 옆에 있는 윤경 씨와는 한 마디 대화도 없고, 지금 이 순간 불러낼 친구가 없는 현실을 느껴서이지요. 그래서 물신주의는 사람을 외롭고 소외된 형태로 만드는 것일 수 있다는 생각이 듭니다. 물신이 약속하는 것은 소비와 향유 속에서 즐기라는 메시지인데, 많은 사람들은 자신의 실존적인 문제와 대면하기를 바라고 그것을 위해 사랑과 욕망에서 해답을 찾는 것은 아닌가 하는 생각

물신화된 상품 세계를 은유하는 그림

이 듭니다.

그래서 윤경 씨가 저에게 정말로 소중합니다. 물신의 덫에 빠져들지 않도록, 바로 옆에서 조용히 지켜보면서 저의 목소리를 듣고 있는 눈동자 때문이지요. 제가 녹색당에서 생명권 정책을 쓰고 나서 불현듯 든 생각이, 지금 우리 사회의 현실과 환상이 분리된 세계를 통합할 수 있는 것이 아마도 생명이지 않을까 하는 것이었습니다. 물신주의는 생명에 대해서 적대적이고, 사랑을 대신하는 많은 상품에 환상을 덧씌워 제공합니다. 그러나 아주 가깝고 국지적이고 유한한 곳에서의 사랑이 가장 소중하고 진실한 것이 아닐까 하는 생각이 듭니다. 그래서 윤경 씨와 저 사이에서 흐르는 사랑과 욕망의 가치는 너무도 소중한 것입니다. 저는 우리 두 사람의 관계 속에서 생성되고 창조될 많은 것들에게서 희망과 미래를 발견합니다.

2014년 6월 7일

자본주의적인 욕망은
허구 상품을 가능케 한다

사랑으로 가득 찬 윤경 씨에게

매일 당신에게 편지를 보내고, 윤경 씨가 읽을 것을 생각하면 오늘도 저는 설레입니다. 오늘은 어떤 사연을 보낼까 구상을 하던 차에, 책장에 꽂혀 있는 칼 폴라니의 『거대한 전환』(길, 2009)이라는 책을 꺼내들었어요. 폴라니의 경제학은 참 여러 가지 생각을 하게 만드는 마력을 가진 것 같아요. 작년에 동국대에서 〈경제와 철학〉이라는 강의에서 학생들과 함께 칼 폴라니를 읽으면서 아주 풍부한 얘기를 했지요. 막상 기말고사 시험 문제로 칼 폴라니의 이론을 냈더니, 학생들이 너무 난해하다고 원성이 높아서 미안하기도 했더랬지요. 같은 내용이라도 서로의 생각을 진솔하게 나눌 때와 이론적으로 다가갈 때 얼마나 큰 차이가 있는지 실감했습니다. 대중들에게 좀 더 쉽게 경제철학을

연방준비제도이사회(FRB)가 1918년에 발행한 2달러 지폐

설명해야겠다는 고민을 하게 된 계기였지요. 칼 폴라니(Karl Polanyi, 1886~1964)는 자기 조절적인 시장이라는 통속적 관념에 대해서 의문 부호를 표시한 경제학자입니다. 애덤 스미스의 자유주의 경제학이 당대 경제학을 지배하고 있을 때, 칼 폴라니는 홀로 인류학, 경제학, 역사학 등을 연구해서 아주 독특한 사상을 정립했습니다. 그가 사상가로서 꾸준히 자신의 연구를 계속하면서 현실 속에서 직접 시도하고 실험하고 실천했던 것은 저로서도 무척 본받고 싶은 부분입니다. 결국 의연히 자신의 길을 가면서 실천하면 되는 것인데, 주변의 눈치를 살피고 뒤돌아보고 그러는 것이 문제인 것 같습니다. 그런 의미에서 칼 폴라니는 저에게 있어 훌륭한 선배라고 할 수 있습니다.

칼 폴라니가 시장이 가지는 자기 조절의 신화에 대해서 반기를 들었던 것은, 시장을 작동시키는 원리가 허구 상품에 의해서였기 때문입니다. 자본주의의 대표적인 상품은 '노동력', '지대', '이자'라고 할 수 있습니다. 그거야 당연한 것이 아닐까라고 생각하면 자본주의의 공리계의 외부를 볼 수 없을 것입니다. 저 역시도 시장이라는 영역에서 사고 파는 것들이 당연하다는 통속적인 생각으로 살아갈 때가 많습니다. 일본에서 1980년대에 산소를 판 적이 있습니다. 얼마나 환경오염이 심해졌으면 공기를 판매할 생각을 했을까요? 여기서 한 걸음 더 나아가면 환경 오염의 근본적인 문제를 해결하지 못하고 그것의 대안을 산업화하는 논리에 대해서 질문을 할 필요가 있겠지요? 지금의 기후변화 문제도 역시 비슷한 맥락을 갖고 있습니다. 기후변화를 해결하기 위해서는 지금 당장 성장을 멈추고 오염 산업에 대해서 강력한 규제를 해야 할 상황인데도 불구하고, 녹색 산업이 새로운 성장 동력이라는 환상을 가지고 오히려 규제 완화를 하는 것은 시대에 역행하는 것이기 때문입니다. 저는 1990년대 초 어떤 가게에서 물을 파는 것을 보고 깜짝 놀라서 가게 주인에게 "물을 어떻게 팔 수 있나요?"라고 질문을 던졌던 적이 있습니다. 그러나 물은 생수라는 이름으로 상품화되었고, 버젓이 시장에서 거래되고 있는 것이 지금의 현실입니다. 마찬가지로 상품이 될 수 없는 많은 것들이 자본주의 시장에서 천연덕스럽게 상품이 되고 있다고 생각합니다.

폴라니가 생각한 허구 상품의 첫 번째는 노동력입니다. 자본주의는 노동할 수 있는 능력을 사서 임금을 대가로 줍니다. 그 과정에서 노동의 가치에 대한 착취가 숨어 있다고 지적했던 사람은 다들 알다시피 마르크스입니다. 문제는 노동력이 상품화될 수 있느냐의 여부입니다. 폴라니는 생명 활동이 상품화될 수 있느냐라는 반문을 통해서, 자본주의가 임금 체계를 유지할 수 있는 것은 시장이 인위적으로 만드는 허구 상품에 의한 것이라는 점을 지적합니다. 사실 공동체에서 '노동이냐 활동이냐'에 대한 논쟁이 끊이지 않는 이유도 여기에 있습니다. 공동체의 구성원이 공동체를 탄탄히 만들기 위해서 하는 활동, 즉 자기 생산 활동에 대해서도 노동력을 파는 노동자의 관점에서 본다는 것이 무척 어색하고 부자연스럽습니다. 제가 얼마 전 만난 젊은 후배가 활동과 노동 중간에서 방황하는 대표적인 경우였습니다. 후배는 공동체나 협동조합에서 활동하기를 원하면서도, 임금에 있어서는 노동으로 간주되고 있는 것에 대해서 지적하면서 열정노동을 강요하지 말라고 하더군요. 제 생각에 그 후배는 생명 활동이나 공동체의 순환과 재생의 활동이 노동이라는 허구 상품으로 간주되기 이전에 아주 다채로운 가치를 담지하고 있다는 점을 간과하고 있는 듯했습니다. 그러한 가치를 시장의 논리인 노동의 관점에서 바라본다면, 여러 가지 난점을 갖게 된다는 생각이 듭니다. 토론을 하는 와중에 다른 한 친구는 "돈 벌려는 생각이면 공동체 활동을 안 하는 편이 나을 수도 있다."라고 단정적으로 얘기하면서, 협동조합이나 공동체를 허구 상품인 임금의 잣대로 바라보지 말 것을 주문하기도 했습니다.

칼 폴라니가 지적한 허구 상품의 두 번째는 지대입니다. 사실 자연 생태계의 사용에 대해서 상품화한다는 것은 인간의 오만을 드러내는 것과 같은 것입니다. 일만 년 넘게 그 자리에 있던 산이나 들을 백년도 못 사는 인간이 누구의 것이라고 규정하는 것은 사실상 새빨간 거짓말이기 때문입니다. 사실 우리는 자연의 일부이며 자연으로부터 빌려 쓰는 것이지, 자연을 소유한 사람에게 빌려 쓰는 것은 아닙니다. 그러나 아주 천연덕스럽게 산이나 들이나 땅이 자기의 것이라고 우기는 사람들이 등장합니다. 사실 우리나라는 전통적으로 땅이 개인의 소유라는 관념으로부터 벗어나 있었으며, 문중 자산인 총유(總有)라는 관점에 있었습니다. 땅은 개인이 사고 팔 수 있는 것이 아니라, 가족 공동체의 일부였던 것입니다. 그러한 허점을 이용해서 1930년대 일본 제국주의는 전국에 토지조사사업을 함으로써 누구의 것인지 불분명한 것을 동양척식주식회사의 땅으로 만들었습니다. 그 이후에 급격히 총유에 대한 관점이 무너졌으며, 현재와 같이 소유권이 분명한 것으로 변모되었습니다. 한국 사회만 그런 것이 아닙니다. 서양에서도 근대 초기에 토지가 개인의 것이라는 관점은 익숙하지 않은 것이었습니다. 특히 피터 라인보우의 『마그나카르타선언』(갈무리, 2012)과 같은 책을 보면, 공유지였던 산림을 사유화하는 과정에서 얼마나 비극적인 일들이 많았는가에 대한 단면을 볼 수 있습니다. 사실 숲이라는 공유지에서 약초와 열매, 버섯 등에 대해 생태적 지혜를 갖고 있었던 사람들이 여성인데, 이들을 마녀사냥 함으로써 숲에 대한 공유의 권리로부터 여성을 분리시켰던 역사가 있습니다.* 이런 점에서 지대는 자본주의가 만든 허구 상품임을 알 수 있습니다.

칼 폴라니가 말하는 세 번째 허구 상품은 바로 이자입니다. 이자는 구매력에 대한 지표라고 할 수 있습니다. 자본주의 시스템은 미래에 돈을 갚거나 물건을 살 능력을 미리 현재로 당겨서 이자나 스톡옵션과 같은 것으로 만들었습니다. 그래서 자본주의는 미래 세대를 볼모로 잡고 있는 시스템이라고도 평가됩니다. 저는 지속 가능한 발전 개념이 등장할 때 미래 세대의 관점이 등장하는 것을 보고, 어찌 보면 역행적이지만 반드시 필요한 부분이라는 생각이 들었습니다. 자본주의

---

* 이러한 공유지에 대한 사고는 네그리의 커먼웰스(commonwealth)에 대한 혁신적인 생각으로 이어지는 것으로 보인다. 그러나 나는 공통성(common)에 대한 사유를 너와 나 사이에서의 사랑과 욕망의 흐름의 문제로 이해하며, 그런 점에서 공유에 대한 신비주의로부터는 벗어나 있다.

의 이자 놀이는 미래에 살아가야 할 사람들의 것마저도 끌어와서 흥청망청 쓰는 시스템이라는 생각이 들었기 때문입니다. 자본주의는 빚을 권하는 사회입니다. 대부대출뿐만 아니라, 금융 시스템은 모두 미래의 구매력이라는 허구 상품에 기반하고 있습니다. 이를 통해서 돈이 돈을 낳고 미래가 차압당합니다. 저는 2006년 시민 단체에 다닐 때 대부대출업과 그것에 따른 생명 손상적인 현실에 대해서 조사연구를 한 적이 있습니다. 그 과정에서 대부대출은 편리하고 간편하다는 이미지로 TV 광고에 등장하지만, 자살, 미행, 감시, 폭력 등으로 이어져 얼마나 억압적인 것인가를 깨달았습니다. 왜냐하면 자신이 파는 것은 자신의 미래이기 때문입니다. 그러나 그것은 허구 상품이며 거짓말입니다. 대부분의 부실 채권들은 민중의 피와 살을 파먹은 후에 허구 상품이 만든 쓰레기처럼 처분되기 때문입니다. 이를테면 농민들의 엄청난 빚은 새로운 빚을 만드는 원천이며, 돈을 빌려 써야지 살아갈 수 있다는 삶의 유형을 만들어냅니다. 그래서 농민들은 생활과 삶의 근본적인 위기 속에서 살아가야 합니다. 그래서 저는《녹색평론》의 김종철 선생님이 말하는, 농민에게 기본소득을 주자는 생각에 대해서 깊게 공감합니다.

이렇게 지대, 이자, 임금과 같은 허구 상품에 의해서 움직이는 자본주의는 시장의 자기 조절적인 신사적이고 위생적인 행위에 의해서 움직이는 것이 아니라, 강권과 폭력에 의해서 유지됩니다. 그런 의미에서 권력이 작동하는 것이고, 이런 의미에서 자본은 국가를 필요로 합니다. 신자유주의가 자본의 자유로운 흐름에 따라 움직이는 것과 같은 환상을 갖는다 하더라도 사실은 지대, 이자, 임금이라는 허구 상품을 유통할 수 있는 국가의 강권이 없다면 움직일 수 없는 시스템인 것은 분명합니다. 칼 폴라니의 이론적인 작업은 여러 가지 영감을 던져주어서, 가라타니 고진이나 협동조합 이론가들에게 차용되는 것은 우연만은 아닙니다.

칼 폴라니의 『거대한 전환』에서 두각을 나타내는 색다른 영역 중 하나가 영국의 구빈법과 관련된 스피넘랜드법에 대한 탐구입니다. 스피넘랜드법은 원래 노동자의 임금의 나머지 부분을 보전해 주고 빈민을 구제하려는 목적으로 만들어졌습니다. 그러나 노동자들이 아무리 노력해도 낮은 임금밖에 벌 수 없으며 나머지를 종교 단체의 구빈 시스템을 통해 보전받을 수밖에 없어지자, 사실상 빈민과 노동자의 차이점이 없어지는 상황에 도달합니다. 자본주의 사회는 원래 허구 상품으로서의 노동력을 파는 자유로운 노동자를 만들어냄으로써 작동하는 것인데, 노동자는 도시 빈민 중에서 노동 능력이 있는 사람들 중에서 선별됩니다. 그러나 노동자와 도시 빈민과의 차이점이 모호해지자 오히려 전반적으로 모두 빈곤에 빠져버린 상황이 등장합니다. 칼 폴라니는 엔클로저(enclosure) 운동 등과 같이 토지가 사유화하기 시작한 초기 자본주의 이행기에서 있었던 구빈법에 대해서 연구하였습니다.

이러한 연구는 최근에 벌어진 노령연금에서 기초생활보호대상자들이 직면한 상황을 보는 것과 같이 느껴집니다. 또한 기본소득과 수혜적 복지의 차이점에 대해서도 생각하게 만듭니다. 한 선배는 기본소득에 대해 "주머니 속에 돈이 있다면 아내에게 꽃다발을 선물해 줄 수도 있고, 음반 하나를 살 수도 있고, 학원을 다닐 수도 있어서, 기본소득은 복지가 아닌 그 이상의 가치를 의미한다."라고 말을 했습니다. 사실 복지라는 개념은 사람을 관리받는 대상으로 스스로 움츠러들게 만들고 빈민의 터널에 빠져드는 무기력함을 만들어내는데, 기본소득은 창조적이고 생산적인 것을 생각하게 만드는 데서 차이가 있다는 생각이

욕망 자본론

듭니다. 기본소득은 누군가가 자신을 후원해 주고 있다는 든든함도 만들어줄 것입니다. 그래서 자신의 일에서 약간의 실패를 겪는다 하더라도 좌절과 멘붕의 상황으로 빠져들었던 것에 대해서 든든한 사회안전망이 될 것입니다. 그래서 자본주의는 빚을 권하는 사회가 아니라, 소득을 주는 사회로 바뀌어야 합니다. 그렇지 않는다면 허구 상품을 유지하기 위한 강권과 폭력이 난무하는 상태에서 벗어나기 어려울 것입니다.

칼 폴라니의 경제학에서 대안의 논의는 여러 협동조합 이론가들이나 대안 경제학자들에게 영감을 주었습니다. 마치 마르크스의 『정치경제학비판요강』에서 「기계에 대한 단상」이 후대의 사상가들에게 영향을 주었듯이, 칼 폴라니의 『거대한 전환』에서는 「대안 경제에 대한 단상」을 숨겨두었습니다. 후대의 사상가들은 칼 폴라니 사상은 삼분할로 이루어져 있다고 말합니다. 국가는 재분배로서의 '모아서 나누어주는 것'이며, 시장은 시장으로서의 '상품을 사고 파는 것'이고, 공동체는 증여로서의 '선물을 주고받는 것'으로 이루어진다는 것이 그것입니다. 그래서 이러한 세 가지 섹터가 원다이어그램으로 겹치고 교직하면서 균형을 이룬 구도를 그려낼 수 있습니다. 세 영역 모두 균형과 조화를 이루며 작동함으로써 시너지 효과를 이루는 것입니다. 이러한 생각은 시장 만능주의를 통해서 문제를 해결하려는 신자유주의 사상과는 차이를 갖습니다. 이러한 삼분할의 구도는 가라타니 고진에게 영감을 주어, 그의 책 『세계 공화국으로』(도서출판b, 2007)라는 책에서 세 가지 교환 양식의 상호작용으로 역사적인 사회구성체를 설명하는 방식으로 계승되었습니다. 그러나 고진은 국가라는 영역을 폴라니처럼 '모아서 나누어주는 것'이 아니라, '약탈과 재분배'라는 영역으로 사고한다는 점에서 차이가 있습니다. 어찌 됐든 칼 폴라니의 사상은 공동체 경제의 영역이 존재해야 할 이유에 대해서 설명하는 측면이 있습니다. 시장, 국가, 공동체는 상호 의존적이고 상호 보완적이라는 면에서 사회적 경제의 필요성과 타당성이 도출됩니다. 저는 언젠가 한 세미나 자리에서 어떤 친구로부터 "자본주의가 생존하기 위해서는 비자본주의 영역을 스스로 만들어야 하는 것이 이제는 관건이다."라는 얘기를 들었습니다. 그래서 필사적으로 사회적 경제를 만들고, 마을기업, 협동조합, 사회적 기업 등의 관계망을 구축해야 할 필요성이 있다는 것입니다. 거기에 대해서 저 역시도 많이 공감이 되었습니다. 전에는 공동체 영역이 자연적으로 주어지는 영역이었다면 이제는 마치 야생동물을 보호함으로써 보이지 않게 관련되어 있는 인간의 자율성과 야성성을 지속시키려는 것처럼, 공동체 영역을 생산하고 창출해야 하는 현대 문명의 과제를 발견하게 되었습니다. 그런 의미에서 대안 사회의 생산은 자생성의 신화 즉, 자연주의에 따라서는 안 된다는 점도 분명합니다. 그래서 저는 이러한 지점에 대해서 "생태주의는 자연주의가 아니다."라고 요약을 했습니다.

한국 사회에서는 여전히 신자유주의 논리가 장악하고 있는 상황입니다. 모든 영역이 회계 담론이라는 계산 가능한 영역으로 빨려들어가고 있어서, 공동체의 연결망이 가진 시너지 효과에 대해서 둔감하고 무심한 상태가 되었습니다. 최근에 네트워크 이론가들에 의해서 반격이 이루어지고 있지만, 이러한 경향은 위험 사회의 도래를 의미합니다. 저는 이러한 상황을 '생명 위기 시대'라는 개념으로 집약시켰습니다. 공동체 경제는 계산의 척도 속에서 회계 담론화되는 경로가 아니라 그 잠재력과 시너지 효과에 따라 파악되어야 합니다. 우리 두 사람은 철학공방 〈별난〉을 만들면서 두 사람이 공동체를 만드는 것이 어떤 시너지 효과를 발휘할 것인가 예측하지 못했습니다. 그러나 정말 눈부신 성과가 나타났고, 이에 감응하여 저희의 공동체는 더 성숙하고 있다는 생각이 듭니다. 그런 의미에서 저는 공동체는 나와 너 사이에서 두 명 이상만 돼도 가능하다고 생각합니다. 그래서 세 명부터 공동체가 가능하다는 논리에 발끈하곤 했죠. 대안이 오래되고 가깝게 있다는 것은 오히려 희망인 것 같습니다. 대안을 꿈꾸며.

2014년 6월 10일

욕망화폐론

늘 곁에 있으면서도 그리운 윤경 씨

요즘 우리가 만드는 생태문화협동조합 준비모임 〈달공〉의 최대 화두는 지역화폐예요. 그래서 우리들끼리 지역화폐를 실험하기 위해서 '달공'이라는 화폐를 만들어보자고 말하기도 했죠. 우리가 자꾸 달공이라는 단어를 말하니까 고양이 달공이가 이상하다는 듯이 귀를 쫑긋거리며 듣던 게 생각나 갑자기 웃음이 나네요. 저는 윤경 씨가 대전에 살 때 경험해 보았던 한밭레츠의 실험에 대해서 이따금 들으면서 금융으로부터 벗어난 지역화폐의 실험이 무엇일까 하는 생각을 많이 했어요. 추상화되고 가상화된 금융 피라미드와 무관하게 다른 의미에서 정동과 욕망을 추상화하고 가상화한 지역화폐의 실험은 신자유주의로 통합된 세계 자본주의에서 가장 국지적이고 가까운 로컬 영역에서 발흥하고 있습니다. 모든 공동체들이 스스로의 내부에서 순환과 재생을 할 수 있는 화폐 형태를 실험하고 시도하는 것이 확인됩니다. 그래서 저도 '달공'이라는 협동조합 준비 모임의 대안화폐를 어떻게 만들 것인가에 대한 구상과 기획에 대해서 이 참에 말씀 드리려고 합니다.

화폐와 자본의 간극은 엄청납니다. 자본을 자기 증식하는 화폐라고 하지만, 화폐와 자본 사이에는 비변증법적인 간극이 자리 잡고 있습니다. 그래서 자본주의 사회에서 화폐가 자본에 대해서 자율적으로 움직이냐 하면 그렇지도 않습니다. 자본은 화폐를 자신의 피와 살과 신경 조직으로 만들어서, 투입하고 산출하면서 자신의 명령에 따르도록 만듭니다. 그래서 신자유주의의 지배 명령으로서의 화폐도 가능했던 것입니다. 그러나 사회적 경제의 영역에서 사회적 자본을 형성하는 것은 자율성을 확대하기 위한 방법 중의 하나입니다. 물론 어떤 생태주의자는 신자유주의의 첨병이 바로 사회적 기업이라고 말하기도 했습니다. 그러나 저는 성미산 마을에서 공동체가 협동조합, 마을 기업, 사회적 기업을 넘나들며 횡단하는 것을 목격했습니다. 성미산 마을 공동체는 마치 한 몸처럼 집단적 배치를 만들면서도, 자신의 일부를 사회적 기업이나 마을 기업으로 자본화하는 것을 두려워하지 않고 스스로 배치했습니다. 그러한 국면을 보면서 저는 자본이 공동체를 착취하는 것이 아니라, 공동체가 자본을 착취하는 것이 가능하다는 단상을 『녹색은 적색의 미래다』(알렙, 2013)라는 책에서 밝혔던 바가 있습니다. 그런 의미에서 공동체적 관계망에 대한 자본화라는 적분을 그저 부정하는 것이 아니라, 외부의 자원/에너지/부를 끌어들여오는 방식으로 전환시킬 수 있다고 생각합니다.

문제는 화폐에서 자본으로 이행하는 것이 무의식의 좌표에서는 욕망 증대 구조를 갖는다는 점입니다. 사람들의 생각 속에서는 성공주의나 승리주의가 변증법과 같은 방법에 의해서 당연한 것으로 여겨지기 때문에, 화폐에 대한 자본의 명령이 용이했습니다. 대중들이 자신의 욕망을 자본으로 향하게 하지 않을 때, 이러한 지배 명령 구조는 정지되게 됩니다. 그러나 대중들의 생각 속에서 욕망 증대 구조를 화폐에 부여한다면 자본에 포섭되고 그 외부를 바라보지 못하게 되는 결과를 낳습니다. 그렇기 때문에 화폐가 유통되는 공동체와 사회가 자본의 놀이터가 될 수밖에 없었던 것입니다. 예를 들어 골목 상권 문제에 있어서도 소비자들이 모두 싸게 사는 것을 선택하고 동네 슈퍼가 아니라 마트로 향할 때, 자본의 논리는 골목을 둘러싼 관계망에 침투하여 자신의 놀이터로 만들어버리고 서민 경제는 끝장이 납니다. 골목 상권에 직접적으로 대기업이 들어오는 경우도 허다한 것을 보면, 서민들끼리 유통되던 화폐의 의미가 대기업과 같은 자본에 의해서 통합된다는 생각을 할 수도 있습니다. 그렇기 때문에 화폐가 금융이나 자본으로부터 분리되어 독자적인 자율성을 가지는 것도 다시 한 번 생각해 볼 수 있습니다.

대전 한밭레츠의 실험은 바로 금융자본의 포섭으로부터 벗어나 가장자리와 여백에 지역화폐를 유통시키고 마을 공동체의 관계망을 복원했다는 데 의미가 있습니다. 윤경 씨의 친구들이 한밭레츠와 함께하는 의료생협 등에서 활동하고 있어서, 저도 관심 있게 지켜보았습니다. 그전에도 한밭레츠가 운영되는 방식에 관한 영상물을 본 적이 있었지요. 사회적 경제와 협동조합의 활동가들에게 '두루'라는 화폐가 일부 주어지고, 등록된 상점이나 의료생협, 약국 등에 이것이 유통되더군요. 더 주목했던 것은 이웃끼리의 정동노동이나 돌봄노동의 과정

욕망 자본론

에 대해서 두루가 마치 선물처럼 오간다는 사실이었습니다. 그래서 정동의 가치나 욕망가치가 욕망화폐로 나타난 것이라고 저는 생각했었지요. 저도 여러 다른 지역에서 공동체와 협동조합 등이 한밭레츠와 같이 지역화폐를 유통하려는 시도를 꾸준히 한다는 점을 들었습니다. 그러나 지속 가능성 여부에서 늘 문제가 되더군요. 사실 한밭레츠는 가장 강력한 발권처인 의료생협이 있지만, 다른 지역에서는 발권처를 만드는 것에 어려움을 갖습니다. 이를테면 비물질적인 돌봄이나 서비스의 영역이 아니라 현물 거래가 오가는 협동조합이나 가게의 경우에 값의 일부를 지역화폐로 지불한다는 것이 굉장히 부담되는 것도 사실입니다. 그래서 실물 경제와 결합되어 있는 영역이 클수록 지역화폐가 유통되기 어려워지지 않나 하는 우려가 있습니다.

전에 어떤 활동가가 골목 상권을 복원하기 위해서 소셜커머스 개념의 '홍보를 위한 할인이나 공동구매'와 지역화폐를 연결하는 아이디어를 생각해 낸 적이 있습니다. 저는 주의 깊게 그의 발표를 들으면서 그 아이디어나 소셜커머스 개념이 대안 경제의 작동과 금융자본을 벗어난 지역화폐 개념으로까지 발전하기 어렵다는 생각도 들었습니다. 지역화폐는 상품권처럼 손에 쥐어지는 형태가 있을 수 있고, 그저 오가는 것만 가상적으로 체크되는 온라인 형태가 있을 수 있습니다. 상품권처럼 주어지는 형태는 실물적이라는 장점을 갖지만 보이지 않는 관계를 일면화한다는 단점을 갖고 있습니다. 반면 가상적인 형태는 보이지 않는 관계가 중시되지만 거래 자체가 표시되기 어렵다는 단점이 있습니다. 이러한 두 가지 형태는 각각의 장단점이 있어서, 지역화폐를 시도하는 공동체의 특성에 따라 선택됩니다. 지역화폐의 출발점은 생태화폐 개념으로부터 기원을 갖습니다. 상품보다 오랫동안 형태를 유지하고 축장될 수 있어서 가치가 증대된다는 욕망 증대 구조의 환상을 갖게 하는 화폐가 아니라, 시간이 지날수록 돈의 가치가 떨어지는 마이너스화폐, 제로화폐 개념이 그것입니다. 즉, 시간이 지날수록 욕망이 감소하여 노화하는 것과 같은 원리입니다. 이러한 생태화폐의 발상으로부터 지역화폐 레츠 운동이 시작되었습니다.

저는 온라인에서만 유통되는 지역화폐의 개념을 더 발전시키는 것이 협동조합이나 공동체 경제가 확산될 수 있는 또 하나의 길이 아닐까 하는 희망을 갖고 있습니다. 금융자본주의하에서 월급쟁이들은 이런 얘기를 합니다. 월급날이 되면 자취만 남기고 계좌를 스쳐지나가는 것이 돈이라고 말이지요. 금융상품은 보다 전자적이고 가상적인 형태의 화폐를 유통시키고 있습니다. 물론 그렇다 하더라도 욕망 증대 구조에 의한 자본에 의한 화폐의 포섭이라는 기본적인 구도는 유지하고 있습니다. 몇 달 전 저는 공동체 활동가를 만난 적이 있는데, 그는 대뜸 리눅스 유형의 오픈 소스에 기반한 지역화폐를 구상하고 있다고 말하였습니다. 그래서 저는 오픈 소스의 창조적 공유의 정신과 재미가 지역화폐에 부여된다면 신나고 재미있는 일도 도모해 볼 수 있겠구나 하는 생각이 들었습니다. 물론 한 창의적인 활동가의 구상으로 멈춰버렸지만, 그 아이디어가 최근에 다시 생각난 이유는 비트코인을 보면서였습니다.

비트코인은 암호를 풀면 가치가 생성되는 전자화폐입니다. 수학적 암호를 푸는 '채굴'이라는 과정에서 고성능 컴퓨터를 필요로 하고 전기를 소모하기 때문에 가치가 생길 수 있다는 것인데, 전자화폐 중에서 일약 스타가 되었다고 해도 과언이 아니죠. 저는 비트코인을 보면서 지역화폐나 생태화폐가 전자화폐의 실험을 함께한다면 어떨까 하는 생각도 들었습니다. 그러나 지역화폐는 전자적이고 가상적인 영역에서의 화폐에 머무는 것이 아니라, 대면적인 관계망 속에서의 마을 만들기나 협동의 경제의 발흥에 결정적인 역할을 할 수 있습니다. 그래서 가상적인 것과 대면적인 것을 가로지르는 실험이 필요하다는 생각이 듭니다. 이러한 가능성에 대해서 펠릭스 가타리는 『카오스모제』(동문선, 2003)에서 가상과 현실을 횡단하는 대안 운동의 잠재력에 대해서 언급했던 적이 있습니다. 가타리에 따르면 이러한 가상과 현실을 넘나들며 반복되는 현상을 프랙털 기계라고 말합니다. 그는 "자신의 가상적 조성을 활성화하는 무한 속도에 따라 무한히 복잡한 직조들로 특이화할 수 있고, 과정적이고 다성적인 존재의 존재 방식을 재발견할 필요가 있다."라는 다소 난해한 글귀를 남겼는데, 가상과 현실을 넘나드는 것이 공동체를 더 풍부하고 다양하게 만들 수 있다는 것으로 해석할 수 있습니다.

다시 지역화폐와 생태화폐로 돌아가 볼까요? 일단 화폐의 이미지들을 먼저 그려볼까 합니다. 화폐의 첫 번째 이미지는 내구력을 가진 표현 소재로서의 기능이 먼저 있습니다. 손에 잡히는 지폐나 동전이 돼 지저금통에 차곡차곡 쌓인다는 생각이 그것입니다. 두 번째 이미지는 예속화 수단으로 상징화된 화폐입니다. 마치 원격조정과 같이 화폐를 통해 인간을 다루는 경우가 그것입니다. 세 번째 이미지는 민법과 상법 등과 연결되어서 사회적으로 의미화된 화폐의 영역입니다. 마지막 이미지는 주식 시장의 통계표나 그래프와 같은 형태에서 흐름이나 곡선으로 드러나는 화폐입니다. 이러한 화폐의 네 가지 이미지 중에서 생태화폐의 실험도 함께 위치해 있습니다.* 저는 이러한 화폐의 이미

---

* 이러한 네 가지 구도의 화폐 구상은 가타리의 『분자 혁명』(푸른숲, 1998)에서 방법론

지 중에서 누락된 이미지 하나를 생각합니다. 그것은 물건을 주고받은 사람 A와 B가 있고, 그 둘만의 약속으로 조개껍질을 건네는 장면 말이지요, 어쩌면 화폐는 원시 공동체에서 사랑의 약속일 수도 있지 않을까요? 중요한 것은 보이지 않는 관계망을 성숙시키는 과정에서 그 매개체로서의 생태화폐나 지역화폐를 고민해 볼 필요가 있다는 점입니다.

화폐 역시 생태계를 조성할 수 있습니다. 골목까지 들어온 마트와 대형 편의점과 달리, 서민 경제의 주체들인 구멍가게나 미장원, 식당 등과 같은 영역은 화폐 생태계를 구성하는 요소입니다. 그런 의미에서 자본의 예속화 수단으로서의 화폐가 아니라, 생태계를 작동시키는 화폐를 생각해 볼 수 있습니다. 마치 살아 있는 생물처럼 화폐를 생각해 본다면, 생명이 살 수 있는 환경을 조성하듯이 보다 다양하고, 풍부하며, 열린 화폐 생태계를 구상해 볼 수 있습니다. 저는 성미산 마을 공동체를 조사하면서 색다른 내부 작동에 대해서 발견했던 적이 있습니다. 협동조합에서 소비가 안 된 농산물을 마을 식당에서 사주고, 마을 카페에서 마을 예술가의 작품을 사주고, 반찬 가게에서 생협의 물품을 사주는 등의 내부자 거래가 활발하다는 사실을 발견한 것입니다. 내부자 거래라고 하니까 재벌의 범죄라는 생각마저도 들지만, 딱히 표현할 개념이 없어서 그냥 사용합니다. 이처럼 화폐가 공동체 안에서 돌고 도는 과정을 통해서 관계망이 성숙하고, 자원/부/에너지의 선순환이 이루어지는 것을 발견할 수 있었습니다.

로컬의 영역에서 생태화폐와 지역화폐의 실험이 중요한 이유는 자본의 축장과 지배 명령이 아닌 풀뿌리 관계망의 욕망가치와 정동의 가

을 차용하면서 획득할 수 있었다. 나는 생태화폐 논의를 또 하나의 연구로 전개하려고 하는데, 여기서는 그것의 단초로 제시된 아이디어만을 서술했다.

치를 순환시킬 수 있다는 점 때문입니다. 여기서 욕망가치 기반의 경제는 효율성이나 등가교환이 아니라, 돌봄과 기쁨, 꿈과 미래 지향성과 같은 영역에 공명합니다. 생태화폐의 실험의 참가자들은 이익을 남기고 이득을 보는 것이 아니라, 공동체의 꿈을 유통시켜 정동의 다양한 생명 에너지가 각각의 공동체의 구성원에게 골고루 퍼져나가는 것을 목표로 합니다. 이러한 정동의 교류는 욕망 증대 구조에 따라 화폐가 자본의 일부로 작동하는 것이 아니라, 욕망과 사랑의 흐름이 전달되는 곳에서 다양한 스토리와 문화, 관계 맺기 등으로 나타납니다. 그래서 지역화폐는 통속적인 방식의 소비와 판매의 관계가 아닌 다성적인 관계로 진입하는 주춧돌의 역할을 할 수 있습니다. 만약 효율성의 모델에 의해서 계산 가능하고 편리한 것을 추구하면 지역화폐와 생태화폐의 실험은 무력화되지만, 자율적인 의미에서 공동체를 만들어나가는 과정의 일부로 생산과 소비를 한다면 마을과 공동체를 풍부하게 만들 강력한 수단이 될 수 있습니다.

　윤경 씨와 몇 해 전 지역화폐의 실험에 대해서 이야기를 하면서, 그 비밀이 무엇일까 하는 의문 속에서 제가 꼬치꼬치 물어봤던 기억이 아직도 나네요. 사실 공동체적 관계망이 있다면, 그 속에서 유통되는 것이 돌이든 물이든 상관없이 스토리가 발아하고 재미가 나고 흥이 날 것이라는 점에는 의문이 생기지 않습니다. 지역화폐가 돌봄, 정동, 욕망, 재미, 흥, 화음, 순환과 재생 등의 소재로 등장한다는 것은 열정적인 회의를 마치고 커피를 마시는 시간처럼 삶의 향기와 이야기가 느껴지는 그런 시간으로 우리를 인도할 것입니다. 지역화폐는 욕망의 자주관리, 욕망의 미시 정치의 매개체로써 사용될 수 있는 유력한 것 중 하나입니다. 그래서 공동체 내에서 욕망이 선순환하고 재생될 때 그 생명 에너지를 전달할 수 있는 메신저일 수 있다는 생각이 듭니다. 우리가 만들 협동조합에서 유통할 '달공'에 대한 계획을 말한다고 하면서도 저의 학자연한 얘기만 한 것 같아 아쉬움이 남는군요. 우리가 만들어갈 협동조합 화폐 달공에 대한 스케치를 할 수 있는 작은 단초가 되었으면 좋겠습니다. 우리의 관계가 성숙하고 창발되고 생성될 때 우리 안에서, 우리 사이에서, 희망과 꿈이 생겨날 것이라고 생각이 듭니다. 마치 오병이어의 기적처럼 작은 희망의 싹에서 공동체가 변신할 수 있는 기적이 시작되리라고 생각합니다.

2014월 6월 12일

4부

욕망의 정치경제학은
가능한가?

들뢰즈와 가타리는
왜 욕망하는 기계를 등장시켰는가?

늘 옆에서 웃으며 기다려주는 윤경 씨에게

제가 윤경 씨를 만나기 전에는 대학원에 다니고 있었지요. 당시 공부를 하는 게 힘들어서 포기하고 싶었던 적이 한두 번이 아니었죠. 그럼에도 불구하고 때려치우지 못했던 이유는 그 이해하기 어려운 개념들 속에서 번뜩이는 영감과 빛을 발견했을 때 느끼는 희열 때문이었던 것 같아요. 특히 철학이라는 학문을 연구한다는 것은, 끝도 없이 밀려드는 해독의 어려움과 동시에 짜릿하고 신비스러운 깨달음의 경험이 수없이 반복되는 작업이지요. 저에게 그 두 가지 경험을 동시에 안겨주었던 대표적인 책이 바로 『앙티 오이디푸스』였습니다. 그 책 서두에 '기계'에 대한 이야기가 등장합니다. "그것들은 기계들인데, 결코 은유적으로가 아니다. 연결되고 연접해 있는 기계들의 기계이다…… 유방은 젖을 생산하는 기계요. 입은 유방에 연결되어 있는 기계다. 식욕상실자의 입은 먹는 기계, 항문 기계, 말하는 기계, 숨 쉬는 기계 중 어느 것이 될 것인지 망설인다."라는 구절이 그것입니다. 들뢰즈와 가타리의 '욕망하는 기계' 개념을 이해할 수 없어서, 상상력을 적용해서 그림을 그려보았죠. 그것은 마치 인디 문화나 메탈 음악, 펑크 예술품, 사이보그와 같은 사유라고나 할까요?

지금은 그 개념을 당신이 이해할 수 있도록 쉽게 설명하는 것이 저에게 더 어려운 과제로 부여되었군요. 눈치 채셨겠지만, 들뢰즈와 가타리에게 있어서 기계는 단지 우리가 알고 있는 금속으로 된 그 기계만이 아닙니다. 반복을 통해서 무언가를 만들어내는 모든 것이 바로 기계입니다. 우리의 손과 발도 기계일 수 있고, 심장이나 위장도 기계일 수 있습니다. 사람 자체도 반복적으로 어떤 일을 하는 존재로서 기계일 수 있습니다. 고양이도, 강아지도, 나무도, 박테리아도, 공동체도, 어떤 반복 속에서 삶의 흐름을 형성하고 있는 모든 존재들이 기계입니다. 혹시 제가 계속 '반복'이라는 말을 강조하고 있는 것을 눈치 채셨나요? 여기서 질문을 하나 해보겠습니다. 우리는 어떤 경우에 반복을 하게 되나요? 한번 해봤더니 또 한 번 하고 싶을 때, 혹은 밥을 먹고 잠을 자는 것처럼 계속 해야만 삶을 유지할 수 있을 때, 결국 뭔가를 원할 때일 경우가 많지요. 그것을 '욕망'이라고 하지요. 창조적 욕망, 삶을 유지하고자 하는 욕망, 바로 이런 것들이 반복을 하도록 만든다는 것이 들뢰즈와 가타리의 생각입니다. 이처럼 욕망에 의해서 반복을 하는 '욕망하는 기계'가 오늘의 주제입니다.

욕망하는 기계는 어찌 보면 라캉의 'objet a'라는 부분충동과 비슷하게 느껴집니다. 몇 년 전 제 후배들과 함께했던 라캉 세미나에 당신이 참여한 적이 있죠. 그때 우리는 라캉의 상담이 1:1 대응만으로 머물러 있어서 다양한 사람들이 어우러진 공동체의 배치와 관계망을 갖고 있지 못하다고 비판했죠. 라캉 역시도 젖, 똥, 시선, 성기 등 무의식과 신체 속에서 반복 현상이 있다는 것을 발견하였지만, 그는 그것을 공동체의 반복으로 생각한 것이 아니라 고립된 개인의 무의식 속에 각인된 반복적인 충동의 영역으로 간주해 버립니다. 라캉에게 있어 반복은 자동성의 영역이었지만, 들뢰즈와 가타리에게는 자율성의 영역이었습니다. 왜 그런가 하면 라캉은 고립된 개인의 신체가 자동적으로 반복을 보이는 것만 생각했지만, 들뢰즈와 가타리는 공동체적 관계망 속에서 반복이 자율적인 욕망에 따라 형성된다는 점에 관심을 가졌기 때문입니다. 그런 의미에서 구조나 시스템 내에서 자동적으로 움직이는 신체의 형상은 라캉의 생각과 일치합니다. 많은 사람들이 관료제를 기반으로 한 시스템 내에서 자동적으로 움직이는 부두인형처럼 살고 있다고 말합니다. 그래서 한 직장에 몸담고 있는 노동자들은 안전하고 평화로운 자신의 삶에 머물러 외부를 불안하게 생각하면서, 스스로 도주로나 자율성을 찾지 못합니다. 이 경우에는 구조 내부에서의 반복강박이 갖는 자동성의 삶의 유형이 드러납니다.

들뢰즈와 가타리는 욕망하는 기계들이 연결되고 접속되면서 거대한 기계체를 이루는 이미지를 보여줍니다. 어떻게 그것을 형상화할 수 있느냐는 의문이 들 수 있지만, 네트워크를 생각해 보면 기계 작동으로 이루어진 공동체에 대한 상을 떠올릴 수 있을 것입니다. 혹자는 이 사회는 거대한 판과 틀로 이루어진 시스템에 예속되어 있는 사람들에 의해서 움직인다고 생각합니다. 바로 라캉이 생각한 구조에 예속된 사람들이죠. 하지만 현대 사회는 작은 기계 부품이 연결되고 접속되어 움

리하르트 린드너의 그림, 「기계를 가진 소년」(1954)

직이는 네트워크적인 사회에 더 가까워지고 있습니다. 이 작은 기계 부품 하나하나가 욕망하면서 생산하고 반복하는 욕망하는 기계라고 생각해 보면 좋을 것 같아요. 저는 어떤 선배로부터 "최근 기업의 생산 라인에도 심원한 변화가 있어서, 옛날처럼 큰 구조 단위에서 관리되는 것이 아니라 작은 팀 단위로 움직이고 있다."라는 얘기를 들은 적이 있습니다. 이것 역시 네트워크의 심원한 영향력 속에서 생산 단위가 변화한 것으로 볼 수 있습니다. 자본주의는 작은 분자적인 단위의 변화에 매우 민감해져 있는데, 이는 네트워크화된 사회적 배치와 관계망 때문입니다. 그렇기 때문에 분자적인 단위에서 다른 욕망이 형성되면서 기성 사회를 의문시 하고 색다른 반복의 패턴을 만들어낸다면, 그것이 결국 전체 네트워크에 심원하고 돌이킬 수 없는 변화를 주는 것입니다. 펠릭스 가타리가 『분자 혁명』(푸른숲, 1998)에서 말한 구도는 이렇게 설명될 수 있습니다.

우리의 신체, 우주, 자연, 생명에 작동되는 반복 현상을 처음 학문적으로 언급한 사람은 누구일까요? 그것은 프로이트입니다. 프로이트는 실타래를 늘였다 끌어당기면서 '포르트'와 '다'를 반복하는 아이들의 놀이에서 반복강박을 발견합니다. 포르트-다(fort-da) 놀이 속에도 기계(=반복)가 있다는 것이지요. 그러나 이것을 프로이트와 라캉은 죽음에 대한 공포와 부재와 결여 때문에 일어나는 반복강박에 불과하다고 해석합니다. 저기 저편에 사라지는 것에 대한 두려움 때문에 반복강박이 형성된다는 것이지요. 그러나 우리가 아이들과 있다-없다 놀이를 할 때 아이들이 꺄르르 웃으면서 반응하는 것은 엄마가 없어졌다는 두려움 때문일까요, 아니면 다시 엄마가 나타난다는 기쁨 때문일까요? 들뢰즈는 반복 현상을 창조와 생성의 '차이 나는 반복'이라고 바라봅니다. 이러한 "반복강박이냐? 아니면 차이 나는 반복이냐?"라는 논쟁의 구도에 섬광과 같은 변화를 가져다 준 것이 '욕망하는 기계' 개념입니다. 반복은 욕망에 의해서 생산될 수도 있으니까요. 들뢰즈와 가타리에게 있어서 반복은 욕망에 따라 자율적으로 생산되고 창조될 수 있는 것입니다.

사회 구조에 대한 세련된 분석을 하는 마르크스주의 이론가들처럼, 라캉 역시 무의식의 구조에 대해서 아주 세련되고 합리적인 분석을 합니다. 그래서 라캉은 무의식을 언어 구조로 표현할 수 있다는 자신감을 가지고 언어로 표현될 수 없는 무의식의 광활한 영토를 배제합니다. 그러나 공동체적 관계망은 비언어적인 공감대가 대부분입니다. 색채, 음향, 냄새, 몸짓, 표정 등 다양한 비언어적인 요소가 관계망을 성숙시키죠. 따라서 공동체의 반복은 말끔하게 정리되어 있는 언어의 형태가 아니라 마치 뒤죽박죽으로 보이는 생태계처럼 화음을 갖고 있고, 차이 나는 반복으로 이루어진 향연과 놀이로 나타납니다. 생태계와 닮은 공동체 관계망은 서로 연결되어 있어서 작은 변화에도 민감합니다. 그래서 공동체의 변화는 작은 욕망의 생성과 창조 속에서 시작합니다. 그런 의미에서 욕망하는 기계는 특이한 작동을 만들어 공동체를 변화시킬 작은 변화의 기본 단위라고 할 수 있습니다.

욕망하는 기계는 "자신이 욕망하고 원하고 열망하는 순간 반복이 시작된다."라는 의미 좌표를 가진 개념입니다. 우리 모두는 욕망하는 기계입니다. 왜냐하면 색다른 반복을 창안하고 생산할 수 있는 능력을 무의식 지평에서 갖고 있기 때문입니다. 어머니의 젖에 대한 반복적인 욕망을 느끼며 우주 되기를 했던 유아 시절이 우리의 무의식 속에 내재해 있듯이, 공동체 속에서 색다른 반복을 창안할 수 있는 잠재력을 우리는 항상 갖고 있는 셈이지요. 그래서 여기서의 반복은 자동성이 아니라, 자율성의 영역입니다. 특히 욕망하는 기계 개념은 색다른 반복을 선택하고 만들어내는 신체의 생명 에너지에 대해서 언급하는 개념입니다. 들뢰즈와 가타리가 당시에 왜 욕망하는 기계를 등장시켰는가라는 질문을 던지는 사람들이 있을 수도 있습니다. 그것은 욕망의 혁명이라고 일컬어지던 68 혁명의 영향권 내에 있어서이기도 하겠지만, 당시에 이미 자본주의 경제가 욕망 경제와 일치하는 방향으로 이행하였기 때문입니다. 그래서 자본주의하에서 욕망을 생산하고 소비하고 유통하는 모든 행위는 합리적이고 계산적인 척도에 의한 것이라기보다는 "대중이 욕망하고 원하는 것이 무엇인지?"에 따라 생산되는 모든 사회적인 욕망의 생산물에 대한 것이 되었습니다.

혹자는 경제적 주체로서의 생산자와 소비자가 아니라, 왜 '욕망하는 기계'라는 은유를 말하는가라는 질문을 던지기도 합니다. 그러나 욕망하는 기계는 은유가 아니며, 전자적이고 기계적인 네트워크에서의 노드 단위로 분자화된 욕망의 주체성을 의미하는 것이기도 합니다. 그것은 인간만이 아니라 비인간적 주체성까지도 포괄하는 개념입니다. 예를 들면 욕망하는 주체성인 욕망하는 기계의 연결 접속으로 이루어진 세계 시장을 생각해 볼 수 있습니다. 멕시코에서는 1993년 북미자유무역협정(NAFTA)이 있었습니다. 그 이후 멕시코는 농업 침체와 무역 불평등으로 인한 농민들의 생존 조건이 파괴되는 상황에 직면했습니다. 반세계화와 신자유주의 반대를 외치며 봉기한 사파티스타와 같은 반란군이 나타난 것도 그것의 결과입니다. 멕시코 농업의 붕괴는 농민의 삶의 파괴뿐만 아니라 공장식 축산업에서 관리되던 동물들의 상황이 절박하고 열악해지는 것으로 나타났습니다. 그러한 농장동물의 절

박함과 환경 위기는 곧 미생물의 반란으로 나타납니다. 더럽고 지저
분하고 열악했던 공장식 축사에서 신종 플루라는 돌연변이 바이러스
가 발생했고, 인간에게까지 전염되기에 이른 것입니다. 여기서 행위자
들은 동물, 곡물, 미생물, 인간을 넘나듭니다. 그러한 인간과 비인간을
포괄하는 네트워크에서의 주체성이 욕망하는 기계였다고 저는 생각합
니다. 물론 이것은 과학철학자인 브뤼노 라투르(Bruno Latour)의 행위
자 네트워크(actor-network)*라는 사유와 일정 부분 공명하는 부분도 있
습니다. 그러나 들뢰즈와 가타리의 생각이 라투르의 과학철학적 발상
과 다른 점은, 욕망하는 기계는 그저 행위자로서 작동하는 것을 넘어
서 서로 연결접속되면서 욕망의 흐름을 순환시키고 생산하는 리비도
경제학을 작동시키는 주체성이라는 점입니다.

　욕망하는 기계는 동물, 식물, 광석, 미생물에서 서식하는 욕망의 흐
름입니다. 약간 의아하게 생각할지도 모릅니다. 동물과 식물까지는 이
해가 되지만, 광석을 어떻게 이해해야 하나 하고 말이지요. 저는 인간
과 비인간의 경계적 사유는 결국 애니미즘(animism)적인 사유방식으
로 이행할 수 있는 단초라고 생각됩니다. 이를테면 자연을 생태계의
연결망이라는 관점에서 사유하고 물활론적인 사유를 전개하는 것도
가능합니다. 그러나 물활론과의 차이점은, 욕망하는 기계는 관계망의
외부에서 고립된 개인이나 사물이 아니라 관계망의 내부에서 욕망의
흐름과 반복을 만들어내는 관여적 주체라는 점입니다. 그렇기 때문에

---

*　라투르의 행위자 네트워크는 '어업'을 조사할 때, 어부, 상인, 구매자뿐만 아니라, 조
　가비나 물고기까지 포함시킨다. 즉, 인간과 비인간을 횡단하는 주체성의 네트워크 망
　을 사고하는 것이다. 이것은 들뢰즈와 가타리의 욕망하는 기계라는 주체성을 파악할
　수 있는 힌트를 준다.

우리가 어떤 사물이나 물건을 볼 때 관계망 외부에서 떨어져서 고정되어 있는 존재로 형상화하기 쉽습니다. 그러나 이는 관계망 내부에서의 흐름의 일부이며, 반복의 일부입니다. 그것이 바로 생태계의 일부이기 때문입니다.

자원/부/에너지는 자본주의 사회에서 물질적인 흐름을 이루고 있습니다. 또한 사랑과 욕망도 비물질적인 흐름을 형성하며 이 사회에서 순환하고 있습니다. 그래서 욕망하는 기계라는 주체성은 흐름이라는 형태로 순환하고 재생합니다. 욕망하는 기계들은 서로 연결되고 접속하고 흐름을 유통하면서 생태계처럼 연결된 관계망을 만들어냅니다. 저의 아이디어는 자원/부/에너지의 흐름에 사랑과 욕망의 흐름을 개입시켜야 한다는 생각으로 협동조합이나 공동체의 욕망하는 기계 간의 연결과 접속을 사유하는 것입니다. 그것은 일종의 마을, 공동체, 협동조합의 판짜는 작업과도 관련이 됩니다. 우리 철학공방 〈별난〉에도 고양이들과 윤경 씨, 그리고 저와 다른 식구들이 각기 욕망하는 기계와 같이 욕망을 생산하고 반복하고 있습니다. 그리고 고양이들은 더운 여름날 책상 위에서 하염없이 하품을 하더니 조용히 자고 있네요. 욕망하는 기계들, 그것은 은유가 아니라, 우리와 함께 숨쉬며 살아가는 생명들이 아닐까 하는 생각이 듭니다.

2014년 6월 15일

욕망하는 기계의 3가지 연결방식

사랑하는 윤경 씨에게

우리가 문래동 예술가들과 함께 만들기 시작한 협동조합에서 사람들을 만나 얘기하다 보면 시간이 어떻게 가는 줄 몰라서, 늘 밤늦게 황급히 집에 오곤 합니다. 작은 공동체가 우리 옆에 있다는 사실이 기쁘고 힘이 납니다. 색다른 이야기와 사랑과 욕망의 흐름이 우리 안에서 발생되면 그것에 기뻐서 다들 어깨가 들썩들썩하지요. 우리의 협동조합도 욕망하는 기계들이 연결된 네트워크 혹은 기계체(器械體)일지도 모른다는 생각이 드네요. 지난번 윤경 씨가 이야기해 준 생태계의 가장자리 효과에 대해서 다시 한 번 생각해 봤습니다. 바다와 육지가 만나는 곳의 밀물과 썰물, 산과 들이 만나는 지역의 바람과 흙 등에 주목해야 한다는 얘기였지요. 네트워크 역시도 주변부에 있는 소수자를 어떻게 대하는가에 따라서 자신이 더 풍부하고 다양해지는 것을 보면 우리가 가장자리 효과에 주목해야 하는 이유를 알 것 같습니다.

구조주의(structuralism)와 같은 자동성의 사유는 자본주의의 사회 구조에 대해서 명쾌하게 분석하면서도, 주체성 생산에 대해서는 침묵하는 경향이 있습니다. 그래서 전문가와 엘리트들의 이러한 구조 분석의 내부에는 '어쩔 수 없는 구조와 주체의 무력화 지층'을 받아들이라는 무언의 메시지가 숨어 있습니다. 구조주의가 아니라 자율주의(autonomia)의 입장에 서서 사회를 바라본다면, 욕망하는 기계들이 서로 연결되고 접속하면서 이루어내는 다채로운 화음과 리듬을 바라볼 수 있게 됩니다. 이 연결 접속의 방식들도 다양합니다. 수평적 네트워크로 나타난 욕망하는 기계의 연결 양상은 접속(connection)입니다. 물론 통합된 세계 자본주의하에서의 일관생산라인과 같은 미디어, 심리치료, 정신분석, 자기계발의 논리가 존재하지 않는 것은 아닙니다. 그것은 욕망하는 기계의 특이한 작동을 무마시키고 전체화하고 통합합니다. 이러한 방식을 연접(conjunction)이라고 볼 수 있습니다. 또한 욕망하는 기계들이 미시 권력의 차별과 배제의 논리에 따라 선별되는 연결방식도 존재합니다. 이것은 제3세계 인민을 배제하고 감추는 현존 질서를 암묵적으로 용인함으로써 동시에 자신의 내부에 있는 민중과 소수자, 비보장노동자를 배제하고 차별하는 것에 대해서도 타협하게 되는 방식을 따릅니다. 이것은 욕망하는 기계 간의 이접(disjunction)의 연결 방식이라고 불립니다.

접속, 연접, 이접은 들뢰즈와 가타리가 바라본 욕망하는 기계의 세 가지 연결 방식입니다. 저는 욕망하는 기계들의 세 가지 연결 방식을 선언, 가언, 정언의 논리학으로 해석하는 논문을 쓴 적이 있습니다.* 철학적인 얘기로 돌아가니 왠지 복잡하고 머리가 아파오는 것 같군요. 물론 그런 시도를 했지만, 꼭 성공했다는 얘기는 아니고, 시도하고 문제의식을 가졌다는 것에 의미가 있는 것 같습니다. 때론 답이 없음에도 질문을 던지는 것이 의미가 있는 것 같아요. 사실 들뢰즈와 가타리 역시도 엘름슬레우(Hjelmslev)라는 기호학자의 기호들 간의 연결 방식에 주목하면서 그중에서 이접과 연접에 접속을 추가해서 욕망하는 기계의 세 가지 연결 방식을 만들었으니까요.

먼저 욕망하는 기계는 수평적 네트워크와 같은 상태의 '접속'이라는 연결 방식을 가질 수 있습니다. 그것은 차이 나는 것들이 서로에게 연결되어서 색다른 이질적인 것을 생산하는 과정일 수 있습니다. 서로의 차이를 인정하고 차이와 다양성의 시너지를 인정하면 그 속에서 예상하지 못했던 새롭고 색다른 것들이 생산됩니다. 그런 의미에서 수평적 네트워크는 욕망하는 생산의 영역입니다. 들뢰즈와 가타리는 이러한 네트워크의 작동에 주목하면서, 그것을 생명, 생태, 생활까지 확장하는 리좀(rhizome)이라는 개념으로 『천 개의 고원』(새물결, 2001)에서 언급합니다. 여기서 접속은 "……그리고……그리고"라는 언어로 표현됩니다.

생산의 영역을 생각할 때, 우리는 일관생산라인처럼 일체화되어 있는 공장을 생각하기 쉽습니다. 그러나 욕망하는 생산의 영역에서는 네트워크처럼 차이와 다양성이 조우하는 영역에서 비로소 생산이 이루

---

* 칸트 철학이 말하는 정언, 가언, 선언의 논리적인 구도에서 정언명법은 "너의 행위의 준칙이 네가 원하는 보편적인 법칙이 되도록 행동하라."라는 논법을 "~이면 ~한다."로 조건에 따라 바뀌는 가언명법과 비교했다. 나는 논문에서 칸트의 영구평화 이론 속에 선언 명법이 숨은 전제였다는 철학적 가설을 제시했다.

어집니다. 최근의 자본주의 생산라인에서 네트워크와 유사한 팀제도와 같은 영역이 도입되기 시작한 것도, 욕망하는 생산을 담당하는 네트워크를 현존 질서로 수용한 것이라고 할 수 있습니다. 당신도 알다시피 수평적 네트워크나 공생진화하는 생태계, 살림과 돌봄의 공동체의 장점은 이루 말할 수 없으며, 그러한 관계망에서 창발되는 것들과 시너지 효과에 대해서 일일이 나열할 수 없을 정도입니다. 마르크스가 생각하던 대공장 시스템이나 굴뚝 산업은 외형적으로는 그대로 남아 있지만, 노동자들의 배치와 관계망은 이미 많이 변하였다는 생각이 듭니다. 그것은 욕망하는 생산과 자본주의적 생산이 조응해 나가는 경향에 따른 것입니다. 그렇게 자본주의 사회가 네트워크 사회로 변모했다고 해서 혁명이 불가능해졌다고 생각할 수 없습니다. 오히려 도처에서 혁명은 발생할 수 있습니다. 특이한 욕망이 전체 네트워크에 돌이킬 수 없는 변화를 주는 분자 혁명이 말이지요. 그러니까 혁명가도 없고 혁명 운동이 없을지라도, 도처에서 혁명이 일어나고 있다는 것입니다.

다음으로 욕망하는 기계는 초월적 권력에 매개되어 조립되고 연결되어 '이접'이라는 연결 방식을 가질 수 있습니다. 욕망하는 기계의 연결 방식 중 이접은 차별과 선별의 자본주의의 무한 경쟁을 표상하는 것입니다. 자본주의는 착취로도 유지되지만 차별로도 유지됩니다. 자본주의가 갖고 있는 차등화와 선별의 전략에 따라, 다채롭던 차이 속에서 "흑인인가 혹은 백인인가"라는 방식의 선별이 나타납니다. 욕망은 마치 흑백 논리와 같은 선별의 선글라스 아래에서 분류되고 차등화됩니다. 저는 이러한 자본주의의 논리가 소수자에 대한 차별로 나아가는 공리주의라고 생각합니다. 공리주의는 소수의 희생이 있더라도 다

욕망 자본론

수의 행복과 쾌락을 유지해야 한다는 사상입니다. 그러나 이러한 공리주의가 적용되는 차별의 시선 아래에서 소수자가 배제되면, 결국 독점적인 지위를 가진 소수에 의한 대다수 민중의 지배가 벌어지는 전도의 상황이 금방 나타납니다. 그렇기 때문에 소수자에 대한 차별과 배제는 미시 파시즘의 증오와 폭력의 논리를 내부에 갖고 있습니다. 미시 파시스트들은 차별과 배제의 이접의 논리를 정당화하면서, 예속을 욕망하고 억압을 욕망하는 기괴한 모습을 보입니다. 이에 따라 증오는 암적 신체로 사회적 신체에 똬리를 틉니다. 차별과 배제의 논리는 결국 욕망을 식별하고자 하는 자본주의에서 필수적으로 나타납니다. TV에 나오는 서바이벌 게임은 손에 땀을 쥐는 재미와 스릴을 주지만 사실은 '건강하지 못하고 부유하지 못하여 재주를 일찍부터 계발하지 못하고 예쁘지 못한 사람들'을 선별하는 경향으로부터 자유로울 수 없습니다. 이러한 경쟁의 법칙은 소수자의 욕망을 배제하는 현존 자본주의의 논리를 정당화합니다. 현존 자본주의 문명은 하루 한 끼를 고민하는 10억 명의 제3세계 인민과 한 해 굶어 죽는 600만 명의 사람들에 대해서 침묵하고 그러한 현존 질서의 정당성을 이러한 차별과 배제의 연결 방식에서 드러냅니다. 문제는 이러한 차별과 배제는 미시 파시즘의 발호와 사회 암적인 행위의 원천이 된다는 점입니다. 그렇기 때문에 사회를 보호하고, 소수자의 욕망을 배려하기 위해서는 이러한 욕망하는 기계의 이접의 연결 방식은 극복되어야 합니다.

마지막으로 거론되어야 할 욕망하는 기계들의 연결 방식은 연접입니다. 연접은 "그러므로 나는 ~이다"라는 논리 구조를 갖습니다. 이것은 정체성이나 이기(being)처럼 직분이나 역할, 정체가 분명하게 식별되는 형태의 연결입니다. 만약 "너는 누구냐?"라고 대뜸 묻는다면 어떨까요? 예술가들이나 활동가, 소수자들은 이런 질문에 답하기가 굉장히 어렵다고 합니다. 어쩌면 예술가는 그중 나은 처지일 수 있겠군요. 제가 아는 한 마을 활동가는 명함에다가 예술가라는 직업을 적었을 정도니까요. 그는 특히 결혼 상대의 부모님을 만나러 갈 때 가장 걸렸던 부분이 '확실한 직업이 있는가'의 여부였다고 합니다. 사실 정체성의 형태로 정체와 신분, 직분이 분명한 군인, 학생, 노동자, 죄수 등과 같은 사람들은 시스템 내에서의 자동주의에 빠지기 쉬운 인물들입니다. 들뢰즈와 가타리는 되기(becoming)라는 개념을 이야기하면서 이와 구분되는 이기(being)로서의 존재를 얘기합니다. 이기는 딱딱한 정체성으로 인해 부드러운 흐름과 횡단하는 실천을 할 수 없는 책임 주체들입니다. 연접의 연결 방식의 문제점은, 이러한 정체가 분명한 사회를 만들어내는 연결 방식이 결국 전체주의를 창출한다는 점입니다. 전체주의 사회가 정체와 직분, 역할이 분명한 사람으로 구성되기 위해서는 겉은 유리처럼 투명하고 속은 텅 빈 신체와 같이 사회를 직조해 냄으로써, 감시와 통제의 사회를 만들어냅니다. 그래서 정체가 분명하지 않은 소수자와 민중을 노동감옥으로, 혹은 수용소로 보냅니다. 이를 통해서 외양적으로는 노동자 국가였던 것이 엄청난 통제와 감시, 억압의 사회로 변모합니다. 사실 스탈린주의로부터 시작한 전체주의 국가는 욕망하는 기계들이 연접 방식으로 연결되어 욕망을 유리처럼 투명하고 텅 비게 만드는 신체 상태로부터 시작했습니다. 욕망의 활력과 생명 에너지가 없는 이러한 사회는, 마치 부두교에서 지푸라기 인형에 의해 조종당하는 것과 같이 자율성이 없는 인물들을 만들어냅니다. 이것은 사회주의만의 문제가 아니고, 통합된 세계 자본주의라는 현존 질서에서도 똑같이 드러납니다. 자본주의의 이율배반은 이질

욕망 자본론

발생적인 네트워크를 이용하면서도 일관생산라인과 같이 똑같은 삶의 방식과 문화를 전달하는 통합된 세계 자본주의의 예속 장치와 전체주의 시스템에도 의존하고 있다는 점입니다.

들뢰즈와 가타리는 접속을 '욕망하는 생산'으로, 이접을 '코드의 등록'으로, 연접을 '욕망의 소비'로 배치합니다. 결국 쉽게 얘기해서 욕망을 생산하는 공동체, 생태계, 네트워크를 기반으로 하며(접속), 차별과 선별을 거쳐(이접), 정체가 분명한 것만 소비한다는 것(연접)입니다. 이것을 한 마디로 요약하면, 차이에서 차별로 만드는 메커니즘입니다. 들뢰즈와 가타리가 자본주의 욕망 경제의 이러한 작동 양상을 밝힌 것은 68 혁명과 같은 욕망의 혁명의 목소리를 담기 위해서였습니다. 사실 유럽의 학생들과 노동자들이 68 혁명 기간 동안 문제제기했던 것은, 욕망에 대해서 억압하고 차별하는 권위주의 시스템에 대한 항거였습니다. 그러나 최근의 자본주의는 욕망 경제를 내부로 받아들여서 욕망을 활성화하면서도 자본주의적인 차별과 무한 경쟁의 내부로 끌어들이는 고도로 발전된 욕망 경제의 모습을 보이고 있습니다. 그래서 권위주의처럼 억압적이고 딱딱한 형태가 아니라, 부드럽게 억압하고 자기계발적인 논리로 무장된 색다른 자본주의와 마주치게 됩니다. 신자유주의 논리는 자율주의를 체제 내부로 끌어들이려는 포섭의 논리를 작동시켰지만, 소수자와 생명, 자연은 체제 내부로 완벽히 들어온 것이 아니라 여전히 시스템의 외부에 있다는 점에 주목해야 할 것입니다. 욕망의 자율성은 회수될 수도 포섭될 수도 없는 영역을 가지며, 어찌 보면 도주하고 포섭하는, 쫓고 쫓기는 양상으로 드러납니다.

욕망의 경제는 프로이트에서 시작되어서 라이히로 이르는 리비도라는 성 에너지에 대한 경제에 대한 연구로부터 출발합니다. 그런데 이

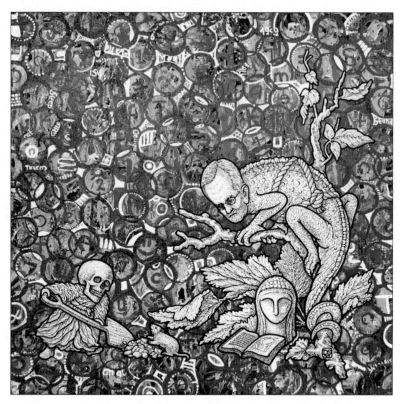

데이비스 슬라빈스카스, 「리비도 존」의 부분(2011)

런 욕망 경제 혹은 리비도 경제는 자본주의 경제와 상동성을 갖게 되었고, 거의 일치하는 방향으로 수렴되었습니다. 그래서 자본주의 원리를 당연시하면서 적용하는 신자유주의에도 정신분열증과 같은 우울, 비관, 좌절, 멘붕, 자살, 소외, 고독이 발생합니다. 어떤 보수적인 사람들은 자본주의 사회에서 자본주의의 원리에 따라 살아가는 건 당연한데 웬 배부른 소리냐고 말할지 모릅니다. 그러나 욕망이 자연스럽게 흐르고 순환되지 않거나 분열증과 같이 해체된 사회에서 개인들의 힘

욕망 자본론

은 무기력합니다. 그래서 공동체적 관계망과 네트워크의 중요성이 커지는 것일지도 모릅니다. 자본주의 경제와 욕망 경제는 각각 두 벡터를 갖는 것이 아니라, 이제 하나의 벡터에서 움직이고 있는 모습으로 나타납니다. 그래서 자본주의를 넘어서려는 사람들은 소수자와 민중의 욕망을 차별하고 차등화할 것이 아니라, 그 속에서 생산적인 힘과 창조적인 역능을 발견하기 위해서 노력해야 합니다.

자본주의 경제는 수정되거나 변경될 수 없는 불변항이 아닙니다. 특이한 욕망의 생산과 순환은 자본주의 경제를 끊임없이 수정하는 영구혁명의 상황에 이르렀습니다. 그래서 리비도 경제의 작동을 통해서 자본주의 경제를 변경하고 이행시키려는 것은 아주 적절한 실천이라고 할 수 있습니다. 공동체나 네트워크에서 순환되는 욕망을 다른 색깔과 다양한 의미 좌표로 바꿀 때, 자본주의 경제 역시도 이것에 기반하기 때문에 자신의 성좌를 바꿀 수밖에 없습니다. 그런 의미에서 영구혁명(=영구 개량)은 오늘날 우리가 만들어내는 혁명의 색다른 모습일지도 모르겠습니다. 저 역시도 윤경 씨와의 철학공방 〈별난〉이라는 공동체에서 색다른 욕망이 생성되고 유통되는 과정에서 새로운 지혜와 아이디어를 발견하고 독특한 삶을 창안합니다. "자본주의에 대한 영구혁명은 나 자신의 욕망부터 바꾸고 우리의 관계망을 바꾸는 것에서 시작되지 않을까?"라는 생각이 듭니다. 욕망의 해방과 생명의 에너지를 믿으며.

2014년 6월 17일

욕망하는 기계와 기관 없는 신체

지혜로운 윤경 씨에게

　윤경 씨와 한 공간에 나란히 앉아 글 쓰는 작업을 하면서도, 바로 옆에 있는 윤경 씨에게 편지를 써서 보내고 나면 이상하게 기분이 좋아집니다. 특히 고양이 달공이가 옆에서 부비부비를 하면서 저희 둘 사이에 들어와서 애교를 떨면 작업실 안에는 행복감과 기쁨이 넘칩니다. 최근에 특강과 강연 일정 때문에 바쁜 저를 물심양면으로 도와주는 윤경 씨에게 감사와 사랑을 보내고 싶어요. 얼마 전 편지에서 욕망하는 기계에 대해서 언급했어요. 약간 어려운 개념이라고 지적을 해줘서 어떻게 쉽게 고쳐볼까 고민하고 있습니다. 그런데 이번에는 더 난해한 '기관 없는 신체(body without organ)' 개념을 얘기하려고 해요. 어렵더라도 조금 참고 읽다 보면 자본주의에 대해 통찰하는 짜릿함을 맛

보게 될 거라 믿어요. 기관 없는 신체는 앙토넹 아르토(Antonin Artaud, 1896~1948)라는 초현실주의 작가에 의해서 창안된 개념이고, 들뢰즈와 가타리가 이것을 빌려서 사용하였지요. 기관 없는 신체는, 유기체처럼 자동적으로 잘 돌아가는 신체 상태가 아니라, 욕망의 흐름이 정지한 강렬도=0 상태입니다. 마치 도곤족의 알 모양처럼 내부에서는 욕망이 충만하여 생성과 창조가 일어나지만, 외부는 기관이 장착되지 않는 매끄러운 상태를 의미합니다. 욕망이 없지만 충만한 상태라고도 하지요. 들뢰즈와 가타리는 왜 기관 없는 신체라는 이런 어려운 개념을 얘기했을까요? 의문은 꼬리에 꼬리를 뭅니다.

자본주의 경제는 욕망 경제와 결합하였지만, 욕망을 생산하면서도 억제하는 이율배반적인 움직임을 보입니다. 도박을 권장하지만 도박중독센터를 만들고, 담배를 팔면서도 금연 운동을 하고, 알코올을 팔면서도 알코올중독센터를 만들고, 게임을 광고하면서도 게임은 치유되어야 할 질병처럼 다룹니다. 이러한 '병 주고 약 주고'의 이중 구속으로 인해서, 자본주의는 생산과 반(反)생산을 함께 갖고 있다고 표현해야 할 것 같습니다. 여기서 생산적인 부문이 욕망하는 기계라면, 반생산의 부문이 기관 없는 신체입니다. 신체도 자본도, 결국 기관 없는 신체인 강렬도=0 상태를 내부에 갖고 있습니다. 어떤 사람은 자본이 가장 욕망이 활성화된 상태라고 생각하는데, 사실 자본은 그 안에 극도의 금욕과 욕망이 전혀 없는 수전노의 형상을 갖고 있습니다. 욕망 없는 수전노의 형상은 자본주의 출발점이 되었던 프로테스탄티즘을 연상해 보면 좋을 것 같아요. 자본주의의 무덤을 파는 자본이라는 얘기를 마르크스가 했던가요? 자본주의 경제와 욕망 경제가 서로 수렴되는 방향으로 흐름에도 불구하고, 자본이 반생산의 영역으로 작동한다면 어떨까요? 그것은 욕망은 있는데 생산이 안 되는 공황과 같은 극단적인 상황으로 치달아갈 것입니다. 그렇기 때문에 마치 정신분열증과 같이 마비되고 경직된 상태가 등장하는 것입니다. 그러나 그러한 상황은 욕망이 없기 때문에 죽음과 같은 상태가 아니라, 오히려 대안경제와 대안적인 삶이 발아하는 계기가 될 수도 있습니다. 그렇기 때문에 욕망이 아주 잘 순환되는 자본주의 경제 속에서 위기와 마비, 경직의 상태라고 할지라도 그것은 충만한 상태의 신체인 기관 없는 신체입니다.

신체를 기관 없는 신체로 만드는 것은 인도의 크리슈나, 요가, 명상 등이 도달하고자 하는 상태입니다. 유기체와 같이 각 기관의 기능이 자기 역할을 맡아서 일사불란하게 자동적으로 움직이는 유기적인 상태가 아니라, 고장나고 마비되고 정지된 상태의 신체는 욕망의 재배치에서 핵심적인 영역일 수 있습니다. 욕망이 강렬하게 들끓지만 작동하지 않는 상태에서 사람들은 색다른 욕망을 생각하게 되니까요. 들뢰즈와 가타리는 욕망하는 기계라는 욕망 생산과 더불어 욕망의 억제와 반생산의 영역인 기관 없는 신체를 함께 얘기합니다. 그래서 현학적인 사람들은 간혹 기관 없는 신체 상태에 대해서 찬양하거나 미화하기도 합니다. 그런데 이러한 기관 없는 신체는 텅 빈 신체처럼 딱딱한 성격갑옷에 사로잡혀 있는 신체도 아니고, 암적 신체처럼 예속을 욕망하고 차별하는 그런 신체도 아닙니다. 여기서 텅 빈 신체는 전체주의를, 암적 신체는 파시즘을 표상합니다. 기관 없는 신체는 밑바닥에 도달해서 결국 욕망이 재배치되는 욕망 경제의 일부 모습을 형상화한 것입니다. 맹목적인 욕망은 가장 밑바닥에 도달해야 멈추면서 색다른 욕망으로 재배치되는 경향이 있습니다. 그래서인지 우리의 삶에 순환되는 욕망

욕망 자본론

은 심하게 작동되거나 혹은 맹목적인 방향성을 과도하게 갖고 움직이다가 결국 그 극한에 있는 기관 없는 신체에 도달해서 재배치가 됩니다. 그래서 약물, 성, 빈곤, 게임, 도박 등 모든 삶의 욕망에 대한 미시정치가 필요한 것인지도 모릅니다.

자본주의 욕망 경제는 정신분열증과 같이 욕망을 생산하면서도 억제하기 때문에 이율배반적이라는 얘기를 했는데요. 정신분열자들의 경직되고 마비되고 쩔쩔매며 밑바닥까지 도달한 신체를 기관 없는 신체라고 한다면, 자본주의 욕망 경제의 극한에 있는 공황 상태와 같은 상황을 이런 신체로 비유한다는 것도 가능하다는 생각이 듭니다. 그러나 정신분열증 환자들이 도달하는 밑바닥 신체는 기존에 똑딱거리듯 살아왔던 삶을 붕괴시키고, 음악, 시, 미술, 과학, 혁명 등 다른 삶의 욕망으로 접속할 수 있는 계기가 될 수 있습니다. 정신분열증 환자의 의미 좌표의 흔들림은 기존 삶을 해체하고 파괴할 뿐만 아니라, 색다른 삶을 받아들일 수 있는 가능성으로 충만해 있습니다. 저는 여기서 분열증을 찬양하는 것이 아니라, 욕망이 정지된 상태에서 새로운 삶을 시작할 극한적인 계기를 발견하는 것입니다. 들뢰즈와 가타리가 쓴 '자본주의와 정신분열증' 시리즈는 우리가 한번 생각해 봐야 할 분열된 욕망의 상태를 생각하게 만들어 줍니다. 그러나 이른바 정상화된 사회에서 기관 없는 신체는 아주 경악할 만한 신체의 상태이며, 자본주의와 무관할 것이라고 생각하는 경우가 많습니다. 그러나 자본주의의 극한에는 기괴한 분열이 숨어 있다는 점이 드러나지요. 그래서 기관 없는 신체는 오해의 소지가 굉장히 많은 개념입니다. 사실 들뢰즈와 가타리가 만든 개념 중에 이렇게 크게 오해된 개념도 없는 터라 1980년 즈음의 소수자 운동이나 생태 운동에서는 기관 없는 신체라는 개념을 쓰지 않는 것이 일반화되었습니다. 오해의 소지가 너무 많은 개념을 쓰지 않는 것도 현명한 선택이겠습니다. 그러나 공황을 설명할 때 이 개념이 꼭 필요하겠다는 생각이 들기도 합니다.

자본주의 경제의 공황과 같은 국면에 대해서 얘기를 해야 할 것 같습니다. 기존의 공황 이론은 카를 마르크스의 사용가치와 교환가치의 불일치와 이율배반이 극단화된 상태를 의미합니다. 자본주의의 공리계에서는 기계류가 인간의 노동을 퇴출시키지만, 가치의 감소와 이윤률 저하 경향을 가질 수밖에 없고 그 극단에서는 시장의 완전한 정지와 같은 상태가 있다는 이론이 카를 마르크스에 의해서 언급되었습니다. 거기에는 로자 룩셈부르크의 『자본축적론(The theory of capital accumulation)』에서의 공황에 대한 설명도 있습니다. 지향성이 완전히 일치할 것 같은 자본주의와 자본도 사실은 그 사이에 모순이 존재합니다. 이것이 가장 극단적으로 드러나는 지점이 바로 공황인 것이지요. 이것은 자본주의로 하여금 공황을 조절하기 위한 색다른 반생산의 영역을 설립하도록 만듭니다. 그것은 바로 국가의 개입입니다. 현대 자본주의는 사실상 자본의 미분의 흐름과 국가의 적분의 통합이 만나 성립됩니다. 국가의 개입은 효과적으로 시장의 자기 모순을 조절할 수 있다는 환상을 심어주었습니다. 그러한 시스템이 사회민주주의로 드러났습니다. 그러나 1980년대 미국에서부터 발흥하게 된 신자유주의는 다시 시장 만능주의를 주장함으로써, 국가의 개입과 자기 조절의 역할을 배제하기 시작합니다. 신자유주의라는 시장 만능주의와 민영화, 초국적 금융자본, 다국적 기업 등이라는 색다른 자본이 세계 시장에서 움직이며 자기 조절적일 수 있다는 환상을 만들어낸 것이지요. 이러한 환상은 사실 네트워크나 사이버네틱스 등의 자기 조절적인 영역에 삶이 포섭되어 있다는 전제에서 출발합니다. 그리고 공황은 이제 전반적인 사회 수준에서 벌어지는 것이 아니라, 사회 계층의 일부나 개인에게만 나타나는 현상이 되었습니다. 도처에서 공황과 같은 반생산의 상태에 빠져든 노인, 소수자, 장애인, 청년 실업자 등이 등장합니다. 그러한 주체성들은 가장 밑바닥의 상태에 이르러 기관 없는 신체를 경험하고, 그 이후 극단적인 빈곤, 가난, 양극화, 사회 분열 속에서 욕망의 재배치라는 분자 혁명의 가능성을 발견합니다.

여기서 상당히 역설적인 상황에 직면하게 됩니다. 공황의 상황에서 만들어지는 기관 없는 신체가 공동체를 형성하는 기관 없는 신체와 유사하게 되는 지점입니다. 공황의 국면을 내부에 갖고 있는 자본은 이로부터 벗어나기 위해서 공동체를 만들거나 착취하는 국면으로 이행합니다. 또 역설적으로 자본도 공동체를 형성하기를 원하고, 공동체도 자본을 형성하기를 원하는 상황에서 우발적인 조우가 역사적으로 이루어집니다. 공동체가 갑자기 색다른 판과 구도로 형성되는 이유는 밑바닥에 이른 기관 없는 신체들의 상태에서 욕망을 재배치한 주체성들이 선택하는 대안적인 연결 접속의 유형이기 때문입니다. 공동체는 유기체가 아니라, 기관 없는 신체들이 연결 접속되는 상태를 띱니다. 그래서 자동성이 아닌 자율성에 기반하고, 탐욕과 도착의 욕망 증대 구조가 아닌 욕망의 미시 정치가 관통하는 판이자 구도입니다. 공동체는 '자본'이라는 기관 없는 신체와 '민중'이라는 기관 없는 신체 두 수준 모두에서 발생합니다. 기관이나 직분, 역할, 기능이 미리 결정되어 있지 않고 유기적이지 않은 신체들 간의 연합이 나타나서, 공동체를 형성하거나 전자적 직조 형태로 등장합니다. 눈치 채셨겠지만, 그것은 네트워크라는 형태로 등장한 색다른 공동체의 유형입니다. 신자유주의의 자신감은 사실은 네트워크의 자신감에 기반합니다. 네트워크는 가상적인 소비와 생산의 연결망이면서 동시에 욕망의 배치와 재배치에 따라 유연하게 움직일 수 있는 관계망입니다.

공동체에서 결론이 이미 나와 있는 회의를 하고, 역할, 기능, 직분이 고정되어 있는 상태라면 어떨까요? 사실 공동체 구성원들은 미지의 여행처럼 토론과 회의를 하고, 집합적 배치 속에서 의사결정을 합니다. 누구나 발언할 수 있고 언제든 회의 내용이 뒤집어질 수 있기에 어쩌면 비효율적이라 느껴질 수도 있습니다. 그래서 약간의 효율성을 더하기 위해 기획자나 계획이 필요하지만, 꼭 그것에 의해서 움직인다고 볼 수 없습니다. 그렇기 때문에 공동체의 주체성은 기관 없는 신체와 같이 강렬도=0의 신체라고 할 수 있어요. 플라톤은 『국가』(서광사, 2005)라는 책에서 굉장히 유기적인 신체관을 보여주었습니다. 철학자는 머리를 맡고 검투사는 수족이고 시민은 몸통인 그런 신체였습니다. 이 속에서 신체의 기능, 역할, 직분이 미리 결정되어 있는 유기적인 상태가 찬양되었습니다. 그런데 이러한 상태는 국가주의가 말하는 통합적인 구도에서는 통할 수 있어도 공동체에서는 어김없이 무력화됩니다. 공동체는 유기적인 상태가 아니라, 어디에 팔이 붙고, 어디에 눈이 붙고, 어디에 입이 붙을지 결정되지 않은 신체의 상태를 의미합니다. 그래서 어떤 사람은 공동체가 괴물의 형상을 닮았다고 얘기하기도 합니다. 이러한 공동체는 중언부언하면서도 일관된 입장을 형성할 수 있는 관계망을 내부에 갖고 있어서, 들뢰즈와 가타리는 일관성의 구도(plan of consistence)*라는 독특한 개념으로 이러한 관계망을 설명하고

---

* 일관성의 구도는 공동체가 중언부언하면서도 자율성을 획득하며 뜻과 지혜와 아이디어를 모으는 관계망을 가질 수 있다는 점을 의미한다. 이를 통해 자본주의의 집단이 갖

자 했습니다.

공동체의 주체성들은 유기체적인 국가주의적 조직 방식으로부터 벗어나, 기관이나 기계가 장착되지 않은 기관 없는 신체, 즉 강렬도=0 상태에서 출발하는 사람들입니다. 그런데 이러한 기관 없는 신체의 상태는 폐색과 협착처럼 쩔쩔매게 만드는 긴장병에 걸린 광인의 모습이 아니라, 생성과 창조로 충만하고 색다른 욕망을 생산할 수 있는 상태를 의미합니다. 그렇기 때문에 욕망 경제 내부에서 기관 없는 신체의 상태 없이 욕망의 생산을 시작할 수 있는 출발점을 가져나갈 수 없는 상황입니다. 그렇기 때문에 자본주의 경제와 욕망 경제가 구분되지 않는 상황에서 자본이 공동체화되고 공동체가 자본화되는 경향은 매우 특이한 형태로 나타납니다. 그렇다면 자본주의는 기관 없는 신체라는 상태에서 무엇을 얻을 수 있나요? 욕망 경제 내부에서 극한적인 신체를 대면하거나 응시하면서, 자본주의 경제는 자신의 한계에 직면했습니다. 그래서 자본주의가 영원할 것이라는 망상으로부터 벗어나, 자신의 상태를 수정하고 변형하는 과정으로 나아갑니다. 사실 자본주의 경제는 그 안에 자신의 극한을 내재하고 있다는 점에서, 완벽하게 유한하고 언젠가는 찢어질 수도 망가질 수도 있는 관계망이라는 점을 드러냅니다. 구조주의자들처럼 불변항의 구조라는 환상에 빠져들 위험은 없는 셈이지요. 물론 논란의 소지는 대단히 많습니다. 들뢰즈의『감각의 논리』(민음사, 2008)처럼 기관 없는 신체를 예술과 철학적인 담론에 적용하는 방식도 있을 수 있지만, 이 역시도 기관 없는 신체를 미화하는 등의 오해를 증폭시킬 위험이 있다는 점이 드러납니다.

욕망하는 기계와 기관 없는 신체, 이러한 두 가지 상태는 서로 상반

고 있는 효율적이고 획일적인 구도와 완전히 다른 혼재면과 같은 관계망이 설립된다.

된 극한에 있습니다. 욕망하는 기계는 욕망을 반복으로 만들어 사회와 공동체를 작동시킵니다. 반면 기관 없는 신체는 욕망하는 기계의 작동을 정지시키고 완전히 다른 욕망하는 기계로 재장착할 수 있는 시원적 신체입니다. 앞서 얘기했듯이 기관 없는 신체에 대한 지난 몇 십 년 동안의 오해와 오역으로 인해, 들뢰즈와 가타리마저도 이 개념을 사용하지 않게 됩니다. 가타리의 『분자 혁명』(푸른숲, 1998)에서 기관 없는 신체가 서두에 잠깐 등장하지만 죽음이라는 영도의 신체라는 개념으로 사용될 뿐, 욕망을 재배치하는 시원적인 신체 개념으로는 등장하지 않습니다. 욕망하는 기계의 접속과 연결이라는 형태에서 공동체를 설명하는 것이 더 적절하다는 소수자 운동과 생명 운동의 실천적인 요청이 있었다는 생각이 듭니다. 윤경 씨에게 저는 욕망하는 기계와 기관 없는 신체 둘 다를 갖고 있다는 생각도 듭니다. 제가 어젯밤 윤경 씨가 침대 머리맡의 스탠드를 끄고 제 옆에서 잠들 때, 저는 내일도 윤경 씨를 만났으면 좋겠다는 소원을 생각하며, '강렬도=0' 상태에서 잠에 들었지요. 그리고 아침이면 욕망은 다시 재활성화되어 기계처럼 작동합니다. 지금은 오전 시간의 고즈넉함이 느껴지는 시간입니다. 윤경 씨와 함께 맛있는 점심을 먹겠군요. 당신을 생각하며.

2014년 6월 18일

욕망 자본론

욕망은 특이성을 생산한다

자애로운 윤경 씨에게

요즘 텔레비전을 켜면 어느 채널을 돌려도 서바이벌 오디션 프로그램이 나오더군요. 저는 그런 프로그램을 볼 때마다 "더 특이해져라"라는 무언의 메시지를 발신하는 것을 느끼게 됩니다. 사실 통합된 세계 자본주의 문명은 TV, 아파트, 육식, 자동차 등으로 단조로운 삶의 유형을 드러내고 있고, 가는 곳마다 똑같은 마트, 편의점, 호텔, 백화점이 생겨나서 비슷비슷한 문화를 만들고 있는데 말이지요. 특이함을 원하는 자본주의라는 설정은 좀 아이러니하다는 생각도 듭니다. 그러나 자본주의는 일관생산라인과 같은 단조로운 삶의 형태를 한편에 가지면서도 다른 한편으로는 네트워크와 같은 다채로운 관계망의 결합을 추구하는 이율배반적인 형태를 띠고 있습니다. 자본의 논리 속에서의 특이성은 공동체나 대안 운동의 특이성과 달리, 소비될 수 있고 향유될 수 있는 것들로만 선별되어서 만들어진 것이 아닌가 하는 생각이 듭니다. 사실 주변부 문화나 아웃사이더들의 문화에서는 너무도 특이한 예술작품이 등장하기 때문에, 자본주의에 필요한 '이것은 예술이다' 혹은 '이것은 내 것이다'라는 의미화를 시키는 데 실패하기 쉽습니다. 그래서 자본주의 시장에서 문화 상품으로 판매될 수 없는 것들이 많습니다. 그러한 주변부 문화도 최근에는 자본주의에 의해 많이 포획되고 포섭되는 양상이 드러납니다만, 많은 예술가들이 제도화되는 것을 두려워하지 않고 특이성을 생산하는 경우도 있는 것을 보면 포섭된다고 해서 꼭 욕망이 텅 비게 되는 것은 아닌 것 같습니다.

우리가 전에 안양의 '모임 16시'라는 예술가 집단과 접속했던 적이 있죠? 그때 저는 예술가가 정체성의 영역에 있지 않고 특이성 영역에 있다는 얘기를 한 기억이 납니다. 직업이 무엇이냐는 질문에 대해서 예술가라고 딱히 얘기하기도 어려운 상황들이 많다는 것이죠. 특이성의 영역은 정체가 분명한 영역이 아니라, 갑자기 생산되고 또 소멸되는 실존의 영역입니다. 공동체 구성원 사이에서 특이성 생산이 이루어져 어떤 스타나 인물이 등장하는 경우가 있는데, 시간이 지나면 특이성이 사라져버리기도 하고 꼭 그 사람의 특이점으로만 머무르지 않는 경향이 있어서 흥미롭습니다. 그래서 저는 특이성 생산이 관계망 창발과 동의어라는 생각을 쭉 해왔습니다. 공동체는 특이성 생산을 통해서 풍부해지고 다양해집니다. 그래서 공동체가 이방인에 대해서 배척하고 소수자에 대해서 차별하지 않기 위해서는 내부에서부터 특이성 생산을 받아들여야 할 것입니다. 열린 공동체의 자기 생산은 반드시 특이성 생산을 통해서 공동체가 가진 공통성을 풍부하게 만드는 과정이

욕망 자본론

숨어 있습니다. 그런 의미에서 특이성을 사랑하는 공통성이 공동체라는 생각도 드네요.

여기서 공통성(common)은 흔히 알고 있는 보편성(universality)과는 다릅니다. 특이성(singularity)과 공통성의 영역이 아니라, 보편성-특수성(speciality)-개별성(individuality)으로 파악하는 것*은 어떤 문제를 갖고 있을까요? 공동체에서 도덕, 가치, 윤리 등이 보편성으로 여겨지기 시작할 때 사실상 특이성은 보편성에 포섭된 것으로 간주됩니다. 보편성은 단조롭고 뻔한 것으로 여겨지는 의미화와 영혼이 없는 발언 등을 특징으로 합니다. 그래서 보편적인 것으로 사물, 상황, 인물을 간주할 때, 그 사람이 갖고 있는 특이한 성좌의 의미는 삭제됩니다. 사실상 우리가 직면하는 모든 상황이나 인물 등은 세상에 유일무이한 것이며, 제가 당신에게 편지를 쓰는 이 순간도 단 한 번밖에 없는 순간입니다. 이러한 실존을 밝히는 특이성이 보편성으로 의미화되면 한 마디로 규정할 수 있고 명확한 답을 갖고 있는 뻔한 것으로 간주됩니다. 욕망 경제에서 회수와 포획은 대부분 보편성-특수성-개별성이라는 변증법적인 방식에 의해서 이루어집니다. 문제는 헤겔에 의해서 만들어진 변증법에서는, 차이 나는 것 간의 관계를 모순으로 만드는 흐름의 방법론을 통해서 흐름이 단순히 존재를 성숙시키고 완성하는 것으로 간주된다는 점에 있죠. 자본주의 욕망 경제는 회수와 구조화를 위해서 필수적으로 모든 것을 보편적인 것으로 환원하는 상승의 방법론을 갖고 있습니다. 그것을 통해서 누구나 향유하고 소비할 수 있는 것으로 만들

---

* 헤겔의 변증법은 보편성으로 승화되는 특수성이라는 신화를 통해서, 특이한 욕망을 회수하고 구조화하는 방법론이었다. 한때 1980년대 운동권에게 매개와 변증법의 신화가 유행했지만, 이것은 특이한 욕망을 고갈시키는 방법론에 불과했다.

려는 것이죠. 그러나 그러한 그물망에도 숨어지지 않는 아주 미시적이고 보이지 않는 영역들이 있습니다. 그것은 사랑과 욕망의 흐름이지요.

공동체와 네트워크에서 특이성 생산은 어떻게 이루어질까요? 공동체의 경우에 특이한 욕망이 생겨나서 그것을 삶의 반복으로 구체화했을 때 특이성 생산이 이루어집니다. 그러므로 욕망의 생산과 창조의 원동력에 기반해서 특이하고 색다른 삶이 개방될 수 있는 것이죠, 특이한 욕망이 생겨나면 서로 연결되어 있는 공동체에도 불가역적인 변화가 초래됩니다. 그래서 특이성 생산은 공동체의 관계 성좌를 풍부하고 다양하게 만드는 것이죠. 네트워크의 경우에도 작은 기계 부품의 기능 연관에 의해서 네트워크 전체가 움직이는 상황에서, 작은 기계 부품으로 간주된 특이점이 갑자기 다른 반복의 양상을 띨 때 전체 네트워크에 심원한 변화가 초래됩니다. 그래서 가장 중요한 것은 '어떻게 특이한 욕망을 형성할 수 있을까?'의 문제라고 할 수 있습니다. 그것은 개인으로서의 특이점 즉 개성과 같은 영역으로 간주되고는 하지만, 배치와 관계망이 성숙하면서 섬광과 같이 특이한 욕망이 나타날 수 있습니다. 자본주의 욕망 경제는 통속화된 욕망의 소비라는 외양을 갖추고 있지만, 사실상 도처에서 특이한 욕망의 생성에 따라 끊임없이 자신의 존재 좌표를 수정해야 하는 구도라고 할 수 있습니다. 그래서 펠릭스 가타리는 '분자 혁명'이라는 개념으로 특이성 생산의 영역을 사유하기도 했습니다.

특이성 생산의 순간은 또한 창조적 분열에 의해서 열정과 욕망을 극대화하는 상황도 연출합니다. 그래서 합리주의라는 영역에서 판단하는 '계산되고 예측 가능한 영역'이 아니라, 분열처럼 섬광과 같은 변화

이상한 끌개(strange attractor)

의 순간으로 묘사됩니다. 그래서 특이성 생산의 그림의 구도를 그리기 위해서 기상학자 로렌츠(E. N. Lorentz)가 그려낸 '이상한 끌개(strange attractor)'로 표현되기도 합니다. 이상한 끌개는 고기압과 저기압이 만나는 지점에서 기압골이 어떤 형태를 보이는가로 생각해 보면 좋을 것 같습니다. 마치 프랙털 유형의 그림처럼 설명하기 어려운 형태의 그림이 그려지겠죠. 특이성 생산은 공동체 안에서 만들어지는 선물이나 시너지 효과라고 할 수 있습니다. 마을지원센터의 유창복 님은 '마을의 관계망 속에서 설치는 사람'이라는 표현을 쓰기도 했습니다. 설치고 나서는 사람들이 많아진다는 것은 관계망이 그만큼 성숙되어 있다는 것을 의미합니다. 그리고 이 나서는 사람이 누가 될지 미리 결정되어 있지 않다는 점도 중요합니다. 특이성과 차이에 대해서 배타적인 사람들은 그것을 모순이나 갈등으로 표현하는 사람들입니다. 이들은 특이성과 차이가 나타났다는 점을 수용하면서 차이와 차이 사이에서 또 다른 차이가 생산될 수 있다는 점을 받아들이는 것이 아니라, 공동체에 균열과 갈등, 모순이 시작된다고 보는 대단히 보수적인 시각입니다. 차이가 생겼다는 것은 더 풍부한 논의가 시작될 수 있는 계기로서 유의미합니다. 그래서 차이와 다양성, 특이성은 연결망의 신비라고 할 수 있다는 생각마저 듭니다.

들뢰즈는 '차이의 형이상학자'라고 불릴 정도로 차이의 철학을 만들었습니다. 그러나 그는 차이가 어떻게 강렬해지고 생산되는지에 대해서는 설명할 수 없었지요. 그러던 어느 날 고졸의 혁명가인 펠릭스 가타리와 만나면서, 특이성 생산에 대해서 결정적인 역할을 하는 것이 바로 '욕망'이라는 점을 발견하게 됩니다. 그 후 들뢰즈와 가타리의 작업은 사실상 그 자체가 특이성을 생산했던 과정이라고 할 수 있겠네요. 제가 어떤 사람으로부터 들뢰즈와 가타리의 사상을 한 문장으로 요약해 달라는 요청을 받은 적이 있습니다. 저는 '특이성 생산'이라는 화두를 던지면서 대답했습니다. 사실 저 역시도 특이성 생산이라는 단어처럼 풍부한 함의를 갖고 있는 개념도 없다 생각할 정도입니다. 가타리의 말년의 저작 특히『분열분석적 지도 제작(Cartographies Schizoanalytique)』은 물리학을 통해서 특이성 생산을 설명하겠다는 야심찬 기획입니다. 한국에서는 아직 미출간된 상황이라 아쉬움과 기대감이 교차하는 작품인데, 제가 입수한 프랑스어판 원서를 훑어보니 일단 엄청난 도표와 그림들에 놀랄 수밖에 없었습니다.

여기서 다시 욕망 경제의 애기를 꺼내야 할 것 같습니다. 자본주의의 욕망 경제 속에서 특이성 생산은 어떤 의미를 가질까요? 사실 자본주의 경제는 이질 발생과 동질 발생이라는 생성의 두 가지 측면을 모두 갖고 있습니다. 즉, 차이 생산과 동질성 생산이라는 두 측면을 야누스와 같이 갖고 있는 셈이지요. 자본주의는 색다른 욕망이 만들어내는 특이성 생산의 영역에 관심이 많으며, 색다른 착취의 영토로까지 생각할 정도입니다. 그래서 후기 자본주의는 비자본주의 영역을 필요로 하고, 자신의 원료로서 특이한 욕망을 사용하기를 원합니다. 후기 자본주의는 특이한 욕망이나 특이한 생각의 경로를 탐색하면서, 그것을 체제의 외부로 만드는 것이 아니라, 시스템의 내부로 끌어들입니다. 그 과정에서 욕망의 특이성 생산은 대안적이고 미래 구성적인 의미를 갖게 됩니다. 특히 사회적 경제 분야로 들어가 보면 그것은 매우 분명한 현실의 모습을 띱니다. 그러면서도 자본주의는 기존의 단조롭고 지루한 동질 생산의 일관생산라인을 거두지 않습니다. 문제는 시스템 내부에서 자동적인 것으로 변모한 특이한 것이 결국 계속적인 특이성 생산의 원동력을 상실한다는 점입니다.* 욕망 경제가 지속 가능하게 작동하기 위해서는 계속적으로 욕망의 미래 구성력과 문제제기의 참신함이 요청됩니다. 그것은 영구적인 특이성 생산을 요청하는 상태를 의미하지요. 그러므로 통합된 세계 자본주의는 영구 혁명과 영구 개량의 내부 작동에 의해서 끊임없이 자신의 활동과 일, 놀이 등에 대한 수정이 불가피하게 되는 것이지요.

특이성 생산이 끊임없이 이루어진 자율성의 영토를 꿈꾼다면, 공동

---

* 자본주의는 동질 발생적이면서 이질 발생적이라는 점에서 이중 구속의 시스템을 내부에 갖고 있다. 욕망의 특이성 생산이 네트워크에 심원한 영향을 주는 것에 대해서 예민하게 주의를 기울이고 포획하려고 하면서도, 동시에 동질 발생적인 문명을 만드는 모습은 흐름과 고정점을 함께 갖고 있는 배리의 효과를 의미한다.

체와 접속하거나 새로운 공동체를 만들어서 자신의 생각의 경로와 욕망을 형성하는 것이 필요합니다. 이 과정에서 재미있는 놀이처럼 욕망이 형성되고, 색다른 문제의식이 생성되는 것을 알 수 있습니다. 그리고 공동체의 관계망에서 발생되는 특이성 생산은 공동체의 재생과 순환에서 결정적인 역할을 합니다. 보수적인 사람들은 이러한 특이성 생산이 일어나 색다른 문제의식이 던져지는 것에 대해서 두려워합니다. 그래서 선사시대 고대 문자를 해독해 보니 "요즘 젊은 것들이란!"이라는 의미였다는 얘기가 있다지요. 사실상 공동체는 특이성 생산의 연속적인 과정에서 혁신되고 창조되는 관계망입니다. 이러한 특이성 생산은 욕망가치론에서도 언급했지만, 일반지성의 성숙에 도움이 되는 재료라고 할 수 있겠네요. 그래서 어떤 개인이 자신의 힘만으로 특이성 생산을 할 수 있는 가능성은 거의 없으며, 특이성 생산을 이루는 과정에서 공동체적 관계망이 상호작용한다는 점을 알 수 있습니다.

그러나 저는 욕망의 이러한 역능(force)과 환상을 구분하고 싶습니다. 주변사람들과 가까이에 있는 사람들과의 관계망에서 완벽히 절단된 사람들이 바로 환상을 소재로 외부와 관계합니다. 제가 아는 어떤 친구는 자신이 꾸었던 꿈의 내용을 SNS에 계속 올리기도 합니다. 그러나 중요한 것은 꿈 내용이 아니라 꿈 배치 혹은 꿈자리가 아닐까 하는 생각이 듭니다. 펠릭스 가타리가 장 우리 박사에게 찾아가서 악몽에 대해서 털어놓았을 때 장 우리 박사는 "너는 평소에 오른쪽으로 누워 자지? 그럼 오늘부터 왼쪽으로 누워 자, 그럼 될 거야."라고 대답합니다. 이것이 흐름이 교차하는 관계망이었던 배치(agencement) 사상의 기원이 됩니다. 들뢰즈와 가타리는 배치와 같은 관계망을 굉장히 중시하였던 사상가들이었죠. 특이성 생산의 영역에서도 배치와 관계망이

욕망 자본론

굉장히 중요합니다. 어떤 친구는 세미나 자리에서 특이성 생산으로는 부족하다면서 오타쿠를 예로 들었습니다. 오타쿠처럼 이상한 것을 연구하는 것은 재미있고 특이하지만, 그것이 공동체적 관계망으로부터 분리되어 있는 것이 문제가 있다는 것입니다. 더불어 함께 있을 때 특이성 생산 역시도 의미가 생긴다는 중요한 메시지였던 것으로 기억합니다.

색다른 욕망을 갖는다는 것은 굉장히 중요합니다. 저도 어떤 색다른 욕망이 등장해서 우리를 풍부하게 할 때, 굉장히 들뜨고 기쁘고 재미있습니다. 내가 색다른 것을 원할 때, 나의 삶이 변하고 가까이에 있는 사람들도 함께 영향을 받는 것이 느껴지니까요. 이러한 욕망은 생명 에너지의 흐름이며, 우리 사이의 관계를 성숙시키는 소재가 아닐까 하는 생각이 듭니다. 요즘 윤경 씨가 신화를 소재로 한 책을 쓰면서 고군분투 중인데, 혼자서 생각하도록 만드는 것이 아니라 저도 함께 꿈꾸고 고민하는 것이 어떨까 하는 생각도 들었어요. 혼자서 글을 쓴다는 것은 고독하고 외롭고 자기 결정과 끊임없는 동기부여가 필요하다는 생각이 들어요. 미약하지만 제가 도와드릴 것을 약속하며.

2014년 6월 20일

들뢰즈와 가타리의
욕망의 경제학을 넘어서

사랑스러운 윤경 씨에게

제가 박사과정에 있을 때 윤경 씨를 만났습니다. 그때 저는 그저 가난한 대학원생이었고, 게다가 전망 없기로 이름난 철학을 전공하고 있었지요. 하지만 윤경 씨는 저의 가능성을 인정해 줬습니다. 그리고 늘 저에게 "내가 존경할 수 있는 사람이 되었으면 좋겠다."고 말하였습니다. 어찌 보면 엄하게 자녀교육을 하는 부모처럼 저를 대한 것 같기도 하기도 합니다. 게다가 살을 빼야 한다면서 고정식 자전거로 새벽마다 운동을 하게 해서 덕분에 저는 매일 군대 가는 꿈을 꾸기도 했지요. 7년 전 일인데 마치 어제 같아요. 저는 석사 때 들뢰즈와 가타리를 전공했고, 박사 때는 가타리를 전공했어요. 지금은 윤경 씨와 함께 가타리 세미나를 해서 대부분의 이론에 대해서 윤경 씨가 알고 있지만, 그 당시에는 서로의 일과 공부에 대해서 약간 막연하게 생각했던 것 같아요. 우리가 처음 만났을 당시 저는 『에코소피』(솔, 2008)를 탈고하고 난 직후였죠. 약간 마음이 가벼웠고 새로운 일에 대한 기대가 있었던 시기였습니다. 그리고 윤경 씨와의 만남이 섬광과 같은 변화를 주었던 것 같아요. 저로서는 윤경 씨와 결혼한 것이 제 인생에서 가장 잘한 일이 아닌가 하는 생각이 들어요.

석사 때 들뢰즈와 가타리에 대한 논문을 쓰면서, 저는 상당한 신비감과 영감을 느꼈던 기억이 나요. 특히 리비도 경제에 대한 내용은 저의 생각을 풍부하게 해줬던 부분입니다. 지금 생각해 보면 욕망 경제또는 리비도 경제는 다른 방식으로도 이해될 수 있겠다 싶습니다. 제가 요즘 강단에서 종종 이야기하곤 하는, 성장이 아닌 발전 노선이 그것이죠. 발전 노선과 욕망 경제가 무슨 관련이 있냐고요? 욕망 경제는 공동체의 내포적 발전에 기여할 수 있는 영역으로서 사유될 수 있기 때문이지요. 공동체의 관계망이 성숙하고 발효하기 위해서는 그것의 재료와 촉매제가 필요합니다. 그 촉매제 역할을 사랑과 욕망이라는 색다른 생명 에너지의 흐름이 담당할 수 있을 것이라는 것이 저의 생각입니다. 기존 생태주의자들이나 공동체 운동가들은 자신의 내부에서 발생된 욕망을 자본주의적인 욕망과 동일시하는 경향을 가졌습니다. 욕망을 절제하고 금욕주의적인 삶을 지향했지요. 그렇기 때문에 공동체가 닫히거나 정체되는 결과를 낳았습니다. 욕망과 사랑의 흐름은 공동체 관계망에 보이지 않게 기여한다는 생각이 듭니다. 그런 의미에서 우리가 요즘 함께 공부하고 있는 가타리의 『미시 정치』(도서출판b, 2006)라는 책에서 얘기하는 '욕망의 미시 정치'가 중요한 것 같습니다.

저는 가타리가 제안하는 특이성 생산 혹은 주체성 생산과 함께 관계망 창발도 중요하다고 생각합니다. 물론 가타리도 배치와 관계망에 대한 개념을 구사하지만, 저는 관계망의 역동적인 힘의 작용에 대해서도 주목합니다. 그래서 유한한 존재들이 서로 결속하고 연결되면서 무한한 발전을 할 수 있다는 생각을 스피노자의 사상을 빌려서 설명하기도 했습니다. 고립된 개인이 머릿속에서만 무한으로 진입할 수 있다는 관념론이 아니라, 접촉, 실천, 사랑, 욕망, 변용 등을 통해 공동체와 접촉 경계면 속에서 발아하고 생성하는 무한속도를 생각했습니다. 그런 의미에서 저의 발전 노선은 그저 내포적 발전으로만 보기보다는 관계망에 굉장히 역동적인 역할과 기능을 부여하는 것입니다. 기존의 발전 노선은 대부분 자생성의 신화에 기반하고 있습니다. 즉, 자연스럽게 공동체적 관계망이 성숙하고 발효되고 그 외부에서 지식인이 개입하는 것이 중요하다는 생각이 그것입니다. 그러한 지식의 외부 개입과 달리, 지혜는 관계 내부에서 발효된다는 생각이 듭니다. 그리고 자연주의, 자생성이라는 신화가 아니라, 관계망 창발을 만들 정도로 내부의 사랑과 욕망의 흐름에 대한 미시 정치가 필요하다는 생각을 했습니다. 그것은 외부 지식인의 개입과 모델화가 아니라, 공동체 내부의 구성원들이 미지의 관계망을 만들어가면서 서로를 뻔하게 보는 의미화로부터 벗어날 필요가 있다는 점을 의미합니다. 이러한 관계망 창발에 기반한 내포적 발전 전략은 초기 가타리의 라 보르도 병원에서의 제도(=관계망) 요법에 기반하고 있습니다. 제도 요법은 특이한 관계망이 설립되면 따로 제도화하는 과정이 없다 하더라도 전체 관계망에 심원한 변화가 초래된다는 사상입니다.

사실 저는 욕망하는 기계와 같이 자신이 원하는 것과 관련하여 반복을 만드는 욕망 경제의 기본 단위에 대해서 약간의 의문을 갖고 있습

욕망 자본론

니다. 욕망에 따라 반복을 설립하는 것도 매우 중요하지만, 욕망에 따라 흐름을 순환시키는 것도 그 못지않게 중요하다는 생각 때문입니다. 물론 반복이라는 기계 작동을 보이는 고도로 조직된 상태가 네트워크와 공동체에서 중요하다는 것은 사실이지만, 이러한 고도로 조직된 존재 양상으로 나타나는 것만이 아니라, 나일 수도 너일 수도 있는 사랑과 욕망의 흐름의 상태로 돌봄을 수행하는 것도 굉장히 중요하다는 생각이 들었습니다. 반복은 강건하다면 흐름은 와해되어 있다고 생각하면 오산입니다. 왜냐하면 흐름 역시도 고도로 조직된 관계망의 영역이기 때문입니다. 그런 점에서 들뢰즈와 가타리의 '소수자 되기'의 영역은 사랑을 규명하는 전거가 되는 개념이라는 생각이 듭니다. 얼마 전 편지에서 되기(becoming)에 대해 설명한 적이 있지요? 여기서 되기는 흐름입니다. 들뢰즈와 가타리가 사랑이라는 개념의 모호함 때문에 되기로 표현했던 것은 어느 정도 이해가 갑니다. 그러나 말년에 가서 사랑을 욕망으로 통합하여 사고함으로써 사랑과 욕망의 차이를 두지 않은 것에 대해서는 조금 의문이 들더군요. 사랑 혹은 스피노자의 방식으로 얘기하면 신체 변용은 공동체 구성원들을 상대주의자들로 만들어버립니다. '너도 맞고 나도 맞고'라고 얘기하는 방식의 공동체의 대화법은 곧 흐름의 상태가 활성화된 상황입니다. 그것은 욕망처럼 쉽게 반복을 설립하지 않고 주변을 감싸안으면서 더불어 함께 문제의식을 형성하려는 노력을 보입니다. 그런 의미에서 저는 사랑과 욕망을 완벽한 동의어로 보는 방식에 대해서 작은 문제제기를 해봅니다.

욕망하는 기계라는 개념은 비록 접속, 이접, 연접과 같은 연결 방식이 있다 하더라도 개체 중심주의적인 경향을 갖습니다. 개체 내부에서 반복이 지속된다는 설정이 그것입니다. 그러나 소수자 되기라는 개념은 공동체 내부에 흐르는 정동에 대해서 다루면서 연결망에 대해서 강조하는 경향을 갖습니다. 오래전부터 지속되어 온 생태주의 논쟁에서 "개체가 먼저인가? 연결망이 먼저인가?"라는 두 가지 사상이 큰 구도를 그린다는 점에 우리는 주목해 봐야 할 것입니다. 욕망과 사랑은 같아 보이지만 '개체적인 경향을 갖는 욕망'과 '연결망의 경향을 갖는 사랑'으로 구분이 됩니다. 그런 의미에서 사랑과 욕망은 차이를 갖는다는 생각이 듭니다. 또한 불교에서는 대승불교와 소승불교의 전통에 차이가 있습니다. 대승불교는 한 번의 깨달음이 인생 전체를 바꾸는 해탈에 이르게 하고 이러한 깨달음은 계속 지속된다는 개념입니다. 반면 소승불교는 찰나마다 수행을 통해서 끊임없이 질문을 던져야 한다는 점에서 차이를 갖습니다. 저는 대승불교와 소승불교의 구분에서도 사랑과 욕망의 차이점이 드러난다고 생각합니다. 소승불교와 같이 자신의 실존을 규명하기 위해서 끊임없이 노력하는 과정은 사랑과 일치합니다. 그러나 대승불교처럼 한 번의 순간에서 섬광과 같은 변화를 추구하는 것은 욕망이라는 생각이 듭니다. 물론 들뢰즈와 가타리의 욕망 경제의 제안이 갖는 문제의식은 여전히 유효합니다. 단지 욕망 경제의 범주에 들어가지 않는 선물과 증여, 호혜의 경제 또한 존재한다는 생각을 첨부하기 위해서 제가 주저리주저리 쓰고 있는 것입니다. 즉, 욕망의 경제와 더불어 사랑의 경제 역시 존재하는 것입니다.

들뢰즈와 가타리가 제안한 기관 없는 신체의 상태는 개인에게도 사회에도 집단에도 공동체에도 내재되어 있는 강렬도=0의 신체의 양상입니다. 저는 사회 분열 양상이 심각해진 이후, 변증법적으로 사회 및 공동체와 매개할 수 없는 수많은 사람들을 바라봅니다. 예를 들어 자살과 양극화라는 사회 분열 양상이 상관관계가 있음에도 불구하고, 자살 위기의 상황에 직면할 때 대부분의 사람들이 기관 없는 신체의 극한적 신체를 사회적 신체와 매개해서 사고하지 못하는 개인적인 레퍼토리가 있다는 점을 발견했습니다. 사실상 공황의 상태가 전 사회적으로 나타나는 것은 자본주의 사회에서 봉쇄되었지만, 공황의 상태가 개인의 영토에서 벌어지는 것은 일상다반사가 되었습니다.*

그렇기 때문에 아주 위생적인 침묵이 감도는 사회에서 소수자나 사회적 약자는 개인 단위로 파편화되어서 부서져 버립니다. 그런 의미에서 기관 없는 신체라는 영도의 신체는 분열자만이 아니라, 자본주의 사회에서 살아가고 있는 개인들이 직면하는 유한한 신체의 극한이라고 할 수 있습니다. 그래서 사회안전망과 기본소득이 매우 중요한 의미를 갖습니다. 나락으로 떨어진 사람들은 사회와 어떤 매개도 없이 공황 상태에 직면하지만, 그것을 사회와 공동체의 기본소득이나 관계망으로 매개할 때 기관 없는 신체는 욕망을 재배치할 수 있는 매우 중요한 계기로서 작동하기 때문입니다.

강조되어야 할 것은 이 사회의 가장자리에 있는 소수자, 주변인, 아웃사이더들의 독특한 가치를 알아주어야 한다는 점입니다. 그것을 저는 가타리의 욕망가치 개념을 빌려 설명하고자 했습니다. 생태계에서도 중심이 아니라 가장자리에서 생명이 발아합니다. 바다와 육지가 만나는 곳에서 철썩이는 파도가 생명의 기원이었고, 산과 들이 만나는 곳에서 생명이 발아하는 것도 가장자리 효과를 보여줍니다. 자본주의 욕망경제는 가장자리에 '무엇은 ~이다'라고 확실히 의미화될 수 없는 모호

---

* 자본주의는 공황의 상황을 사회적인 질서 때문이 아니라, 개인 책임으로 돌리는 방법을 발견하였으며, 자기계발과 자기 통치에 대한 기법들을 갖추지 않으면 추락, 붕괴, 멘붕으로 향할 수 있다는 메시지를 대중들에게 주입한다.

하고 흔들리며 다의적인 것들에 대해서 식별하고 걸러내는 체를 갖고 있습니다. 그러나 이러한 소수자들이 관계망을 풍부하게 만들고 사회적으로 일반지성의 성숙에 도움이 된다는 점을 고려해야 할 것입니다. 그래서 가장자리나 주변은 그저 앞으로 성장하기 위해서 배제해야 할 풍경이 아니라, 끊임없이 공존하고 서로의 관계를 성숙시켜야 할 영역입니다.

다시 들뢰즈와 가타리의 욕망 경제의 문제로 돌아가 보자면, 그 두 사람이 지적한 것은 특이한데도 불구하고 의미화할 수 없는 욕망의 경우에는 이를 배제해 버리는 자본주의 욕망 경제의 문제를 지적하는 것입니다. 저는 한 대학의 성소수자 모임에서 플래카드를 걸어놓은 것을 보고 상당히 감격을 받았습니다. 거기에는 "차이를 차별로 만들지 말라"라는 글귀가 쓰여 있었습니다. 사실 이 문구로 들뢰즈와 가타리가 생각한 욕망의 경제학의 핵심을 잘 표현할 수 있겠다 싶더군요. 소수자 운동의 경우에는 자신의 정체성을 인정받고자 하는 정체성 운동의 관문을 통과하는 경우가 많습니다. 이 사회에서 투명인간으로 간주되면서, 엄연히 특이한 욕망을 갖고 있는 주체성임에도 불구하고 그것이 배제되거나 차별될 때 소수자 운동은 정체성 운동으로 수렴됩니다. 저는 여기서 한 발자국 더 나아가 보이지 않는 횡단의 운동도 필요하다는 생각이 듭니다. 이는 자신의 관계망과 배치에서 천천히 주변과 가장자리에서 스며드는 운동의 양상을 의미하지요. 그리고 이미 그러한 보이지 않는 운동 방식에 의해서 사회 생태계가 변화하고 있음을 목도하고 있습니다. 어쩌면 우리가 주목해야 할 부분은 가시적인 정체성이나 이름이 아니라, 이름 없는 사람들로 이루어진 사랑이 아닐까 하는 생각이 들었습니다.

들뢰즈와 가타리는 '흐름의 잉여가치'라는 개념을 통해서 색다른 잉여가치 착취의 양상에 대해서 다룹니다. 공동체의 외부에서 들어온 자

　　　　　　　　　　　　　　欲望 자본론

원/부/에너지의 흐름은 각 공동체 구성원 각각에게 분배되는 것이 아니라, 사랑과 욕망, 정동의 흐름에 따라 순환되고 재생되어야 시너지 효과를 가질 수 있습니다. 이것은 공동체의 흐름의 경제의 양상입니다. 비슷한 말로 '코드의 잉여가치'라는 개념이 있지요. 그러나 '흐름의 잉여가치(surplus de flux)'는 '코드의 잉여가치(surplus de code)'와 동의어는 아닙니다. 코드의 잉여가치는 공동체적 관계망이나 집단지성에 대한 자본의 새로운 착취 양상을 의미합니다. 흐름의 잉여가치는 코드의 잉여가치의 양상과 유사하지만, 사실은 협동조합이나 사회적 경제 등의 공동체가 만들어내는 관계망 속에 흐름을 순환시키고 관계를 성숙시켜 사회적 자본을 만들어내는 방식입니다. 즉, 공동체에서 고정된 역할, 기능, 직분이 미리 정해져 있는 것이 아니라, 흐름에 따라 변모하며 관계망 속에서 욕망이 배치되고 재배치되면서 관계가 성숙하면서 얻게 되는 시너지 효과를 의미합니다. 그래서 통합된 세계 자본주의 역시도 흐름의 잉여가치 현상에 착목하면서 코드의 잉여가치라는 부가적 착취 전략을 구사하는 것입니다. 그러나 흐름의 잉여가치가 갖는 다성성과 풍부함, 다채로움을 코드의 잉여가치는 가질 수 없겠지요. 예를 들어 기업들이 흐름의 잉여가치를 명분으로 대대적인 구조조정을 하면서 조직 혁신을 하는 유연화와 같은 국면도 자본에 의한 흐름의 잉여가치를 흉내낼 뿐 그것에 도달할 수 없는 경직성을 보여줍니다. 구조조정은 '변용 금지'이자 '흐름 금지'니까요. 들뢰즈와 가타리의 저작의 난해함에도 불구하고, 욕망 경제를 설명하는 풍부한 전거가 『앙티 오이디푸스』와 『천 개의 고원』에 담겨 있습니다.

윤경 씨가 어제 철학공방 〈별난〉에 찾아온 친구들과 대화할 때, 제가 끼어들어서 이런저런 이야기를 했지요. 친구들 사이에서 윤경 씨가 저에 대해서 어떻게 묘사하는지에 대해서 듣고자 했습니다. 우리 사이에도 욕망의 경제학이 있지 않을까 하는 생각이 듭니다. 비록 우리 두 사람은 들뢰즈와 가타리와 같은 사이는 아니더라도 그 이상의 관계망으로 성숙할 수 있는 잠재력을 갖고 있다는 생각도 들어요. 같이 작업하면서 세미나도 같이 하고 서로의 글을 읽고 수정해 주는 우리는 대학원생 커플 같다는 생각도 들어요. 늘 그 이상의 의미를 찾기 위해서 노력하겠습니다. 가까이에 있는 당신에게 감사하며.

2014년 6월 22일

욕망 자본론

5부

욕망과 기호의 경제

의미는 지독한 권력이다

지혜로 충만한 윤경 씨에게

　제가 욕망에 대해서 많이 말하다 보니, 제 친구들은 우스갯소리로 욕망 전문가가 다 됐다고 말하기도 하고, 간혹 욕망을 말하는 것에 대해서 색안경을 끼고 보는 사람도 있어요. 그들이 이해하는 욕망은 아직도 탐욕과 갈애의 사이에 머물러 있는 듯 싶습니다. 생산하는 욕망, 창조하는 욕망에 대해서 상상해 본 적이 없기 때문일까요? 첨단기술 사회가 된 자본주의는 신체 욕망의 단계에서 기호 욕망의 단계로 이행했다고 펠릭스 가타리는 어디에선가 말하기도 했죠. 신체에서 나오는 욕망에서 기호에서 생산되는 욕망으로 이행했다는 증거들이 이제 도처에서 발견됩니다. 예를 들어 성 욕망의 내밀한 부분에서 영상 이미지가 들어와 있고, 가정주부와 노동자의 삶의 내부에 미디어가 들어와 있습니다. 물론 색다른 기호 흐름을 창출해 내는 관계망이 없는 것은 아니지만, 대부분의 사람들이 기호를 소비하면서 상품에 대해서 만족을 느끼는 상태로 전락할 위험도 역시 존재합니다. 이러한 소비 욕망에 대해서 말했던 사람은 포스트모던주의자인 장 보드리야르입니다. 그의 책 『시뮬라시옹』(민음사, 2012)에서는 파편화된 기호 작용에 의해서 소비 욕망이 조직되는 바에 대해서 말합니다. 저는 이 책에서 상품을 소비하는 것이 아니라, 기호를 소비하고 있는 소비자의 상황을 잠깐 엿보았습니다. 그러나 그의 책은 이성의 통합력이 상실된 탈근대의 상황을 묘사하면서, 기호에 의해서 해체된 주체성을 응시합니다. 그러나 그러한 와해되고 파편화된 기호 소비의 상태는 대안적인 주체성 생산의 가능성에 대해서 침묵합니다. 이런 주체성과 이성의 종언이라는 포스트모더니즘이 사실상 시장 만능주의인 신자유주의에 대해서 공모한다는 역설적인 측면을 갖고 있기 때문에, 저는 이 책을 읽는 내내 상당히 우려스러웠습니다.

기호 생산에서 가장 토대가 되는 영역이 아카데미 즉, 대학이라고 할 수 있습니다. 기존 아카데미가 이성의 포로였다면, 지금은 자본의 포로가 되었다고 생각하니 조금 씁쓸해지는군요. 저 역시도 아카데미에서 도제적인 지적 훈련을 받으면서 젊은 시절을 보냈지만, 아카데미가 현존 자본주의와 공모하고 있는 지점이 있다는 점을 발견하고 되도록 거리를 취하고 있는 중입니다. 아카데미의 효시가 된 사람은 플라톤입니다. 플라톤은 기원전 387년 '아카데미아'라는 고등교육기관을 설립하고 자신이 추구하는 이상 국가를 실현할 인재를 양성하고자 했지요. 아카데미는 그 기원에서뿐만 아니라 사상적인 측면에서 플라톤의 전통에 있습니다. 플라톤은 진실이 관계 외부에 저기 저편에 따로 실재한다는 사상을 이데아론에서 피력합니다. 그리고 그것은 아카데미의 모델로 굳어졌지요. 아카데미에서 훈련받은 사람들은 "~는 ~이다"라고 정의(definition)하고 의미화하는 훈련을 받습니다. 물론 이것에 대한 근거는 '유사하다, 닮았다'라는 다분히 유아적이고 자의적인 전제로 출발함에도 불구하고, 객관적 진리가 실재한다는 생각은 근대의 분석적 실재론까지 계승됩니다. "단정적으로 정의할 수 있는 사람이 철학자인가? 아니면 질문을 던지고 의문부호를 갖고 있는 사람이 철학자인가?"라는 지점은 논쟁의 여지가 있습니다. 정의를 내리고 일정한 답을 의미화할 수 있는 사람이 철학자라고 생각하는 경우가 바로 아카데미입니다. 이러한 아카데미의 정의를 통한 의미화는 자본주의 등가교환의 기초가 되는 기호 작용입니다. '책상은 책상이다'라는 의미화가 있어야 상품이 성립되고 '이것은 내 것이다'라는 의미화가 있어야 소유권이 분명해지니까요. 많은 사람들이 그러한 의미 작용의 포로가 되어 아카데미에서 도제 수업을 받습니다. 하지만 사실은 신선한 문제의식으로 가득 찬 젊은이들이 들어와서 아카데미의 고정관념에 갇혔다가 자본주의 사회에 복무할 수 있는 답을 갖고 배출되는 과정이라고 생각됩니다.

이처럼 자본주의에 필수적으로 필요한 고정관념을 기표(signifiant)라고 말합니다. 기표는 '의미화한 것'이며, 기의(signifie)는 '의미화된 것'입니다. 소쉬르에게 기표는 청각 영상이고 기의는 개념이었지만, 라캉으로 넘어오면 '능기(能旗)'와 '소기(所旗)'의 의미화의 기호이자 불변항의 기호로 간주됩니다. 라캉에게 있어 기표는 사법적 지위를 갖는다고 할 정도로 무소불위의 불변항의 구조로 간주됩니다. 그래서 의미화의 외부에 있는 것을 의심하고 정신질환의 상태라고 규정해 버리지요.

욕망 자본론

기표화된 고정관념에 대한 소수자의 목소리들

그러나 공동체에서는 '이것은 내 것이다'라는 의미화를 넘어서 '내 것도 네 것도 아닌 것'이 등장합니다. 그것은 사랑과 욕망에 따라 순환하는 선물로 드러나는 흐름이라고도 볼 수 있습니다. 의미화의 고정관념을 넘어선 사랑과 욕망의 흐름은 많은 것을 창조해 냅니다. 너와 나 사이에서 공유 자산, 생태적 지혜, 집단지성을 생산하니까요. 자본주의에서는 의미가 고정된 것만이 거래되는 관계일 수 있습니다. 소비자와 생산자, 판매자라는 의미가 명료해야 통속적인 거래가 성립되니까요. 그리고 상품이 사랑, 욕망, 정성, 인격으로부터 분리된 물건으로 의미화되어야 사고팔 수 있는 것이 됩니다. 그렇기 때문에 통합된 세계 자본주의의 가장 기반이 되는 기호 작용은 기표와 같은 의미 작용이라고 할 수 있습니다. 사실 이러한 의미 작용은 지독한 권력입니다. "A일 수도 B일 수도" 있는 것이 아니라, "그러므로 너는 ~이다"라고 규정할 수 있는 힘은 권력으로부터 기원하니까요. 사실 아이들의 경우에는 질문을 끊임없이 던지는데, 그것은 호기심 때문이기도 하지만 의미화할 수 있는 권력이 없다는 점 때문이기도 합니다.

자본주의 경제는 보편적인 것으로 의미화함으로써 상품이라는 뻔한 것으로 간주되는 과정이 있습니다. 예를 들어 내가 새에 '동수'라는 이름을 붙인다면, 그것은 보편적인 새이기 이전에 특이하며 나만의 새인 동수가 됩니다. 그러나 보편적인 새로서만 간주된다면, 종류화의 과정에서 식별된 새는 사고 팔릴 수 있는 것으로 바뀝니다. 특이하며 단독적이고 유일무이한 것을 개별-특수-보편의 변증법에 따라 종류화하는 과정은 바로 헤겔의 변증법에서 유래됩니다. 헤겔은 존재를 성숙하고 완성하는 과정으로 흐름이 복무하도록 만드는 방법론으로써 변증법을 창안하였습니다. 이런 점에서 헤겔 이후의 의미화 과정은 대부분 보편적인 것으로 만들어서 뻔하게 보는 것을 특징으로 합니다. 예를 들어 내가 찻주전자를 만들어낸다고 한다면 그것 하나하나에 특이성이 있을 것인데, 그것을 보편적인 찻주전자의 일부로 간주함으로써 공산품화하는 것이 변증법이겠지요. 이러한 포섭과 포획, 선별의 과정이 변증법에 내재했기 때문에 특이한 것을 의미화하는 방법론으로 선호되었습니다. 자본주의는 의미화와 모델화를 영구적으로 확장함으로써, 지독히 고정관념에 가득 찬 관계망에서도 성장할 수 있었습니다.

자본주의는 그런 의미에서 자유와 평등을 근거로 하지만, 시장에서의 자유와 국가에서의 평등으로 한정되는 한계를 갖습니다. 자본주의 욕망 경제는 의미화를 시킬 수 있는 권력을 품고 있기 때문에, 사실상 미시 권력을 가지고 차이 나는 욕망들을 선별하고 배제하여 상품으로 만듭니다. 의미를 알 수 없는 예술작품이나 의미의 그물로 들어오지 않는 독특한 욕망들은 배제되고 선별되어 이 과정에서 사라집니다. 그런 의미에서 자본주의 욕망 경제는 특이한 욕망에 대한 배제와 차별을 멈추지 않는다고 할 수 있지요. 일단 특이한 욕망의 정체가 무엇인지, 그것을 등가교환의 질서에 받아들일 수 있는지를 자본주의가 탐색하면, 그 다음에는 그러한 욕망 중 일부를 통속적인 공산품 유형으로 사고 팔 수 있게 가공합니다. 그러나 특이한 욕망은 공동체를 풍부하게 만듦으로써 이미 자본주의 가치 질서에 들어와 있는 것입니다. 그럼에도 불구하고, 차별과 선별은 이를 외부에 있는 타자로 간주하면서 이루어집니다. 많은 특이한 욕망이 삶의 지혜와 생활연관에서 이미 작동하고 있음에도 가치화되지 못하고 그저 욕망의 형태로만 작동하지요. 그렇기 때문에 이러한 욕망을 자본화하려는 시도도 꾸준히 일어납니다. 그런 의미에서 사회적 경제는 색다른 의미를 갖는다고 할 수 있습니다.

의미화 과정을 거친 욕망은 특이성을 회수당하기 때문에 대부분 텅 빈 상태로 존재하게 됩니다. 특이한 욕망에는 여러 가지 이행의 구성 요소들이 있고, 색채, 음향, 느낌, 향기, 몸짓, 표정 등의 비기표적인 기호 작용이 있고, 그것을 만들어낼 수 있었던 관계망과 배치가 있습니다. 그러나 의미화는 그러한 관계 맥락에서 분리시켜 제품화할 수 있는 것만을 쏙 빼갑니다. 그렇게 되면 원래는 삶의 욕망이고 공동체의 공유 자산이었던 것이 천연덕스럽게 제품이나 공산품이 되어 등장합니다. 이러한 욕망의 회수에도 불구하고, 다른 특이한 욕망의 생성이 이루어지기 때문에 공동체는 그런 회수를 담대히 받아들입니다. 물론 그렇게 '누구의 것이다'라고 저작권이나 특허권으로 의미화한다고 할지라도 사회의 일반지성과 공동체의 생태적 지혜는 고갈되지 않습니다. 사실 더 많은 것을 생산할 수 있는 관계 성좌와 배치를 갖고 있기 때문이죠. 그런 의미에서 욕망의 경제에서 의미화 과정은 욕망의 경찰과 같은 역할을 한다고 할 수 있지요. 빈민가를 예로 들어보죠. 빈민가에서 특이한 욕망과 항의하는 무의식이 작동하게 되면, 사회복지사, 사회 서비스 종사자, 치료 행위에 종사하는 사람들, 미디어 매체 등이 파견되어 그러한 특이한 욕망의 관계 맥락을 살피고 사회 조사 사업을 합니다. 또한 제3세계 영역에서 만들어졌던 생태적 지혜를 착취하기 위해서 민속학 전문가나 인류학자, 선교사 등이 파견되는 것도 비슷한 맥락입니다.

어떤 친구로부터 "의미화는 자본주의의 대표적인 기호 작용인데, 의미화가 문제라면 우리는 어떻게 말할 수 있고 인식할 수 있느냐?"라는 질문을 받았습니다. 저는 기표/기의의 의미화의 고정관념이 아니라, 내용/표현이라는 방법론을 사용해야 한다고 봅니다. 내용/표현은 유연하고 연대적인 기호 작용으로서, 엘름슬레우(Hjelmslev)라는 기호학자에 의해서 주장되었습니다. 어떤 아이가 제대로 기표/기의라는 고정된 의미에 도달하지 못하더라도 내용이 전달되고, 빗나간 표현을 사용하더라도 의사소통은 충분할 것이기 때문입니다. 이를테면 아이가 내용상 '빨간 차이며 소리를 내는 차'라고 해도 이해되며, 표현상으로 소뺑차, 소빵차라고 해도 이해가 되기 때문입니다.*

의미화는 모델화이며, 권력의 시선에서 만들어지는 기호의 직조물입니다. 반면 민중과 소수자는 관계 맥락 내부에서 내용과 표현의 양상 속에서 고정관념을 통하지 않고도 대부분의 공감대를 형성할 수 있

---

* 기표라는 의미화를 통하지 않는 기호론은 내용/표현의 유연한 구분 속에서의 언표로도 사유될 수 있다. 민중들이나 소수자들은 정의를 분명히 하지 않고도 의사소통한다. 이는 개방적이고 열린 자세나 따뜻하고 부드럽게 끌어안는 대화와 공감 능력을 의미한다.

습니다. 굳이 문법화된 언어가 아니더라도 말이지요. 내용/표현의 상과 이미지에서는 자본주의 상품화의 가능성은 굉장히 낮아집니다. 왜냐하면 "청소할 때는 청소기를"이라는 카피를 보더라도, 내용과 표현상에서는 그 제품이나 상품을 적시하는 것이 아니라 이해와 공감의 수준에서만 머물기 때문입니다. 자본주의는 무의식적으로나 의식적으로 고정관념을 형성하도록 광고와 이미지를 동원하지만, 내용/표현은 그저 연대적이고 유동적으로 받아들일 뿐 꼭 소비해야 한다는 관념을 갖지 못합니다. 그런 의미에서 특이한 욕망에 의해서 말로는 설명될 수 없지만 풍부해지는 공동체적 관계망에 대한 설명은 기표와 기의가 한 쌍이 아니라, 내용과 표현을 통해서 전달되고 사유될 수 있습니다.

의미 작용은 플라톤 이래로 오랜 기간 동안 찬양되었습니다. 즉, 정의하고 규정하고 단정할 수 있는 전문가가 있다는 것에 대한 환상입니다. 우리가 점이나 역을 보면 "당신은 ~해야 해." 혹은 "~은 ~이야." 라고 의미화하고 단정할 수 있는 신비한 능력을 갖고 있는 무당이나 점쟁이를 만나게 됩니다. 근대 자본주의는 이런 무당이나 점쟁이의 단정하고 정의할 수 있는 능력을 합리적인 의미화와 모델화의 전문가에 부여했습니다. 그래서 아주 합리적인 논증 구조 속에서 관계 외부에서 진리를 취득할 수 있는 사람들도 등장했습니다. 그러나 관계 맥락의 풍부함과 다채로움을 의미화의 논리로 다 포획할 수 있다는 것은 잘못된 발상입니다. 제가 〈2012년도 성미산마을 기초연구조사사업〉에 참여할 당시 마을 활동가들을 인터뷰하면서 그것의 의미를 해석하는 과정이 오히려 공동체적 관계망의 다채로움을 화석화하고 일면화하는 것이라는 점을 많이 느꼈습니다. 사실 풀뿌리 공동체의 관계망이 갖고 있는 다의적이고 다성적인 것을 의미화의 맥락으로 다 표현할 수 있다는 것은 지식인의 오만과 편견입니다. 보통 프로젝트나 공모 등에서 대부분의 전문가들은 의미화의 모델을 제시합니다. 그 모델이 워낙 화려하고 세련되어 있기 때문에, 의미 생산의 영역이 현실과 따로 실재한다는 플라톤의 생각이 옳다는 생각이 들 정도입니다. 그러나 그들 프로젝트의 대부분은 공동체적 관계망을 사유화하거나, 기획 의도에 맞추어 쑤셔 넣는 것에 불과합니다.

저는 여기서 욕망의 흐름이 의미화의 고정관념을 통해서 화석화되고 중화되고 살균될 수 없는 야성성을 갖추고 있다는 점에 주목합니다. 그렇기 때문에 공동체나 집단의 자율성은 욕망의 야성성에 의해서 작동하는 것이지요. 또한 의미의 기호론은 욕망 경제의 다채로움과 풍부함을 회수하고 상실한 상태에서 소비 상품으로 만들려는 자본주의 기호계의 일종이라고 생각됩니다. 그래서 욕망 경제와 사랑의 경제 둘 다의 잠재력과 가능성을 표현하기에 의미화된 질서는 매우 유아적인 해석일 수밖에 없으며, 세련되지만 오도된 권력의 기획으로 남아 있을지도 모릅니다. 윤경 씨는 제가 "~은 ~이다."라고 단언하거나 정의하지 못하고 머뭇거리는 것에 대해서 지적했지요. 사실 강연 중에도 그러한 의미화의 권력의 맥락에서 발언한다는 것이 과연 적절한 것인가에 대한 의문이 들 때가 많아서입니다. 어떤 철학자는 "그것은 ~때문이야."라고 한 마디로 시원스럽게 단언하고 규정하는 경우도 있다고 들었습니다. 그러나 저는 답을 제공하는 사람이 아니라 훌륭한 질문을 던지는 철학자가 되고 싶습니다. 훌륭한 문제의식은 진행형적 사유이기 때문에 우리의 사랑처럼 깊이 성숙해 가고 발효되는 것이기 때문입니다.

2014년 6월 24일

욕망 자본론

도표적 욕망인가?
기표적 욕망인가?

자애로운 윤경 씨에게

　우리가 연구실 주변에서 밥을 주곤 하던 길냥이, 대심이를 연구실 안으로 데리고 와서 함께 지낸 지 2년째가 되는군요. 이제 철학공방 〈별난〉의 마스코트가 된 대심이는 책상 위에 앉아 허공을 응시하면서 조용히 앉아 있거나 꾸벅꾸벅 졸거나 해서 '철학고양이'라는 애칭이 붙었지요. 동물들을 보면 놀이가 생각납니다. 동물도 아이처럼 놀이를 좋아하니까요. 오늘은 놀이가 갖고 있는 신비로운 능력에 대해 이야기해 볼까 합니다. 그전에 자본주의에 대해서 먼저 운을 띄워볼까요? 언젠가 제가 자본주의는 '~은 ~이다'라는 기표 즉 고정관념을 만들어낸다고 설명한 적이 있지요. 자본주의는 고정관념으로 존재하는 기표 질서 이외에는 고도로 조직될 수 있는 여지는 없다고 말합니다. 그래서 자본주의는 의미화의 외부에 있는 사람들을 해체되고 와해된 사람이라고 간주합니다. 그러나 공동체 내부에는 고도로 조직되어 있으면서도 고도로 자유로운 기호 활동이 있습니다. 그것이 바로 놀이입니다. 놀이에는 고도로 조직된 규칙이 있습니다. 놀이에서는 죽음과 삶을 횡단합니다. 금은 있지만 금기와 터부가 아닌 재미를 위한 설정입니다. 놀이를 이해하면 펠릭스 가타리가 언급한 고도로 조직된 기표 질서 외부에, 고도로 조직되어 있지만 자유로운 도표가 이해가 갈 것입니다. 요전에 녹색당에서도 '재미와 의미 사이'라는 기획으로 토론회를 했다지요. 공동체에서는 재미를 추구하다 보면 의미가 없게 되고, 의미를 추구하다 보면 재미가 없게 되는 그러한 상황에 대해서 토론이 자주 일어난다고 합니다. 의미는 '~은 ~이다.'라고 말할 수 있는 질서이지만, 재미는 의미를 횡단하고 이행하는 색다른 작업입니다. 놀이를 하고 있는 아이들을 지켜본 적이 있다면 금방 이해할 수 있을 것입니다. 아이들은 이 놀이에서 저 놀이로 쉽게 이행하고 횡단하고 변이됩니다. 그래서 1시간 동안 10번 이상 놀이를 바꿉니다. 왜냐하면 재미를 위한 것이니까요. 오늘 얘기하게 될 기표적 욕망과 도표적 욕망도 쉽게 말해서 의미와 재미라는 구분으로 파악하는 것이 좋을 것 같습니다.

통합된 세계 자본주의는 지구 여기저기에 비슷비슷한 욕망을 생산합니다. 자동차, 육식, TV, 아파트와 같은 문명이 세계 곳곳에서 나타나는 현상입니다. 이러한 통속적 욕망을 소비하면서 사람들은 향유와 만족을 얻지요. 이러한 소비 욕망들은 자본주의 질서에서 식별되고 선별된 욕망들입니다. 자본주의는 공동체의 지혜 중에서 의미화시킬 수 있는 것들을 선별하여 상품화한다고 했었죠? 의미화는 곧 기표입니다. 그래서 그것을 기표적 욕망이라고 할 수 있지요. 자본주의는 욕망을 활성화하지만, 자신의 틀에서 벗어나지 않는 욕망 증대 구조를 갖고 있습니다. 그래서 사람들은 이렇게 기표적인 욕망을 소비함으로써, 살아 있음을 느끼지요. 예를 들어 TV는, 노동자로 하여금 생산 현장에서 소외되어 있고 천대받던 자신이 소비자로서 얼마나 환대받는지를 알 수 있게 합니다. TV를 본 노동자는 다음날 출근할 수 있는 가치와 의미를 얻게 됩니다. 그래서 저는 TV를 보는 것도 노동이라고 말하기도 했습니다. 자본주의적 욕망은 똑같은 삶의 유형을 주조하고 단조로운 일상을 살도록 만듭니다. 안전함과 평화가 그 안에 깃들어 있지요. 그러나 그 외부를 응시하는 순간 엄청난 대가를 치러야 할지도 모릅니다. 자본주의 외부에는 어떤 것들이 있나요? 자본주의 문명과 체제 외부에는 한 해 600만 명씩 기아로 죽는 제3세계 사람들이나 굶주리고 있는 13억 명의 지구인들의 모습이 드러납니다. 이들은 자본주의 문명 외부에서 죽거나 살거나 내팽개쳐진 사람들입니다. 그리고 자본주의 체제는 자신의 외부로 향하는 반체제 인사들이나 저항의 무의식에 대해 강경한 탄압과 가혹한 억압을 합니다. 기표적 욕망은 일종의 부드러운 예속이라고 할 수 있습니다. 달콤하고 부드러운 내부에서 외부를 망각하게끔 만드는 자본주의 문명이라고 할 수 있으니까요.

자본주의적 욕망이 기표적이라면 그 반대편에 있는 공동체의 욕망은 도표적입니다. 도표적 욕망은 자본주의 사회가 고정된 의미를 유지하도록 만든 것을 횡단하고 이행하여 흐름의 상태로 만드는 것을 의미합니다. '도표'라는 개념이 참 어렵지요? 'A는 B다'라고 명확히 설명할 수 없는 'A일 수도, B일 수도' 있는 것이기에 설명하기도 이해하기도 아주 어려운 단어입니다. 좀 전에 저는 기표가 자본주의적이라면 도표는 공동체적이라고 말했습니다. 사람들은 협동조합, 공동체, 마을과 같은 영역에서의 생명 에너지로서의 욕망이 흐르는 것을 느낄 수 있습니다. 이것은 자본주의적 욕망과 달리, 공동체의 활력과 생명 에너지로서 작동하는 욕망입니다. 공동체 내부에서의 일, 놀이, 모임, 돌봄과 사랑 등은 흐름으로써 고도로 조직되어 있습니다. 그것은 자본주의의 고정관념에 따라 사고 팔릴 수 있는 성격이 아닌 것입니다. 기존 생태주의자들이 '욕망=자본주의적인 욕망'이라는 생각을 갖고 있어서, 공동체에 순환하고 재생되어야 할 생명 에너지로서의 욕망마저도 제거하는 모습을 보였습니다. 공동체가 숨 쉬고 즐겁게 살아가고 재미가 있으려면 생명 에너지와 활력이 필요한데, 그 점에 대해서 바라보지 못한 것이었죠. 생명 에너지와 활력은 관계를 발효시키고 성숙시키는 놀이와 같은 영역에 있습니다. 저는 그것을 펠릭스 가타리의 개념에 따라 도표적 욕망이라고 규정하고자 합니다.

기표적 욕망과 도표적 욕망의 차이점을 한번 짚어볼까요? 기표적 욕망은 어떤 틀이나 주형 내부로 욕망이 주조되게끔 만드는 다소 통속적인 욕망이지만, 도표적 욕망은 관계의 상호작용과 흐름 속에서 놀이처럼 재미있게 조직되는 욕망이라는 점에서 차이가 있습니다. 사실 처음에 도표적 욕망으로부터 출발한 것도 시간이 지나면서 일이 되고 의미가 고정되면 다시 기표적 욕망이 되어버리겠죠. 들뢰즈와 가타리는 분자적인 것과 몰적인 것이라는 개념으로 도표적 욕망과 기표적 욕망을 구분합니다. 이에 따르면, 몰적인 것이 하나의 의미와 모델에 집중하는 것이라면, 분자적인 것은 여러 모델이나 의미를 횡단하고 이행하고 변이되는 모습을 보인다고 합니다. 물론 분자적인 재미로부터 시작되어 몰적인 일이 되는 과정을 우리는 공동체나 협동조합에서 숱하게

욕망 자본론

볼 수 있습니다.*

저는 최근에 한 컴퓨터 프로그래머를 만나, 대표적인 오픈 소스 운영체계인 리눅스에 대한 이야기를 나누었습니다. 제가 만난 그 프로그래머는 리눅스를 만든 리누스 토발즈가 의미 있는 일을 하려고 만든 것이 아니라, 재미로 만들었을 것이라고 생각한다는 얘기를 하더군요. 사실상 오픈 소스 진영 프로그램들은 자기가 쓰기 위해서거나 재미로 만든 것이 대부분이라고 합니다. 재미로 시작한 것이 일이 되면 난감합니다. 활력과 생명 에너지가 뚝 떨어지고 스스로 선택하고 찾아나서는 '자율적인 것'이 타성에 의해서 움직이는 '자동적인 것'으로 바뀌니까요. 이런 상황에 대한 기성세대의 입장은, 재미로 어떻게 공동체를 유지할 수 있겠냐는 것입니다. 그래서 그들은 재미있는 일이 있으면 끝에 가서 꼭 한마디씩 의미부여를 하는 발언을 던짐으로써 의미화 과정을 만들어내고자 합니다. 물론 이러한 행동은 말릴 수도 말릴 이유도 없지만, 공동체에서 이런 식의 의미화가 장악하도록 그대로 두면 젊은이들이나 아이들은 슬금슬금 다 빠져나가 버리고 맙니다.

통합된 세계 자본주의의 소비 욕망의 형태나 향유의 과정이 너무도 뻔하고 단조롭다 보니, 사람들은 이러한 소비 생활에서 벗어나 창조적이고 생산적인 욕망을 갖기를 원합니다. 그것은 특이성 생산으로서의 욕망이며, 도표적인 욕망입니다. 공동체와 마을, 협동조합에서 사람들이 재미있고 특이하게 놀다 보면 사람들이 많이 모이게 됩니다. 조직화를 위해서 의무를 할당하거나 역할 분담을 하지 않아도 어디서인

---

* 공동체에서 재미로 시작한 놀이가 의미를 따지는 일이 되는 일도 빈번하다. 그러나 의미로 시작한 일은 재미로 바뀌는 경우가 상당히 어렵다. 그런 점에서 분자적이고 재미있는 일이 생산적이라면, 몰적이고 의미 있는 일들은 소비적이라고 할 수 있다.

지 재미있다는 얘기를 귀신같이 듣고 모여듭니다. 자본주의 욕망 경제
는 특이성 생산을 하는 욕망으로부터 수혈을 받아 끊임없이 소비 욕
망의 일관생산라인을 정정하고 있습니다. 그러나 재미있고 자율적인
것이 시스템에 들어가서 자동적으로 바뀌는 과정 속에서 스스로 생산
해 낼 수 있는 에너지를 상실하게 됩니다. 그래서 숙주에 기생하는 괴
물처럼 기표화된 욕망이 자리잡게 되는 것이지요. 욕망이 한 곳에 머
무르고 정체되면 결국 일정한 시스템에 따라 자동적으로 반응하는 부
두인형의 모델과 닮아가는 경향이 있습니다. 그래서 늘 거주지를 벗어
나 이동하고, 횡단하는 것이 욕망에는 요구됩니다. 통속적인 삶의 양
식과 통속적 소비 욕망으로부터 벗어나려면 우리는 어떻게 해야 할까
요? 제 생각으로는 공동체 내부에 있는 소수자라는 특이점에 대한 사
랑과 돌봄을 원동력으로 삼아 의미의 경계를 횡단해야 하지 않을까 합
니다. 펠릭스 가타리가 『카오스모제』(동문선, 2003)에서 본 특이성 생
산 혹은 주체성 생산에 작용하는 기호 작동은 네 가지가 있습니다. 그
중 하나는 이미지 영상의 흐름, 즉 미디어와 영화 등에서 작동하는 기
호 작용입니다. 사실상 젊은 세대를 이미지 영상 세대라고 할 정도로
향유하고 소비하는 이미지 영상이 많습니다. 저 역시도 실내에서 운
동을 할 때 미드나 다큐 같은 영상을 볼 때가 있지요. 두 번째는 기표
화된 기호화 질서입니다. 대부분의 사람들은 기표라고 하면 언어적
인 영역일 것이라고 생각하지만, 사실 기표는 의미가 고정된 것들 전
반에 대한 것이라고 할 수 있습니다. 나는 소비자, 너는 생산자라는 식
으로 의미가 고정된 자본주의 인간관계처럼 말이지요. 세 번째는 정보
기호의 기호 작용입니다. 사람들은 정보 흐름이라는 색다른 기호 작용
에 대해서 반응하고 있습니다. 자신이 변용되고 실천하고 사랑하지 않

은 분야라 할지라도 정보는 그것을 안다고 착각하게 만들어 주는 기호 작용입니다. 이를테면 김치 담그는 법을 모르는 사람이 요리 블로그를 읽으면 '아, 김치는 이렇게 담그면 되는구나, 쉽네.' 하고 자신이 다 알고 있다고 생각하는 것과 같습니다. 최근에 인터넷에 빅데이터와 같이 수많은 정보가 마치 살아 움직이는 것처럼 스스로 교환되고 흐르고 있는 것도 사실입니다. 마지막으로 음향, 색채, 향기, 몸짓, 표정 등과 같은 비기표적 기호계입니다. 사실상 전통적인 대면적 관계망은 이러한 비기표적 기호 작용의 기호 흐름으로 구체화되었습니다. 소수자들이나 민중들의 풀뿌리 관계망은 이것에 기반하고 있지요. 낯선 사람을 만났을 때, 그 사람의 말뿐만 아니라 행동이나 표정, 분위기 등이 첫인상을 결정하는 중요한 요인이 되는 것을 경험해 본 적이 있지요? 이러한 펠릭스 가타리의 특이성 생산의 네 가지 차원은 여러 가지 기호 작용이 어떻게 어우러지는지에 대해서 설명하고 있습니다.

자본주의 사회에서 통속화된 욕망은 비싼 값에 사고 팔리고 있습니다. 그러나 그러한 통속화된 욕망도 알고 보면 특이한 욕망을 선별을 거쳐 점취하거나 전유한 형태에 불과합니다. 새로운 욕망을 더 많이 만들기 위해서는 더 특이한 욕망들을 찾아내야 하겠지요. 그래서 기호 욕망의 단계에 있는 자본주의 욕망 경제는 특이한 욕망의 생성과 창조에 안테나를 드리우고 매우 민감하게 반응하는 시스템입니다. 선별과 포획을 통해서 특이한 욕망의 생산과 창조에 대응하는 것이지요. 결국 자본주의는 소수자와 민중의 욕망을 기표적 욕망으로 만들어내며 욕망을 회수하는 질서라고 할 수 있습니다. 그러나 우리 사회에는 자본주의가 받아들일 수 없는 특이한 욕망이 광범위하게 자리잡고 있다는 점을 쉽게 간과할 수 없습니다. 자본주의의 틀의 외부에 소수자와 민

펠릭스 가타리

중들 간의 호혜적인 관계망이 있기 때문이지요. 그런 점에서 저는 특
이성 생산을 이루는 욕망 경제의 광범위함으로 인해, 자본주의 욕망
경제는 매우 왜소하고 한계가 분명한 질서라고 생각합니다. 소수자와
민중의 욕망은 공동체와 사회에 순환하는 흐름으로서 의미를 갖습니
다. 그래서 기호 욕망의 단계에서 도표적 욕망의 순환은 공동체의 자
기 생산을 의미한다고 할 수 있습니다. 즉, 놀이와 재미있는 일로 이루
어진 고도로 조직된 기호 작용이 공동체를 재생하고 내부에 순환하는
질서를 만든다는 생각이 그것입니다.

　도표(diagram)에 대한 사유는 찰스 샌더스 퍼스(Charles Sanders
Peirce, 1839~1914)로부터 시작되어 펠릭스 가타리에서 구체화되었던
기호 작용입니다. 퍼스에게서는 도상, 상징, 지표와 같은 세 가지 기호

욕망 자본론

작용이 있습니다. 그중 도상(icon)은 유사성, 상징(symbol)은 관습성, 지표(chart)는 인접성으로 특성을 분류할 수 있습니다. 이 중 도상의 일부가 퍼스에게서 도표라고 규정되었고 가타리가 이 개념을 발전시켰지요. 저는 발터 벤야민의 『아케이드 프로젝트』에서 나오는 알레고리(allegory)라는 우의 형상을 넘나드는 횡단성이 사실 도상적 사유의 지평에 있는 예술적 사유라고 생각했습니다. 즉, 그것은 유사한 것들 사이를 넘나드는 횡단적 사유를 의미합니다. 도표는 도상으로부터 출발하지만 그것으로부터 벗어나 고도의 규칙을 갖게 됩니다. 예를 들어 수학의 미적분 곡선이나 음악의 기보법, 로봇의 코드 등이 있을 수 있겠군요. 수학은 처음에는 손가락을 세는 것과 같이 단순한 유사성에서 출발하지만, 그것이 고도로 조직되면 추상 수위가 높아지고 결국 미적분 곡선과 같은 것으로 발전합니다.* 사실 인간관계 역시도 관계를 성숙시키고 발효시키는 고도로 조직된 기호 작용이 존재합니다. 어떤 사람이 마음에 드는 건 말로 100퍼센트 설명할 수 없는 매우 사소하고 복잡한 이유 때문이지요. 그것을 저는 놀이, 사랑, 욕망이라고 표현하고 싶습니다. 그러나 자본주의 공리계는 등가교환과 같이 고정관념에 의해서 역할을 할당받는 관계망만을 사유함으로써 미시적인 영역에 있는 도표적 욕망이 존재하지 않는 것처럼 보이게 만듭니다. 왜 자본주의가 양자역학을 받아들일 수 없었는가의 이유도 여기서 해명이 됩니다. 양자역학은 아주 미시적인 영역에서는 함수론, 집합론과 같이 정

---

* 마찬가지로 이진법이라는 유사성의 수학이 컴퓨터 코드와 같이 고도로 발전된 기호 작용으로 변모하는 것도 사례로 들 수 있다. 일단 고도로 조직된 도표 작동이 등장하면, 그 토대 위에 구성적인 실천이 부가되면서 더 정교해진다. 그런 의미에서 기표 이외에는 해체되고 와해된 지평에 머무는 것이 아니라 구성주의적인 세계가 등장한다는 점을 의미한다.

확한 답이 나오는 것이 아니라 확률론처럼 경우의 수로만 파악 가능하다는 물리학 이론입니다. 이는 곧 미시적인 영역에서 'A는 B다'라고 의미를 단정하지 못한다는 얘기이지요. 그럼 어떻게 될까요? 이것은 책상이 아닐 수도 있고, 또 내 것이 아닐 수도 있다면 자본주의 등가교환이 가능할까요? 그래서 자본주의는 등가교환이 계산 가능하고 의미화 가능한 기표적 욕망만을 자신의 체계 내부로 끌어들인 것입니다. 미시적인 영역을 연구하던 양자역학이 개방한 확률론의 세계는 자본주의 기표 체계와 어긋나도 한참 어긋난 셈입니다.

제 친구 중 하나가 몇 년 전 우리 부부를 보고 나서 최근에 다시 만났을 때 이런 얘기를 했습니다. "너희들의 관계가 훨씬 깊어졌다는 것을 느꼈다. 점점 더 사랑이 더해가네." 저는 그 친구 얘기를 듣고 우리 사이에서 고정관념이 아닌 놀이와 사랑, 욕망이 깊어지고 풍부해졌다는 사실을 깨달았습니다. 그 당시 저는 발전(development)에 대한 글을 쓰고 있었는데, 공동체적 관계망을 발전시키는 것이 놀이, 사랑, 욕망이라는 생각에 도달했지요. 다소 어려운 도표적 욕망에 대한 오늘의 이야기도 사실은 공동체가 성숙하고 발효하는 과정에서 필요한 기호 작동을 설명하기 위한 것이었습니다. 우리의 관계도 매일매일 풍부해지고 성숙하고 있기에, 저는 늘 윤경 씨를 통해서 공동체를 생각하고, 생명을 생각하고, 사랑을 생각합니다. 작은 씨앗이 자라듯 우리의 관계도 성숙할 것이라는 점을 의심하지 않으며.

2014년 6월 26일

욕망 자본론

사랑인가? 환상인가?

사랑하는 윤경 씨에게

사랑과 욕망이라는 주제는 저와 윤경 씨처럼 부부나 연인 관계에서 무척 중요한 요소이면서, 종교에서의 핵심 원리도 사랑에 있지 않나 하는 생각이 듭니다. 사랑은 어려운 시기를 견디고, 지치고 힘든 사람들이 다시 강건하게 현실을 살아갈 수 있는 촉매제가 아닐까 합니다. 어제 제가 갑자기 꿈을 꾸다가 놀라서 새벽에 일어났지요. 꿈에서는 윤경 씨와 제가 함께 도망치다가 결국 이별하는 것이었는데, 꿈에서 깨어보니 윤경 씨의 환히 웃는 얼굴을 볼 수 있어서 마음이 놓이더군요. 스피노자는 신적 사랑의 원리를 신체 변용으로 사고했습니다. 신체 변용이란 감성적으로 느끼고 사랑하고 신체 변화를 촉발하는 모든 것을 의미합니다. 이를 통해 그는 동물의 신체에도 사랑이 있고, 신체적인 사랑도 받아들인다는 범신론으로 향했습니다. 그 점이 앞으로 제가 더 연구해야 할 부분이기도 하지요. 스피노자의 사랑처럼 능동적인 관계망을 만들거나, 스피노자의 욕망처럼 기쁨을 추구하는 관계망을 만드는 것이 우리의 실존을 밝혀주는 가장 핵심적인 것이 아닐까 합니다.

스피노자는 코나투스(conatus)라는 자기 보존의 욕구를 말하면서, 자기 원인으로서의 욕망에 따라 기하학적인 그림을 그립니다. 똑같이 코나투스를 말한 사람은 홉스인데, 홉스에게 코나투스는 이기적인 욕망을 가진 단자(單子)화된 시민들의 본성입니다. 반면 홉스는 사랑보다 환상에 대해서 주목합니다. 그는 관계로부터 고립된 개인으로서의 시민들은 외부에 대해서 환상을 느낀다고 말합니다. 이 말은 사랑과 욕망이 불가능해지고 수동적인 신체의 상황에 빠진 개인들이 갖게 되는 꿈과 환상에 대해서 생각하게 만듭니다. 사랑과 같이 신체 변용의 부드러운 흐름을 가질 수 없을 때, 관계로부터 두절된 시민들은 환상을 분비하고 환상을 횡단합니다. 그래서 공동체적 관계망으로부터 분리된 시민들에게 있어 환상은 열악하고 어려운 상황을 버틸 수 있는 소재라는 생각도 듭니다. 가장 열악한 고립 상태에서 사람들은 계산적이고 합리적인 지평에서 자신의 삶을 유지할 수 있는 소재를 발견하는 것이 아니라, 망상이나 환상의 도식화 작용(schema)에서 자신의 삶을 유지할 수 있는 재료를 발견합니다. 그런 의미에서 환상도 필요하겠지요. 하지만 관계를 통해서 풀어야 할 부분을 환상이나 꿈, 망상을 통해서 풀려고 하는 것은 문제가 있다고 생각합니다.

자크 라캉(Jacques Lacan, 1901~1981)이 생각하는 '분열된 주체'도 다분히 고립되거나 가족에 의해 포위된 시민의 설정으로부터 자유롭지 않습니다. 라캉은 기껏해야 상담자와 피상담자라는 1:1 대면 관계 이상으로 나아가지 못합니다. 관계 성좌처럼 펼쳐진 공동체적 관계망에 대해서 사고하지 못하는 것이지요. 그래서 역시나 환상이나 향유, 결여와 같은 명제를 통해서 욕망을 설명하려고 하지요. 공동체적 관계망에서 사랑과 욕망이 생산적이고 창조적인 지평을 여는 과정에 대해서 라캉은 매우 보수적인 시선에서 바라봅니다. 그러다 보니 고립된 개인이 갖게 되는 타자의 욕망을 욕망한다는 다소 모호한 설정으로 나아갑니다. 쉽게 얘기하자면 부모님의 꿈이나 욕망에 따라 삶을 사는 그런 종류의 예속된 사람들을 설정하는 것입니다. 공동체에서 자유롭게 욕망을 펼쳐내고 색다른 꿈을 꾸는 것은 불가능할까요? 저는 가능하다고 생각합니다. 상징계, 가족, 아버지, 국가 등에 예속되지 않고 한 번도 존재하지 않았던 욕망을 생산해 낼 수 있다는 생각이 듭니다. 저는 주변에서 가족주의의 전망을 갖지 않고 자유롭게 살아가는 젊은이들을 많이 만날 수 있었습니다. 그/녀들은 대부분 가족 관계망이 아닌 공동체적 관계망에 기대하고 희망을 갖고 있었습니다. 그러나 그러한 젊은이들이 꿈꾸는 공동체는 환상이 아니라 이미 현실에서 구성되어 있는 것이었고, 보수적인 사람들이 그토록 싫어하는 자유연애와 프리섹스와 같은 상황과도 관련되어 있다는 것을 발견하게 되었습니다. 저는 그런 젊은이들의 자유로운 욕망을 존중하지만, 가끔 "결혼은 언제 하냐?"라는 얘기를 뱉을 때가 있어서 제가 기성세대의 발언을 하는 것 같아 부끄럽기도 했습니다. 즉, 가족을 갖지 않는 젊은이들이라고 하더라도 공동체와 접속해서 사랑과 욕망의 흐름을 만들어내고 있는 것입니다.

자본주의는 고립된 개인이나 시민들에게 환상을 심어주어 소비자로서 환대받고 있다는 생각을 품게 만들어줍니다. TV 앞에서 꼼짝을 못하고 누워 있으면서 채널을 이리저리 돌리며 환상을 횡단하고 있는 사람들의 이미지는 통속적인 가족 생활의 모습으로 대표됩니다. 사실상 TV 앞에서 나란히 앉아 침묵하는 가족의 모습은 소소하고 재미있는 가족 생활의 부분들이 이미 거의 다 포획되었다는 것을 의미하는 것이기도 합니다. 이러한 환상의 소비는 대부분 상품이나 자본주의에 대한 환상의 분비물을 수동적으로 수용하는 것에 의해 이루어집니다. 직접 관계 내부로 들어가서 사랑과 욕망의 부드러움과 상냥함으로 나아가는 것이 아니라, 그저 관계 외부에서 달콤한 환상에 빠져 있는 사람들이 많습니다. 그래서 사람들은 관계로 풀어야 할 것을 소비로 푸는 것일지도 모릅니다.* 이러한 환상의 경제는 특이한 욕망을 포섭하여 상업화함으로써 상품 소비가 모든 것을 해결해 준다는 무의식으로 향하게 만들어줍니다. 예를 들어 가족의 행복은 냉장고나 그 안의 소시지에 등록되고, 가족 생활의 기쁨은 세탁기와 새로 나온 세제에 아로새겨집니다.

자본주의 욕망의 경제는 환상을 통해서 관계를 절단하고 소비자로서의 개인이 되게끔 유도합니다. 그래서 엄청난 환상의 덩어리가 소비자들에게 분비되지만, 사람들은 여전히 소외되어 있고 고립되어 있게 됩니다. 저는 서울시에서 추진하고 있는 마을 만들기와 같은 공동체적 관계망을 만드는 사업에 대해서 주목하였고, 그 과정에 실천적으로 참여하면서 저 자신이 변화하는 것을 느꼈습니다. 그 이전에는 저 역시

---

* 더 심각한 경우는 관계를 소비하면서 경제 활동을 하는 경우이다. 외판원이나 마케팅 수단으로 관계를 소비하는 경우, 그 종착점은 고독과 소외를 감내해야 하는 고립된 개인의 모습이 된다. 그런 점에서 소비가 아닌 관계를 통해서 문제를 조금이나마 해결하고자 하는 노력은 지속 가능한 실천이다.

도 사람들이 공동체적 관계망을 만들어 일을 해내고 그 관계 성좌 속에서 사유하는 것에 익숙하지 못했습니다. 그러나 원형으로 뺑 둘러앉은 전통적인 공동체적 관계망의 배치와 같은 모임 형태에서 많은 아이디어와 지혜를 발견하고, 욕망과 사랑의 흐름이 순환되는 것을 느낄 수 있었습니다. 더불어 도시 생활이 사람들을 얼마나 고립시키는지가 피부로 다가왔고, 마을, 공동체, 협동조합과 같은 관계망들이 절실히 필요한 이유에 대해서 알게 되었습니다. 이러한 관계망으로부터 분리되고 벗어난 사람들은 갈증과 갈애 속에서 인터넷이나 TV와 같은 미디어에 빨려들어갑니다. 그러나 철저히 고립되어 있다는 실존적인 상황은 해결되지 않습니다. 공동체적 관계망의 욕망은 결여의 게임이 아니라 생산의 구도 속에서 작동되니까요.

저는 얼마 전 방에만 콕 박혀서 게임이라는 환상의 기계 장치 속에서 몇 년을 지냈던 친구와 만날 기회가 있었습니다. 그 만남 속에서 그가 예전과는 달리 현실감을 잃고 주저하고 환상을 소비하면서 수동성이 더 확장되어 버렸다는 것을 알았습니다. 물론 그 사람이 긴 시간 동안 온라인의 사람들과 게임을 했지만, 자신의 방안에서 가장 외롭고 고립된 상태였다는 것도 알게 되었습니다. 그 에피소드는 그 친구가 현실의 관계망으로 뛰어드는 분자 혁명을 통해서 해결되었지만, 저에게는 여러 가지 생각을 하게 만들어주었습니다. 환상을 소비하면서 살아가는 것이 도시에서 고립된 개인의 불가피한 선택일 수 있지만, 자본주의의 욕망 경제의 환상의 구조물에 포획되는 것이 특이한 사랑과 욕망의 생산과 창조를 오히려 불가능하게 만든다는 점이 드러난 사례였던 것입니다. 자본주의 욕망 경제는 통속적인 환상 소비를 통해 고립되어 있는 개인들의 열악한 상태를 버티게 만들어주고 재미있게 해

주지만, 특이한 욕망을 생산하고 순환시키는 생명 에너지로서의 욕망을 관계 속에서 유통시키는 방법에 대해서 서툴게 만들고 부조화스럽게 만듭니다. 그렇다고 게임에서의 용감한 기사나 무사처럼 현실에서 용기를 갖는 것은 불가능할까요? 관계 속에서 그것이 실현되기 위해서는 더 많은 노력과 시간이 필요합니다. 사랑을 성취하기 위해서는 가상현실에서의 만남과는 다른 요소가 필요한 것도 당연한 것입니다.

여기서 자본주의 욕망 경제에 대해서 근본적으로 질문을 던질 수 있는데 그것은 바로 "사랑과 욕망을 환상이 대신할 수 있는가?"라는 질문입니다. 사랑과 욕망의 관계망은 관계를 성숙시키고 발효시키는 색채, 음향, 향기, 몸짓, 표정, 뉘앙스 등의 기호 흐름을 필수적으로 갖습니다. 그것은 어떤 환상적인 요소에 의해서 대신할 수 없는 현실 관계망의 모습입니다. 그래서 가상현실에서의 만남들은 대부분 이러한 대면적 관계망이 갖고 있는 풍부함과 다채로움을 놓치고 있다고 할 수 있습니다. 이러한 대면적 만남에서는 비기표적인 기호 작용이 관계망 속에서 흐름, 상호 작용, 관계망에 배치되면서 천천히 성숙하고 발효되는 것입니다. 그러나 환상은 고립된 개인들의 심상이기 때문에, 이러한 기호 흐름에 대해서 감응하면서 공감대를 형성하는 것과 다른 기호 작동 속에 있습니다. 그래서 환상 속에 빠져들어 사는 사람들이 현실감을 점점 잃어가는 것도 나름대로 이유가 있는 셈입니다. 결국 관계망 속에서의 사랑과 욕망이 갖고 있는 풍부한 잠재력과 돌봄 효과로 볼 때, 환상이 그것의 대체물이 될 수 없다는 점은 분명합니다.

그런데 우리가 주목해야 할 것은 환상이 아니라, 가상입니다. 환상과 가상의 차이점은 환상은 자본주의 욕망 경제가 분비하고 생산하는 잔여물이며 고립된 개인을 포획한다면, 가상은 욕망하는 기계들끼리

욕망 자본론

바뤼흐 스피노자 초상(스케치)

결합되고 접속될 때 그것을 연결시켜 주는 기호 작용이라는 점입니다.
그런 점에서 환상은 기표적인 고정관념과 고정된 틀에 주조되는 것을
특징으로 한다면, 가상은 도표적인 놀이처럼 자유롭지만 고도로 조직
할 수 있는 능력을 특징으로 합니다. 관계로부터 고립된 사람들이 느
끼는 환상과, 여러 사람과 동물, 식물, 광석, 우주를 넘나들고 횡단하
면서 느끼는 가상은 완전히 다른 맥락 속에 있습니다. 저는 성미산 마
을 공동체를 방문하면서 사람들마다 닉네임이 있다는 것에 흥미를 느

껐습니다. 그리고 마을 공동체가 어찌 보면 가상적인 잠재력도 갖고 있구나라는 생각도 들었습니다. 또한 자본주의 욕망 경제에서 기계와 인간이 연결될 때, 환상을 느끼며 소비하는 것과 가상적인 흐름 속에서 생산하는 것은 차이점을 갖습니다. 그래서 환상이 기계와 인간의 관계를 모두 포획하고 있다는 생각은, 오히려 더 욕망에 대해서 보수적인 생각에 머물러 있는 경우입니다. 펠릭스 가타리는 『카오스모제』(동문선, 2003)라는 책에서 '도표적 가상'의 풍부한 잠재력에 대해서 다루었습니다. 사실 우리가 일하다가 공부하고 음악을 듣고 영화를 보는 등의 반복(=기계)을 바꾸면서도 일관되게 삶-시간을 느끼는 것도 사실은 도표적 가상의 작용이라고 할 수 있습니다. 도표적 가상은 기계와 기계 사이를 연결하는 가상 실효적인 작용을 의미합니다.

사랑과 욕망의 흐름은 관계 속에서 신체 변용이나 되기(becoming)를 수반하면서 관계를 성숙시키고 발효시킵니다. 그러나 환상은 관계와 무관하며 신체 변용 역시도 극도로 최소화됩니다. 저는 중학생이나 고등학생들이 또래 아이들과 함께 들과 산과 바다에서 풀어나가야 할 관계를 갖고 있지 못한 현실에서 게임에 몰두하는 것에는 문제가 있다고 생각합니다. 그러나 그 게임마저도 할 수 없다면, 관계망 전체가 두절되는 상황이 될 수 있겠다 하는 우려를 갖습니다. 환상과 가상의 차이점은 관계의 재전유로 나아가느냐 아니면 고립된 상태로 머무느냐의 문제입니다. 라캉과 같은 사람은 반복이라는 기계성을 자동성으로 생각해서 고립된 개인들의 반복강박과 같은 충동 영역으로 간주했습니다. 그러나 반복은 자율성의 시각에서는 관계를 형성할 접속의 매체가 될 수 있습니다. 그렇기 때문에 관계 속에서의 신체 변용을 이끄는 사랑과 욕망의 흐름과 환상을 분비하는 이미지 영상의 흐름을 구분할 수 있겠습니다.

자본주의 욕망 경제는 신체 욕망의 단계에서 기호 욕망의 단계로 갑자기 이행했습니다. 그 시점과 이유를 규명하려는 시도도 있었지만, 확실히 언제라고 규정할 수 있는 것은 아닙니다. 통합된 세계 자본주의가 기호 욕망의 단계에서 작동시키는 틀지어지고 주조된 욕망에 포섭된 많은 사람들의 모습이 곳곳에서 나타났습니다. 그러나 공동체를 구성하고 관계 속에 사랑과 욕망을 유통하려는 사람들은 여전히 존재하며, 특이한 욕망이 등장해서 통합된 세계 자본주의의 수단이었던 네트워크를 변형시키는 행위도 종종 나타납니다. '환상인가? 가상인가? 욕망인가?'라는 질문은 기표, 언표, 도표라는 세 가지 기호론의 구도에 상응하는 구분입니다.* 문제는 관계를 떠나 인퇴(引退)되거나 소외되거나 고립된 사람들이 수동적 신체 속에서 환상을 끊임없이 소비함으로써 관계의 여지로부터 벗어나 있다는 점입니다. 그러나 환상은 가상으로 뒤바뀔 수 있으며, 가상은 욕망으로 뒤바뀔 수 있습니다. 그런 점에서 희망이 없는 것만은 아니며, 계속적인 변형과 이행의 과정이 있을 뿐입니다. 저 역시도 윤경 씨와의 관계가 주는 풍부하고 다채로운 잠재력은 이루 말로 표현할 수 없습니다. 저도 젊었을 때는 환상 속에서 고립되었던 적도 있었기 때문에, 청년들에 대해서 공감하는 바가 무척 큽니다. 그대와 함께 하는 즐거운 이행과 변이, 횡단을 생각하며.

2014년 6월 28일

---

* 환상은 기표화된 자본주의가 필요로 하는 요소이며, 가상은 언표 행위와 같은 국면을 동반하며, 욕망은 도표와 같은 재미있는 놀이의 영역으로 사고될 수 있다는 점에서 그려본 삼원 다이어그램이다. 앞으로 퍼스의 삼원 구도를 계승하여 이 삼원 구도의 가설을 구체화하는 이론적 실험을 해보려고 한다.

공동체의 수다스러움과
이미지 영상의 수다스러움

지혜로운 윤경 씨에게

　지난번에 성미산마을에 대한 논문을 쓴다고 말씀드렸는데요. 사실
은 제가 쓰다가 포기해 버리고 말았습니다. 조금은 부끄러운 고백이군
요. 심사가 까다로웠기도 했지만, 논증적인 형태보다 참여 관찰이 요
구된다는 지적에 중도에 포기하고 만 것입니다. 그래도 2011년에 했던
성미산마을 조사사업에서 얻어진 것은 많았지요. 마을 주민들이 이념
이나 이득을 위해서가 아니라 따뜻하고 부드러운 관계망 속에서 활동
가 스타일로 변신한 것을 확인할 수 있었으니까요. 저는 성미산마을이
여러 가지 스토리와 이야기로 가득한 관계망이라는 것을 금방 발견할
수 있었습니다. 그 대부분은 수다라고 해도 그 풍부함은 형식적이고
관료적인 관계에 비할 바가 아니겠지요. 주민들과 함께했던 마을 연구

조사 사업에서 저는 주민들 스스로가 주체성을 생산하면서 관계망을 풍부하고 다양하게 만들어나갔던 것을 확인할 수 있었습니다. 또한 마을 주민들은 관심사도 굉장히 많아서, 육아, 교육, 먹거리, 반찬, 식당, 카페, 독서, 자동차, 공동주거, 재활용 등의 각기 특색 있는 관계망이 여러 갈래로 퍼져 있다는 것도 알게 되었어요. 주민들과 얘기하다 보니 주민들 서로가 관계를 맺을 때, 그저 텅 빈 의례나 상투적인 예절이 아니라 각각의 욕망과 사랑, 돌봄, 정동 등에 대한 이야기꽃이 만개한다는 점도 알게 되었습니다. 마을에서의 사랑과 욕망의 흐름은 다양한 사람들이 자신 안에 내재한 색다른 능력에 감탄하거나 기뻐하는 과정을 보여주었습니다. 그래서 마치 생태계에서 발아하는 생명들처럼 서로의 관계망이 만들어내는 다채로운 상호작용이 있다는 점을 깨달았죠.

공동체에서는 소음, 잉여, 잡음이 아니라, 하나의 화음이 존재합니다. 공동체가 갖고 있는 특이성에 따라 아침이면 분주한 사람들의 발걸음 소리가, 저녁이면 따뜻한 저녁 음식의 향기가 공동체 곳곳에서 퍼져 나가죠. 사실 공동체의 화음은 아침점심저녁, 낮과 밤, 밀물과 썰물, 봄여름가을겨울 등의 생태계의 반복에 일관성을 부여해서 화음으로 만들어나간 것이었습니다. 저 역시도 어릴 적 농촌에서 생활하면서 공동체의 반복되는 화음에 빠져들기도 했었지요. 또한 공동체의 화음은 집단의 신나는 흥이나 리듬으로 나타나기도 합니다. 우리나라 전통의 두레나 품앗이의 전통은 흥과 리듬으로 가득 찬 집단의 모습을 보이는데, 그것은 자연생태계와 상호작용하면서 만들어내는 것이라는 생각이 듭니다. 사람들이 자연과 닮아간다는 것은 매우 기쁜 일입니다. 사실상 도시문명으로 대표되는 공간에서는 모든 사람의 소리가 소음이나 잡음으로 분류되니까요. 저는 공동체의 화음에 공명하면서 제

각각의 스토리를 만들고 끈끈한 관계망을 만드는 것에 대해서 관심이 많습니다. 반면 도시공간에서 사는 사람들은 공동체의 화음으로부터 두절되어 있습니다. 도시에서 고립된 개인들이 선택할 수 있는 것은 TV나 라디오 등을 이용한 인위적인 화음의 영토를 만들어내는 것에 불과합니다.

사실 공동체에서의 사랑과 욕망의 비표상적인 흐름을 대체하고 있는 것이 이미지와 영상의 비표상적인 흐름입니다. 비표상적인 흐름은 전에도 얘기했지만 의미를 고정시킬 수 없는 영역을 말하지요. 이 둘은 비표상적인 흐름이라는 점에서 비슷하게 느껴질 수도 있지만 아주 다릅니다. 사랑과 욕망이 관계에 흐름을 만드는 것이라면, 이미지와 영상은 고립된 개인의 무의식에 흐름을 만드는 것이라는 점에서 차이가 있지요. 앞서 얘기했던 사랑과 욕망과 환상의 차이점과도 관련되어 있습니다. 자본주의 욕망 경제에서는 물건에 사랑과 인격, 정성이 분리되어 있다는 점이 상품의 특징이었습니다. 그래서 그 대신 물건에 이미지 영상을 통한 환상을 부여하지요. TV CF에서는 마치 이 커피를 마시면 꽃미남 배우의 백 허그를 받는 느낌이라든가, 혹은 이 냉장고를 사면 유명 연예인처럼 럭셔리한 여성이 된 듯 느껴지는 것 말이지요. 이것은 상품 물신성의 기초가 됩니다. 그리고 이미지 영상의 흐름이 무의식을 장악하게 된 배경이 되기도 합니다.

통합된 세계 자본주의에서 이미지 영상의 흐름에 대한 탐색은 꾸준히 진행되었습니다. 1940년대 있었던 미디어 이론이었던 '마법의 탄환이론(The magic bullet theory)'이나 '피하주사 이론(The hypodermic needle theory)'이 출발점이 되었죠. 마법의 탄환 이론은 총구에서 발사된 탄환처럼 뇌리에 각인되는 미디어의 강력한 효과를 다룹니다. 피하

욕망 자본론

주사 이론은 미디어가 정보를 대중의 무의식 속으로 직접 주사함으로써 순식간에 효과를 갖는다는 이론입니다. 1990년도에 상영되었던 「블레이드 러너」라는 영화에서는 주인공이 3D 광고판의 이미지에 계속 노출되는 장면이 나옵니다. 물론 그것이 먼 미래가 아니라 가까운 미래라는 점도 드러나고 있지요. 1968년 혁명의 도화선은 3 · 22 운동이라는 낭테르 대학의 학생들이 주도한 운동이었습니다. 이들은 시위를 하면서 경찰들에게 지독하게 두들겨 맞는 전술을 폈는데, 이 모습이 TV를 통해서 프랑스 전역에 보도되면서 사람들의 경악과 분노를 유발했습니다. 물론 이런 식의 미디어 보도는 현재에서는 거의 불가능하다고 보아야 할 것 같습니다. 미디어 통제와 부드러운 예속이라는 자본주의의 전략에 의해서 이런 광경이 공중파를 타고 보도되는 것은 흔치 않는 사건입니다.

1968년의 미디어 이론에 대해서 번개 같은 타격을 준 사람은 기 드 보르(Guy Debord)입니다. 그는 『스펙터클의 사회』(현실문화연구, 1996)라는 책을 통해서 노동자들이 자신이 만든 세계를 구경거리로 바라보며 구경꾼으로 전락한 물신화된 질서를 보여주었습니다. 이렇게 전도된 세상은 노동자와 시민들이 엄청나게 축적된 자본의 권력 앞에서 움츠러들고 오히려 그 어마어마한 힘을 추앙하는 무의식 상태를 구성합니다. 그래서 이러한 물신성에 따라 세상을 바꾸고 재창조할 수 있는 자신의 능력을 과소평가하게 되는 것이지요. 구경거리로 나타나는 세상은 멋진 세상입니다. TV나 라디오에 출연하는 방송 종사자는 건강하고 부유하고 아름다운 사람들로 이루어져 있으니까요. 이에 대한 자괴감과 소외는 상품에 자신의 열정을 투사하는 방식으로 나타나게끔 유도됩니다. 상품은 환상을 심어줍니다. 노동자로서 자신을 보면 천대받지만, 소비자로서 자신을 보면 환대받는다는 생각을 하게 만드는 것이지요. 그래서 전도된 상품 물신성의 세계인 미디어 세상에 투항하게 되는 것이겠지요. 그러나 노동자와 시민들은 자신이 직접 공동체를 만들어낼 수 있다는 점이 분명하며, 사실 미디어는 이런 능력으로부터 노동자와 시민을 분리시키려는 자본주의의 의도를 담고 있습니다.

미디어가 만들어낸 이미지 영상은 가상적인 세계입니다. 가상적인 이미지를 처음으로 얘기한 사람은 플라톤이라고 할 수 있습니다. 그가 생각한 이데아 세상은 원본이며 원형인 이미지를 간직한 진리의 세상이었습니다. 그때부터 객관적인 표상과 이미지의 세상이 따로 실재한다는 생각이 철학에 자리 잡았지요. 사실 객관적 표상이 있다는 생각은 근대 철학에까지 이어져 오던 뿌리 깊은 전통이었습니다. 그러나 오늘날 이미지 영상의 비표상적 흐름은 인문학적 사유마저도 위협하고 있는 상황입니다. 사실 텍스트 기반으로 그런 표상이 있다고 주장하더라도, 가상적 표상을 글로 말하지 않고도 이미지 영상을 통해서 취득할 수 있는 경로는 굉장히 많습니다. 그렇기 때문에 표상을 설명하고 해석하던 기존 인문학은 굉장히 낡은 것으로 간주될 위험이 많지요. 저 역시도 텍스트를 기반으로 말하다가 이미지 영상으로 그것을 표현하는 사람들을 만나면, "나는 그들에게 원천 소스를 제공해 주는 역할밖에는 하지 못하는구나!"라는 생각이 드니까요. 플라톤이 개방한 철학의 전통은 이미 낡은 것이 되었고, 원형의 아우라를 가진 객관적인 표상에 대해서 권위나 정당성으로 호소할 수밖에 없는 상황이 왔습니다. 그것은 대중들이 흐름의 사유에 익숙해져 있기 때문이지요.

그러나 이러한 이미지 영상의 흐름이 나타나는 방식과 진짜 사랑과 욕망의 흐름이 나타나는 방식은 분명 차이를 갖습니다. 사랑과 욕망은

　　　　　　　　　　　　　　　　　욕망 자본론

관계망을 통해서 순환하는 무의식입니다. 그래서 보이지 않는 것이자 볼 수 없는 것으로도 불립니다. 펠릭스 가타리가 『세 가지 생태학』에서 언급했던 '보이지 않는 윤리와 미학'은 이런 의미에서 중요하다고 할 수 있겠네요. 공동체에서 사랑과 욕망의 흐름은 공동체 구성원들의 수다스러움이나 선물 등으로 나타납니다. 그러나 이미지 영상의 수다스러움은 그것을 보고 있는 사람들의 침묵과 관조를 유도하지요. 저는 이런 의미에서 자신의 실존을 강건하게 만들어줄 수 있는 것은 바로 사랑과 욕망의 흐름이라고 생각합니다. 이미지 영상의 흐름은 향유와 소비의 코드에 어울린다고 할 수 있습니다. 그럼에도 불구하고 자본주의는 자신의 입맛에 맞는 주체성을 생산하기 위해서 이러한 이미지 영상의 흐름을 매우 중요하게 생각하고 있습니다.

이미지와 영상과 같은 미디어에 대해서 말하다 보면 발터 벤야민을 빼놓을 수 없습니다. 그는 필생의 저작 『아케이드 프로젝트』에서 자본주의 사회가 만든 환등상과 같은 아케이드 속에서 아주 오래된 기억으로 존재했던 원형적인 공동체의 소망 이미지를 발견하고자 했습니다. 물론 상품도 공동체의 원형으로부터 응용된 것에 불과하기 때문에 상품 분석을 깊게 하다 보면 공동체의 원형과 만날 수 있겠지요. 예를 들어 코카콜라는 가난한 사람들에게 선물을 주던 세인트 클라우드(Saint Cloud) 성인을 이용해서 크리스마스 때 산타크로스 마케팅을 했다지요. 이처럼 공동체의 선물로 나타난 사랑과 욕망의 흐름은 코카콜라의 상품에 부여된 환상적인 이미지로 바뀌어 버립니다. 물론 그러한 상품을 역으로 추적하다 보면 물신성 배후에 공동체의 원형적인 소망 이미지가 숨어 있을 수도 있습니다. 그러나 공동체로부터 멀어져 있는 상품을 분석함으로써 공동체의 원형을 찾는 작업보다는 현존하는 공동체와의 직접적인 접속 속에서 대부분의 원형적인 이미지를 취득할 수 있다는 점에서 벤야민의 생각에 대해서 '글쎄 과연 그럴까?'라는 의문을 표시하게 되네요.

들뢰즈의 말년 작업 중에서 『영화(Cinema)』(시각과 언어, 2005)라는 책은 욕망이 아닌 이미지로 세상을 설명해 보겠다는 야심을 드러내는 작품입니다. 물론 이미지 영상 세대의 출현과 기호 욕망으로의 자본주의 사회의 진입 등의 상황에서 이는 동시대와 공명하는 것이라고 할 수 있습니다. 그는 도표를 사유 이미지로 봅니다. 이것은 앞서 여러 번 설명한 바 있는 가타리의 흐름으로서의 도표와는 차이가 있는 해석이지요. 사실상 들뢰즈는 이 책 『영화』를 통해서 그동안 가타리와 함께했던 사상과는 거리를 갖게 됩니다. 그래서 가타리는 들뢰즈의 영화에 대한 사유에 동의하지 않았습니다. 들뢰즈에게 영화는 운동 이미지와 시간 이미지 등 이미지로 재창조된 세상이었습니다. 반면 가타리에게 영화는 관객을 독신자, 고아, 부랑아, 이방인처럼 만들어버리고 현실 밖으로 튕겨내 버리는 효과를 갖는 매체였습니다. 그럼에도 영화가 보는 이를 낯선 곳으로 향하게 만들고 미지의 곳으로 여행하게 만드는 탈영토화의 효과를 갖고 있다고 지적합니다. 저는 들뢰즈와 가타리의 영화에서의 분기점에 대해서 주목합니다. 가타리가 본 영화는 영상 이미지의 흐름으로 환상을 분비하는 것뿐만 아니라, 탈영토화를 통해 현실에 영향을 미쳐서 세상을 재창조할 수 있는 소재로써 다루어집니다. 그런 점에서 영상 이미지의 흐름에 대한 비판적 시각과 더불어 긍정적인 시각도 생각해 볼 수 있지 않을까 하는 생각도 함께 듭니다.

이미지 영상 세대들에게는 이미지 없이 개념만 움직이는 것에 대해서 익숙하지 않을 수도 있습니다. 특히 철학에서 개념이 이미지를 수

성미산마을 축제의 한 장면

반하지 않는 경우가 많지요. 그중에서도 헤겔의 철학은 이미지와 연결되어 있지 않은 채 개념만 자기 운동한다는 인상을 많이 받게 됩니다. 그런 책을 혐오하거나 꺼려하는 사람들이 많은 것을 보면서도 가끔은 저 역시도 그런 글을 쓰고 있지 않나 하는 생각도 듭니다. 저는 레닌의 『철학 노트』라는 책을 통해서 헤겔의 논리학에 대해서 간접적으로 접할 수 있었습니다. 사실 논리적인 것들은 극도로 이미지가 제거된 껍질과 같은 상태의 것입니다. 그래도 당대에서 그것이 철학의 원래의 모습이었다고 생각했습니다. 지금 생각하면 약간 아찔합니다. 이미지가 제거된 철학은 목소리만 나오는 영화와 같다고 할까요?

다시 공동체의 수다스러움으로 돌아가 보죠. 저는 공동체의 관계망이 성숙하는 이행의 구성 요소 중에는 수다가 있다고 생각합니다. 수다는 여성적인 색깔을 갖고 우리 삶의 미세한 부분에서 나오는 스토리들을 재잘거리게 만듭니다. 프루스트의 『잃어버린 시간을 찾아서』에서였나요? 거기에서 한 청년이 거리를 지나면서 새들처럼 재잘거리면서 대화하는 한 무리의 소녀들 사이에서 한 여성을 사랑했는데, 나중에 알고 보니 새의 지저귐과 같은 집단에 대한 연모였다는 점이 드러납니다. 가타리는 그것을 『기계적 무의식』(푸른숲, 2003)에서 '꽃피는 아가씨들의 성운'이라고 말합니다. 관계 성좌에서 수다와 재잘거림은 관계망을 성숙시키고 발효시키는 것이겠지요.*

저도 윤경 씨와 마음껏 수다를 떨어본 지가 오래된 것 같아요. 그저 서로를 응시하지만, 수다스러움을 발동시키지 못하고 서로 부끄러워하거나 미소만 짓게 되는 것 같아요. 자본주의적인 욕망이 만들어놓은 TV의 수다스러움에 빠져들어가서 서로의 실존이 희미해지는 것과 같은 아쉬움도 남아요. 잠들기 전, 더 많은 이야기를 할 걸 하며 후회했지요. 아직도 그리워하고 아쉬워합니다.

2014년 6월 31일

---

* 수다와 재잘거림으로 가득 찬 관계 성좌는 마을, 공동체, 협동조합의 특징이기도 하다. 일각에서는 수다는 결국 뒷담화로 흐를 수밖에 없고, 공동체 관계망을 왜곡시키고 굴절시킬 것이라는 우려의 목소리도 있지만, 나는 관계망의 발효와 성숙에 필수적인 요소라고 본다.

욕망 자본론

구조 환상을 넘어선
욕망의 기호 흐름

자애로운 윤경 씨에게

어떤 자리에서 환상은 사랑이 아니라고 제가 얘기했더니, 어떤 분이 처음 사랑을 시작하는 사람에게는 환상적인 이미지를 품고 있는 게 아닌가 하는 문제제기를 하더군요. 참 흥미로운 문제의식이지만, 사랑과 환상의 차이를 분명히 해두지 않으면 안 될 것 같아요. 그것을 구분하지 못하는 자칫 관계의 소중함으로부터 멀어지게 될지도 모르니까요. 그래서 저는 아주 엄밀하게 구분해야 한다는 입장에 서 있습니다. 우리 두 사람이 철학공방 〈별난〉을 열고 같이 작업한 지도 3년여의 시간이 지나고 있어요. 그 기간 동안 참 많은 생산물과 창작물이 있었죠. 우리는 초심으로 돌아가는 의미에서 한 작품 한 작품마다 최선을 다했습니다. 그렇다면 그 책은 두 사람의 환상의 산물이었을까요? 아니면 우리 두 사람의 사랑의 산물이었을까요? 저는 후자라고 생각합니다. 여기서 홉스의 환상론에 대해서 얘기하려고 합니다. 앞에서도 거론한 적이 있지만, 홉스는 분리되고 고립된 시민 개인은 조각난 환상밖에 갖지 못한다고 말합니다. 그래서 리바이어던과 같은 초월적 권력이 통합된 환상인 구조 환상으로 나아가게끔 한다고 말하죠. 저는 환상의 통합력에 호소하는 국가 권력이 아닌, 사랑과 욕망에 의해서 하나된 공동체가 더 중요하다고 생각합니다. 그래서 그런 홉스의 생각과 스피노자의 변용과 욕망의 이론의 차이에 대해서 더 강조하는 이유도 거기에 있다는 생각이 듭니다.

구조주의는 어쩔 수 없는 불변항의 구조가 있고, 이에 따라 무의식은 구조화될 수밖에 없다고 말합니다. 쉬운 예로 "한번 해병은 영원한 해병이다."와 같은 생각을 들 수 있죠. 불변항의 구조가 등장하면 흐름으로서의 사랑과 욕망이 정지되고, 그 대신 환상이라는 잔여물과 분비물이 나옵니다. 국가주의자들에게 묘한 낭만적인 정서나 환상의 찌꺼기들이 따라붙는 이유도 그것입니다. 어쩔 수 없는 구조에 예속된 인간들은 대부분 구조가 결정해 주는 것에 대해서 약간의 거부나 미끄러짐을 경험할 뿐 대부분 자동적인 부두인형처럼 움직이는 상황에 직면합니다. 그러한 상황에서 자동주의를 떠받치는 것이 바로 환상이라고 할 수 있지요. 환상의 자동성은 사랑과 욕망의 자율성과는 차이를 갖습니다. 그 이유는 통합된 세계 자본주의가 사람들의 다양성과 차이를 포획하여 통속적인 삶의 형태로 빨아들일 때, 사실은 환상을 분비하고 소비하게끔 만들어서 자동적인 행동을 정당화하기 때문입니다. 그에 비해 네트워크와 공동체는 자율적인 방향성을 가지면서 환상이 아닌 사랑과 욕망의 관계망을 구성합니다. 그래서 통합된 세계 자본주의와

욕망 자본론

네트워크는 함께 작동하지만, 그것의 작동 방식에서 큰 차이를 보이는 것일지도 모릅니다. 물론 자본주의는 네트워크를 포섭하면서 사랑과 욕망의 흐름 역시도 전자적 직조물 내부로 가져왔지만, 그럼에도 불구하고 네트워크 곳곳에서 관계망의 창조와 혁신이 이루어지는 이유는 사랑과 욕망의 흐름이 이러한 연결망 속에서 유통되기 때문이라는 생각이 듭니다.

특히 통합된 세계 자본주의의 동질 발생적인 방향을 거시 정치로 받아들이며, 현실 정치에 대한 환상을 갖고 있는 사람들이 많습니다. 물론 거시 정치를 통해서 해결하고 실천할 수 있는 것이 있지요. 하지만 거시 정치에 환상을 가지면서 모든 삶이 이에 따라 결정된다는 생각을 갖는 것은 문제가 있다고 생각합니다. 즉 구조 환상에 사로잡히면 삶과 생활의 모든 영역이 정치적 게임에 의해서 장악되고 있다는 환상을 갖게 됩니다. 그래서 미시 정치와 분자적 운동이 중요한 것일지도 모르겠습니다. 가타리가 주장한 욕망의 미시 정치는 거시 정치와 환상의 찌꺼기가 아니라 사랑과 욕망을 통해서 세상을 재창조하는 생활 정치를 의미합니다. 저는 한 대안학교 선생님으로부터 이와 다른 이야기를 들었습니다. "만약 거시 정치에 대한 관심이 없어진다면 어떤 일이 벌어질 것인가? 텃밭을 하고 길냥이를 돌보아도 의료 민영화나 철도 민영화를 추진하는 거시 정치에 대해서 개입하지 않는다면, 미시 정치는 무기력하게 될 것이다."라는 얘기입니다. 저는 사랑과 욕망의 미시 정치는 거시 정치를 외면하거나 무시하는 것이어서는 안 된다는 점에 동의합니다. 그러나 구조 환상에 사로잡힌 거시 정치 즉 낭만적 국가주의자로부터는 거리를 두고, 사랑과 욕망의 흐름이 미치는 범위 내에서 거시 정치와 연대하는 것은 당연히 좋은 일이라는 생각이 듭니다.

자본주의 욕망 경제는 한편으로 강렬한 흐름으로 등장하고, 다른 한편으로는 한 곳에 멈추어 선 것으로 등장합니다. 그래서 통속적인 자본주의적인 욕망은 구조 환상에 대해서 미화됩니다. 우리가 먹는 커피 한 잔이나 담배 한 개비에 삶의 가치가 있고 살아가고자 하는 의지와 욕망이 살아 있는 것은 결코 아니지만, 자본주의적 욕망은 커피를 마시면서 환상에 빠질 수 있고 담배를 피우면서 환상을 즐길 수 있다는 식으로 몽환적인 뉘앙스를 풍깁니다. 어쩔 수 없는 구조에 예속되어 뚝딱거리는 삶을 살아가는 사람들에게 상품을 통해서 환상을 소비할 수 있다는 것은 한치 앞도 벗어날 수 없는 지금의 상황에서 매력적으로 느껴질 것입니다. 그런 의미에서 자본주의 욕망 경제는 환상의 잉여와 잔여물, 찌꺼기들에 의해서 대리만족할 수 있는 많은 미디어 매체, 영화 산업, 게임 산업, 상품 경제 등을 갖고 있습니다. 더 큰 문제는 이러한 자본주의 경제가 소비 욕망을 보장해 주지도 못한다는 점입니다. 관계로부터 고립된 많은 청년 세대와 좌절을 안고 있는 장년 세대, 그리고 고독과 은둔의 상태에 빠진 노년 세대 모두가 보장되지 않는 삶에 던져져 있습니다. 그렇기 때문에 환상을 통한 대리 충족으로는 해결될 수 없는 현실의 문제, 즉 관계, 생활, 정서, 무의식 등의 문제가 드러납니다.

그런데 어떻게 구조 환상에 빠진 사람들이 자신의 실존적인 의미를 획득하고, 강건한 생활을 할 수 있을까요? 만약 '강건한 삶을 살아간다.'라고 말한다면 거기에는 보이지 않는 돌봄의 손길과 정서 생활에 영향을 미치는 가정 생활, 우애와 협력의 친구들이 숨어 있습니다. 구조 환상에 빠져 자동적인 삶을 살고 있는 사람들은 관계를 통해 배려와 돌봄의 보이지 않는 사랑으로 나아갈 수 있다는 사실도 알지 못하고, 관계 맺기에도 서투릅니다. 사람들은 고독하게 개인적인 차원에서 그것을 해결하려고 하지만, 존재가 불안에 잠식당하고 고독에 침잠하게 되는 것은 막을 수 없습니다. 제가 어릴 적에 또래친구 한 명이 있었습니다. 10리나 떨어진 곳에 사는 친구였는데, 저는 그 집에 종종 놀러 가곤 했지요. 귀신 나온다는 뚝방길과 흉가를 겨우 지나가서 친구 집 앞에서 친구의 이름을 부르고 그 아이 엄마의 놀러 나갔다는 얘기에 좌절해서 다시 거슬러 집으로 돌아가곤 했지요. 사실 그때 절실했던 것은 관계입니다. 그리고 그 관계 속에서만 재미가 있었고, 놀이를 통해서 관계망을 성숙시킬 수 있었고, 알 수 없는 사랑과 욕망의 흐름을 느낄 수 있었습니다. 관계 속에서 사랑과 욕망의 기호 흐름은 색채, 향기, 음향, 몸짓, 표정 등의 비기표적인 기호들이 한꺼번에 흐름을 갖는 과정이라고 수 있습니다. 우리가 카페에서 친구의 얼굴을 보고 얘기를 나누다 보면 얼마나 관계가 부드럽게 성숙하며 다채로운 기호 흐름이 우리 사이를 지나가는지를 느낄 수 있습니다. 이처럼 사랑과 욕망은 관계를 성숙시키는 부드러운 흐름입니다. 사랑과 욕망의 기호 흐름은 고정된 상품의 환상의 잔여물로는 대체될 수 없는 종합 예술이자 다양한 기호 흐름의 축제라고 할 수 있습니다.

결국 다시 사랑과 욕망의 기호 흐름이 어떤 의미를 갖는지에 대해서 얘기할 수밖에 없겠군요. 저는 구조 환상이라는 잔여물이나 잉여에 포획되지 않고 자신의 신체를 부드럽게 변용하고 현실에서의 사랑과 욕망을 실현하고자 한다면 문제는 그리 어렵지 않다고 생각됩니다. 사실 수많은 환상의 덩어리보다도 아주 가까운 사람과의 상냥한 대화와 부드러운 눈빛 한 번이 더 큰 의미가 있으니까요. 세상 모든 사람들은 저마다 신비스러운 능력을 갖고 있는데, 그것이 바로 사랑과 욕망입니다. 그러한 사랑과 욕망이라는 주제는 종교의 핵심이기도 합니다. 그것은 아마도 근본적으로 우리가 살아가고 호흡하고 꿈꾸는 모든 것이 사랑과 욕망에 관련되어 있기 때문일 것입니다. 그리고 사랑과 욕망을 관계 속에서 실천하는 것이 바로 자율성의 진정한 의미라는 생각이 듭니다. 시스템이나 구조 속에서 자동적으로 움직이는 사람들에게 환상은 자신이 희생하고 결여되어 있는 것에 대한 보상이자 대체물에 불과합니다. 그러나 사랑과 욕망을 통해서 관계를 맺고 그것을 실현하고자 하는 사람에게는 환상이 아닌 직접적이고 대면적인 관계를 성숙시키는 것이 더 중요합니다. 그래서 사랑과 욕망의 기호 흐름은 스피노자가 구상했던 '자유인의 해방 전략'이라고도 할 수 있습니다.

스피노자는 『에티카』에서 예속인과 자유인을 엄밀히 구분합니다. 예속인은 초월적 권력에 대한 예속을 욕망하지만 무능력한 사람들입니다. 예속인은 정서상 슬픔에 해당합니다. 왜냐하면 예속되는 것 자체가 욕망을 감소시키고 무기력하게 만들기 때문입니다. 반면 자유인은 사랑의 능동적인 실천인 신체 변용으로 나아가거나, 욕망이 서로 상승하고 활기를 갖게 되는 기쁨의 정서에 해당하는 주체성입니다. 관계에서 고립되거나 단자화되거나 분리된 개인들은, 어쩔 수 없는 구조가 주는 낭만적인 환상으로 자신의 고독과 열악함을 버티지 않으면 안 됩니다. 사실 너무 열악하고 힘들게 되면 환상이나 망상도 자신을 버틸 수 있게 만드는 지지대가 될 때도 있습니다. 빅터 플랭클의 의미 요법에 따르면, 아우슈비츠에서 새해나 크리스마스가 지나고 나면 유독히 죽어나가는 사람들이 많았다고 합니다. 그 이유는 그때가 되면 자신이 나갈 수 있다는 환상이 열악한 현실을 버티게 해주었지만, 그것이 깨졌다는 것을 알아버린 순간 버티는 힘을 상실했던 것이죠. 어쩌면 합

욕망 자본론

리적인 것을 추구하는 사람에게는 이상하게 들릴 수도 있겠지만, 망상이나 환상이 구성해 내는 세상은 실제 현실과는 무척 다릅니다. 노인들이나 장애인들이 고립, 고독, 소외 속에서 꼼짝하지 않고 TV를 보며 빈곤, 가난, 외로움에 버텨 나가는 예도 많이 있죠. 그러나 망상과 환상은 열악한 상황을 버티게 해줄 수는 있어도, 관계 속에서 그것을 해결할 수는 없습니다. 그래서 사랑과 욕망이라는 관계 맺기의 방식이 필요한 이유이기도 합니다.

"환상의 경제냐? 욕망의 경제냐?" 사실 이런 질문은 어쩐지 어색합니다. 환상의 경제는 근본적으로 불가능하기 때문입니다. 경제적인 것도 생태계와 같은 관계망이기 때문에, 환상으로 살아가는 고립된 주체에게 어울리지 않기 때문입니다. 자본주의 경제라 하더라도 환상의 경제가 아니라 욕망의 경제로서 사고해야 하는 것은 분명합니다. 저는 과거 파시스트의 탄압으로 유대인들이 고립되어 살았던 게토(ghetto) 경제에 대해서 흥미를 느끼고 있습니다. 게토는 나치에 의해서 1939년 건설되어 1943년까지 유지되었습니다. 유대인들은 고립된 게토의 상태에서 한정된 자원으로 자원/부/에너지를 순환시켜 놀랄 만큼 오랫동안 게토를 유지합니다. 물론 시간이 지나고 결과는 비참하게도 엄청나게 많은 사람들의 비극적인 죽음으로 끝을 맺었지만, 그 과정에서 나타난 관계망 속에서의 극단적인 순환의 의미에 대해서 연구해 보아야 할 것이라고 생각합니다.* 제가 이 사례에 관심을 갖는 이유는, 화석 연료 정점 즉 피크 오일 이후의 도시 상황이나 공동체 상황에 대한

---

* 게토 연구와 연관 있는 연구가 밀폐된 인공 생태계의 순환과 재생에 대한 연구인 바이오스피어(Biosphere) 실험이다. 바이오스피어와 게토 연구는 닫힌 생태계에서 관계망이 유지될 수 있는가에 대한 전거가 되는 실험이다.

캐나다 몬트리얼 시에 있는 바이오스피어

참고가 될 것이라는 점 때문입니다. 사실 지금의 상황에서 환상의 경제라고 할 수 있는 유일한 영역이 석유 기반 산업이라는 생각이 듭니다. 피크 오일이 이미 지났다는 많은 증거에도 불구하고, 아랍에 대한 서구 사회의 강권과 폭력에 의해서 값싼 오일 경제가 유지되는 것이 바로 환상의 찌꺼기와 같다는 생각이 들기 때문입니다. 저는 우리나라 곳곳에서 도시 텃밭과 마을 만들기가 발흥하고 있다는 점에 주목합니다. 그래서 대규모 주체성 생산이 이루어져서 환상의 경제가 아닌 욕망의 경제를 작동시키는 것을 상상해 봅니다.

이러한 상황에서도 미디어는 "자본주의는 행복하고 영원하다."라는 구조 환상에 기반해서 끊임없이 우리의 무의식 생활에 개입해 들어오

욕망 자본론

고 있습니다. 구조 환상은 가족 드라마와 같은 것으로도 연출되고, 다른 한편으로 앵무새와 같은 저녁 뉴스 아나운서의 음성으로도 나타납니다. 그렇게 소수자와 사회적 약자는 구조 환상의 포로가 되고 예속되도록 유도됩니다. 그러나 일부에서는 소수자와 민중들이 스스로 관계망을 형성하고 사랑과 욕망의 흐름을 유통시키는 모습을 보이고 있습니다. 이것은 사회 발전의 측면에서 가장 긍정적인 면모라는 생각이 듭니다. 우리의 무의식 생활을 미디어에 뺏길 것이 아니라, 마을, 공동체, 협동조합의 관계망에 두는 것이 필요합니다. 이를 통해 새들이 지저귀는 것 같은 수다스러움과 된장이 발효되는 것 같은 그윽한 향기를 가지면서 관계는 성숙할 수 있습니다. 미디어에 매개된 삶이 아닌 직접적인 관계망에서의 실험과 실천이 환상 경제가 아닌 욕망 경제의 재료라고 할 수 있지만, 자본주의의 구조를 유지하고자 하는 보수적인 힘에 의해서 구조 환상은 우리 곁에 능청스럽게 자리 잡고 있습니다.

저는 얼마 전 물리학을 공부하시는 분으로부터 자본주의가 왜 양자역학을 거부했는지에 대한 얘기를 들을 수 있었습니다. 자본주의는 중력과 같은 함수론적 질서 즉 의미화할 수 있는 영역만을 자신의 체계 내로 끌어들입니다. 미시적인 영역에서의 사랑과 욕망의 흐름은 바로 양자역학이 다루는 경우의 수나 주사위던지기와 같은 확률론적인 질서이기 때문에, 자본주의의 공리계를 유지하기 위해서 양자역학을 밀쳐냈다는 것입니다. 대신 자본주의는 끊임없이 자신의 구조를 버티게 할 수 있는 미시적인 것과 거시적인 것 간의 통합적이고 융복합적인 이미지를 생산하는 데 사력을 다하고 있다는 것입니다. 저는 마이크로 경제에서 사랑과 욕망의 기호 흐름을 빼놓고는 설명할 수 없다고 생각합니다. 우리 두 사람의 관계에서도 어느 순간 둘 사이에 무엇이 지나간 것 같은 느낌을 받을 때가 있지요. 사실 저는 그런 때가 제일 행복합니다. 우리 사이에서 무엇인가가 지나가고 생산되는 기쁨을 환상과 바꿀 수 있을까요? 저는 결코 그럴 수 없다는 생각입니다.

2014년 7월 1일

욕망 자본론

6부

욕망 자본론

코드의 잉여가치와 사회적 경제

자애로운 윤경 씨에게

　지난번에 〈생태문화협동조합 달공〉이 사회적경제센터 프로젝트에 신청했는데, 경험이 없어서인지 탈락을 했었지요. 아쉬움도 남지만 많은 경험이 되었던 것 같아요. 정말 많은 분들이 사회적 경제에 대해 관심을 가지고 톡톡 튀는 아이디어를 통해 접근하고 있다는 사실을 알게 된 것만으로도 큰 수확이었지요. 사회적 경제 부문의 발전은 정말 눈부시다고 표현해야 할 것 같습니다. 한국에서 2013년 기준으로 협동조합만 3,600개가 만들어졌고, 사회적 기업과 마을 기업 등 각 부문에서 꾸준히 발전을 하고 있는 것을 보면 그러한 생각이 듭니다. 우리들 역시 문래동 예술가들과 협동조합을 만드는 시도를 하고 있고, 사람들과 교감하는 재미있는 놀이를 만들려 하고 있습니다. 그것은 단지 가시적인 이익을 위한 것만이 아니라, 공동체적 관계망을 복원하고 그 안에 색다른 관계망의 시너지를 추구하는 것입니다. 저는 얼마 전 한 친구를 만났는데, 그 친구는 사회적 경제를 부정적으로 보고 있더군요. 사회적 경제 역시 자본주의의 포섭이며 자율성을 잃게 될 것이라는 얘기였습니다. 그는 푸코의 미시 권력을 이론적 전거로 들면서, 협동조합도 역시 포획될 것이라는 비관적이고 우울한 발언을 했습니다. '포섭(subsumption)'과 '미시 권력(micro-power)'이라는 생각은 자율성이 전혀 없다는 생각이지요. 하지만 제가 만나본 사람들에게서는 대안적인 삶에 대한 열망과 자율성을 통해서 공동체가 민주적으로 문제를 해결하려는 모습이 많이 발견되었습니다. 물론 그 친구가 우려하는 요소가 아예 없다고는 할 수 없겠지만, 그것은 다른 각도에서 본 시각에 불과하다는 생각이 듭니다. 이렇듯 최근에 회자되고 있는 철학적 담론에는 한편에서 세상을 사랑과 욕망의 미세한 흐름으로 보는 시각이 있고, 다른 한편으로 세상을 미시적인 권력의 작용으로 보는 시각이 있습니다.

요즘 공동체 운동을 고민하는 사람들이 자주 좌절하고 경색되는 것은 아마도 '코드의 잉여가치'라는 개념과 관련된 상황으로 보입니다. 코드의 잉여가치는 1세계와 3세계의 분리 차별, 공동체적 관계망의 시너지 효과에 대한 자본의 전유, 집단지성과 생태적 지혜에 대한 자본의 약탈, 국가의 반생산의 도입 등 자본주의가 공동체를 탐내면서 벌어지는 색다른 현실을 의미하는 개념입니다. 코드의 잉여가치라는 개념에서 보면 사회적 경제 부문은 자본에 의해서 공동체가 색다른 착취를 당하는 것으로 해석됩니다. 그런 의미에서 자본주의는 양적 착취 단계에서 질적 착취 단계로 이행했다고 할 수 있습니다. 이런 시각에서 보면 모든 영역이 자본에 의해서 장악되고 사랑과 욕망의 자율성이 완전히 사라진 세상이 연출됩니다. 비관, 우울, 좌절의 주체성이나 냉소, 비판, 뻔하게 보는 모습 등이 오버랩됩니다. 그런 태도를 보이는 젊은이들을 종종 발견하게 되는 것은 그저 우연이라고 하기에는 빈번하게 나타납니다. 그러나 그들은 대부분 공동체를 경험해 보지 못하고 단지 일 개인으로 사회와 대면하는 모습도 많이 발견됩니다.

코드의 잉여가치가 나타나는 양상은 네 가지 정도로 요약될 수 있습니다. 첫 번째로 분리 차별입니다. 1세계와 3세계의 분리 차별은 제3세계에 대한 배제와 차별로 나타날 수도 있지만, 양극화의 전면화와 같이 내면화되어 1세계 내부에서의 사회 분열 상황으로 나타날 수도 있습니다. 사실상 제3세계의 실존은 비보장노동자, 소수자, 민중들에 대한 분리 차별 전략을 가능케 하는 외부적인 요인이라고 할 수 있습니다. 여기서 자본은 "더 특이해져라."라고 명령하면서도, 다양성과 차이 중에서 특정 부문만 선별의 과정에서 살아남을 수 있는 잔혹한 질서를 만들어냅니다. 여기서 특정 부문이란 바로 자본이 이용할 수 있는 것이겠지요? 그런 의미에서 차이의 질서가 있다는 것을 자본주의는 이미 잘 알고 있고, 차별과 무한 경쟁, 승자 독식이라는 과정을 거쳐 이 속에서 추출하고 선별한 것만을 자본화하는 것입니다. 그래서 이러한 질적 착취의 단계는 모든 부문에서 이루어집니다. 예술, 문화, 인문학, 교육 등에서 강력하게 그 모습을 드러내고 있습니다. 질적 착취의 단계가 양적 착취보다 더 낫다고만 볼 수 없는 이유도 거기에 있죠.

두 번째는 공동체적 관계망의 시너지 효과를 자본이 탐내는 경우입니다. 사실상 자본이 공동체를 착취하는 모델과 공동체가 자본화되는 모델이 서로 혼재되어 있어서, 어떤 쪽이 먼저냐를 따지기가 어렵습니다. 또한 그것은 절차와 진행 과정, 태도와 관련되어 있는 부분이어서 어떤 쪽의 특성을 갖는지 칼로 베어내서 차이를 알 수는 없습니다. 문제는 방향성이라는 생각이 듭니다. 저는 사회적 기업이라는 방식이 자본의 최첨단에 있는 기업 형태라는 얘기를 많이 들었습니다. 신자유주의 질서의 미래 기업 형태와 관련된 부분이라 최첨단이라는 얘기가 나온 것 같습니다. 그러나 사회적 기업을 만드는 사람들의 의도가 처음부터 공동체에 자원을 조달하려는 목적에 의한 것인 경우를 빈번히 보게 됩니다. 사회적 기업이나 마을 기업, 협동조합은 자율적으로 운영되던 하나의 공동체에서 일부의 기능을 독립시켜 자동화하면서 나타나는 것임을 알 수 있었습니다. 사실 공동체의 시너지 효과는 대부분 눈에 보이지 않고 실체를 확인하기 어려운 비물질적인 흐름에서 생성됩니다. 너와 나 사이에서 공유 자산, 생태적 지혜, 집단지성이 생겨나고 돌봄과 살림을 수행할 수 있는 주체성이 생산되는 것을 볼 수 있습니다. 그러나 언제까지나 그런 자생성, 자연주의, 자발성에만 호소할 수 없는 것도 사실입니다. 게다가 자본주의는 이행기와 과도기에 서 있습니다. 화석 연료 정점, 환경 위기, 기후변화, 자원 고갈 등의 극단적인 상황이 그리 머지않은 미래에 기다리고 있기 때문에, 이에 대처할 수 있는 관계망을 미리 짜두면서 미래를 준비하는 것이 필요한 상황입니다. 그렇기 때문에 생태계와 가장 닮아 있는 공동체를 통해서 생명 위기 시대에 대면하라는 시대적 요청이 있습니다. 이런 점에서 자본이 공동체를 탐내는 방향성과 공동체가 자본을 형성하는 방향성 모두가 추진되어야 하는 것이 현실입니다.

세 번째는 집단지성과 생태적 지혜에 대해서 착목하는 자본의 등장입니다. 사실 인터넷 공간에서 진행되고 있는 '코드의 생태계'의 형성은 기업 환경에 변화를 가져다주었습니다. 오픈 소스 운동 등을 통해서 보다 광범위한 공유의 영역이 형성되고 있고, 집단지성에 기반하는 비즈니스 모델이 각광을 받고 있습니다. 이러한 상황은 자본주의가 비자본주의의 공유 지대를 원하는 방식으로 드러납니다. 혹은 공유 자산이나 집단지성을 자본 스스로가 형성하도록 독려하는 상황으로 이행했습니다. 물론 집단지성이 기업의 이익을 위해서 이용되는 것이 과연 올바른 것인가에 대한 질문이 있을 수 있습니다. 그러나 현실은, 칼로 딱 잘라서 어디까지는 집단지성이고 어디까지는 사유의 특권인지를 나눌 수 없는 상황에 있습니다. 전문가주의에 호소하던 자본주의가 일반지성, 집단지성, 다중지성에 호소하는 상황으로 이행한 점은 아주 역설적이지만, 이러한 이행을 통해서 네트워크나 공동체의 중요성이 어느때보다 중요해진 것이 변화의 시작이라고 생각합니다.

마지막으로 국가의 반생산(anti-production)의 도입입니다. 국가는 세월호 참사에서 보이듯 "가만히 있으라."는 메시지를 발신하면서, 욕망과 활력의 들끓는 에너지를 잠재우는 방향으로 나아갑니다. 그런 상황은 종교, 문화, 교육 등에서 연출되며 살려는 의지와 욕망을 정지시킵니다. 국가의 반생산의 도입이 갖는 의미는 욕망을 생산하면서도 억제해야 한다는 자본주의의 이율배반에 따른 것이라고 볼 수 있습니다. 이처럼 이러지도 저러지도 못하는 상황은 많은 사람들로 하여금 욕망을 함부로 발산하거나 활성화시키면 안 된다는 조심스러운 태도를 만들어냅니다. 공동체 역시도 욕망에 대해서 금욕적인 태도를 취함으로써 이러한 국가의 반생산 태도와 공명하는 기성세대를 내부에 갖고 있습니다. 반생산은 욕망의 생산물을 일면적으로 해석할 수 있는 지표로써 작동합니다. 그래서 일단 욕망을 정지시켜 놓고 바라보는 것이 국가의 색다른 영역이라고 할 수 있습니다. 이는 국가가 마치 종교와 같

욕망 자본론

이 욕망에 대해서 반생산을 도모한다는 특징을 갖고 있습니다.

저는 최근에 영성(靈性)에서의 본질주의의 문제점에 대해서 생각을 했습니다. 영성은 의식으로는 파악될 수 없는 물질과 비물질 사이의 마음의 영역입니다. 우리가 어떤 것을 만들었을 때 자신의 창조물이며 인격적인 산물이라는 본질이 사라지지는 않지만, 관계를 통해서 다채로운 의미를 획득하고 공유되는 것으로 나아가지 않는다면 무망한 일입니다. 문제는 본질이 아니라 관계이자 배치입니다. 제가 전부터 가지고 있던 영성주의를 최근에 생태 영성으로 바꾸어야 한다는 생각을 한 것도, 개인적 수행과 마음 생태가 중요한 것이 아니라, 배치와 관계망에서의 마음이 중요하다는 생각으로 이행한 것입니다. 생태 영성은 보이지 않게 연결된 관계망 속에서 영성을 사유하는 것입니다. 만약 사회적 경제의 문제를 본질의 문제로 대면한다고 한다면, 자본에 의한 공동체의 약탈이라는 본질에 머물러서 이행하고 변이하는 흐름의 일부를 형성하지 못하고 일면적인 해석에 머무르게 됩니다. 그러나 사회적 경제를 도모하고 있는 분들의 특징은 의미를 횡단하고 이행하는 과정을 수반하고 있다는 점입니다. 사회적 경제는 자본주의 질적 착취의 국면이라는 본질이 아니라, 사회를 변화시키기 위한 초석이 되고자 하는 노력과 색다른 관계망을 이미 가지고 있습니다. 그래서 그러한 관계망을 주저하지 말고 자율적으로 만든다면, 코드의 잉여가치라는 개념의 구도가 결정론으로 다가오지는 않을 것이라는 생각이 듭니다. 물론 결정론의 시각에 서 있다면 아까 언급한 친구와 같이 사회적 경제에서 미시 권력의 요소와 포섭의 증거를 발견하는 데 머무를 수도 있겠다 싶습니다.

지난번에 코드의 잉여가치는 흐름의 잉여가치와 구분된다는 점에 대해서 설명했던 적이 있지요? 재차 강조하지만, 흐름의 잉여가치는 공동체의 사랑, 정동, 돌봄, 욕망의 흐름이 만든 시너지 효과입니다. 저는 협동조합이 외부로부터 자원/부/에너지의 흐름을 끌어들일 때 민주적인 내부 작동을 거쳐 사랑과 욕망의 흐름에 이를 실어 분배하는 과정에 대해서 주목했습니다. 이 과정에서 시너지 효과를 얻을 수 있으며, 유한자의 무한 결속처럼 흐름이 가속화됩니다. 저는 그 흐름이 어느 순간 무한 속도로 진입할 것이라는 미래적 예측도 해보지만, 그것은 물론 명확히 한계를 갖죠. 이 문제에 대해서는 다음에 기회가 된다면, 분자 혁명에 따른 눈덩이 효과라는 가타리의 개념을 찾아보면 좋을 것 같군요. 어쨌든 자본이 공동체를 탐내는 것을 '코드의 잉여가치'라고 한다면 공동체가 자본을 형성하는 방향성은 '흐름의 잉여가치'입니다. 그 자본의 성격도 굉장히 다릅니다. 주식회사의 경우에는 주식을 많이 가진 사람들이 권력을 갖게 되지만, 협동조합은 출자를 많이 했든 아니든 1인 1표의 민주적 운영을 하는 경우를 들 수 있습니다. 이 속에서 자본은 권력이라는 본질을 갖는 것이 아니라, 협동의 힘으로 변화됩니다.

그러나 현실적인 논리에서는 '코드의 잉여가치'와 '흐름의 잉여가치'가 혼재되어 있습니다. 공동체가 자본을 형성하려는 방향성과 자본이 공동체를 탐하는 방향성은 서로 뒤섞여서 나타납니다. 이것이 사회적 경제의 딜레마라고 할 수 있습니다. 혹은 흐름의 잉여가치로부터 출발해서 코드의 잉여가치로 전도되는 양상도 벌어집니다.* 그런 점에서

---

* 흐름의 잉여가치를 코드의 잉여가치가 포획한다는 설정이 자본주의의 질적 착취 국면에서 나타난다. 그러나 공동체의 흐름의 잉여가치가 전부 다 코드의 잉여가치로 포섭되는 것은 비자본주의적인 외부성이 아예 없다는 설정이지만, 자본주의 역시도 비

미시 권력에 맞선 '사랑과 욕망의 미시 정치'가 무척 중요합니다. 우리 사이에 미세한 혈관과 같이 흐르는 미시 권력에 맞서는 가장 중요한 행동은 사랑과 욕망이라는 생각이 듭니다. 둘 다 미시적이지만, 권력에 대한 저항조차도 권력이 되었던 역사를 생각해 보면, 사랑과 욕망이라는 진행형적인 흐름과 문제의식이 중요하다는 생각이 듭니다. 어떤 일을 벌일 때 그것이 지속되고 유지되는 방향을 추구하는 방향성과 색다른 사랑과 욕망을 생성시키고 실천시키는 방향성은 서로 공감하고 협동할 수 있지만, 서로가 다른 방향성으로 인해 마찰을 일으킬 수도 있습니다. 그래서 욕망의 미시 정치를 통해서 코드의 잉여가치를 최소화하고 흐름의 잉여가치를 보존하려는 방향성은 매우 중요합니다.

최근에 기업의 경우에도 이윤뿐만 아니라, 지속 가능성에 대해서 주목하고 있습니다. 그러나 지속 가능성 개념을 경영 속에 내재화하는 것은 잉여의 부스러기와 틈새 같은 영역을 만들고 있습니다. 기업 후원 속에서 이루어지거나 국가에 의해서 도모되는 사회적 기업이 그런 영역이겠지요. 그러한 사회적 기업의 영역은 고도로 훈련되고 조직된 사회적 기업인들을 만들고 있습니다. 그러나 사회적 기업의 발흥은 물론 공동체와 협동조합과의 마주침을 곳곳에서 만들어내고 있습니다. 주민 자치에 의해서 만들어진 협동조합이 자신의 기능의 일부를 사회적 기업으로 만들기 시작한 것은 색다른 현상이 되고 있습니다. 즉, 협동조합과 공동체의 몸의 일부를 떼어내서 사회적 기업이나 마을 기업으로 만들고 내부적으로 자원/부/에너지를 순환시키기 시작한 것입니다. 그런 점에서 지속 가능한 발전이라는 전략이 기업 환경에 수용되면서 한국 사회는 천천히 변형되고 있는 셈입니다.

자본주의를 필요로 하는 현재의 국면에 대한 왜곡일 수 있다.

저는 발전 전략의 시각에서 이러한 현상들이 대두되게 된 것은 아주 좋은 일이라고 생각합니다. 관계망이 창발하는 시너지 효과에서 지속 가능성을 찾는다는 것은 사회 구성원 개개인의 자존감을 높일 것이기 때문입니다. 발전 전략의 풍부한 가능성이 있음에도 불구하고, 역사적인 몇 가지 계기 외에는 아직까지 발전 전략의 잠재성에 대한 연구는 풍부하게 이루어지고 있지 않습니다. 내포적이고 관여적인 발전(development)은 외연적이고 실물적인 성장(growth)과 엄밀한 차이를 갖습니다. 관계망이 얼마나 성숙하고 풍부해지고 다양해졌는가가 발전 전략의 핵심입니다. 결국 사회적 경제의 발흥은 다채롭고 풍부한 관계망을 직조할 수 있는 가능성입니다. 그런 의미에서 저는 코드의 잉여가치를 결정론으로 바라보는 냉소와 비관의 시선이 아니라, 발전 전략을 추구하는 거대한 실험과 실천의 일부가 될 수 있다고 생각합니다.

오늘은 한 친구가 사회적 경제를 비판적인 눈으로 바라보고 있다는 이야기로 시작했는데, 사실 그 친구는 협동의 관계망에서 아주 특이한 주체성을 생산하는 모습을 보이곤 합니다. 그런 때는 사랑과 욕망이 활성화되어 있는 상태일 때였습니다. 우리가 문래동에서 준비 중인 생태문화협동조합 달공도 주체성 생산이 이루어지고, 관계망 창발이 이루어지는 사랑과 욕망이 생성되는 관계망이었으면 좋겠습니다. 사랑과 욕망의 놀라운 능력을 확신하며.

2014년 7월 3일

욕망 자본론

자본주의는 비자본주의를
필요로 하는가?

제 가까이에서 늘 기다려주는 윤경 씨에게

윤경 씨와 함께 커피를 마시고, 음악을 듣고, 춤을 추고 지내는 일상이 마치 꿈결처럼 지나가고 있습니다. 가까이에서 서로의 향기와 음색에 취해서 변용하고 사랑하고 욕망하는 삶이 정말 행복합니다. 제가 대학강사로 활동하다 보니 방학 중에는 으레 재정적인 어려움이 다가오곤 하는데, 윤경 씨는 전혀 내색하지 않으니 가슴 한구석이 뭉클하기도 합니다. 근 두 달에 걸쳐 당신에게 보낸 편지가 '욕망 자본론'이었다는 얘기를 꺼낼 때가 이제 된 것 같아요. 사실 왜 이렇게 어려운 편지를 보내냐며 의문을 표시하는 윤경 씨에게 사실은 이 편지 뭉치가 제 사상 전반을 정리하는 작업이었다는 사실을 털어놓게 됩니다. 편지를 모아놓고 보니 약간은 실험적인 책이 될 것 같아요. 그리고 마치 우리 두 사람 사이에서 하나의 생명이 탄생한 것처럼 이 책이 기대되고 마음이 설레입니다.

오늘은 어쩌면 슬슬 결론을 꺼내야 할 것 같네요. 지금까지 자본주의에 대한 비판, 공동체에 대한 기대가 뒤섞인 글들을 당신에게 보냈습니다. 그런데, '그래서 어쩌자는 것일까?' 아마 궁금했겠지요? 자본도 공동체 없이 시장만으로는 자본의 영토를 확장할 수 없는 상황이 되어버렸습니다. 자본도 분명 권력이지만, 관계망이라는 숙주에 기생하는 기생생물과 같은 형상으로 나타납니다. 사실 네트워크 사회의 도래는 자본을 공동체에 기반할 수밖에 없도록 만들어버렸습니다. 오늘날 영업이익을 포함한 이익을 얻는 쪽은 생산자도 소비자도 아닙니다. 대신 유통업체가 이익의 대부분을 흡수해 가고 있지요. 이러한 사실도 자본이 서식할 수 있는 환경이 어디에 있는지를 극명하게 보여줍니다. 자본은 공동체적 관계망에 서식하지 않고서는 더 이상 이득을 내지 못하는 상황에 와 있습니다. 그 때문에 필사적으로 네트워크라는 관계망을 조성하고 그 속에서 무리, 집단, 떼를 이루는 사람들의 성향, 기호, 문화 등에 대한 분석에 돌입하였습니다. 사실상 작금의 자본은 페이스북과 같은 SNS에서의 빅데이터 분석 기술 등을 통해서 관계망 속에서 개인들의 정보를 대규모로 집적시키고 있는 상황입니다.

이러한 자본의 상황은 역설적으로 공동체가 없는 공간에서 공동체를 형성하는 작업을 스스로 해야 한다는 아이러니를 의미합니다. 그렇기 때문에 네트워크와 같은 전자적 관계망이 조성되고 거기에 투자되는 돈이 어마어마한 이유도 그렇습니다. 네트워크에서 사람을 모으고 관계망이 복잡해지면 그것이 바로 자본으로 변모되는 것에 대해서 의아하게 생각될 수 있지만, 하드웨어보다는 플랫폼(platform)을 조성하는 것이 더 중요해진 이유도 거기에 연유합니다. 네트워크 사회의 도래는 일종의 태풍의 눈과 같은 역할을 하며, 전자적인 직조망에 모든 것이 빨려 들어갔습니다. 더욱이 스마트 기술의 발전은 온라인과 오프라인의 공진화(共進化)를 가능케 만들었습니다. 자본주의의 발전의 극한에서 돌연 공동체와 네트워크를 조성하기 시작한 자본의 등장이라는 새로운 국면이 등장한 것이지요. 이제 공동체는 농촌처럼 자본주의의 외부에 있는 것이 아니라, 자본주의 내부에 있는 외부가 되었습니다. 여기서 자본주의의 필사의 도약과 같은 것을 느낄 수 있습니다. 지구 외부로 나아가서 우주에 로켓을 쏘았던 자본이 지구의 한계, 자원의 한계로 인해 외부로의 진출이 어려워지자, 이제는 내부 관계망의 비밀에 대한 분석을 필사적으로 하고 있는 상황입니다.

비자본주의는 외부에 있는 것이 아니라, 자본주의 내부에서 창출되어야 할 것이 되었습니다. 즉 내부에 외부가 있는 셈이지요. 자본주의는 아이, 동물, 광인 등을 타자화시켜 외부로 배제하려고 했지만, 이제는 내부에서 존재하는 외부로서 받아들여야 할 시점에 와 있습니다. 앞서 말했듯이 공동체적 관계망을 소수자라는 특이점이 풍부하게 만들 수 있는 잠재력을 갖고 있기 때문에, 차별이라는 질적 착취를 하려는 자본조차도 소수자의 특이점을 수용하지 않고서는 자본을 작동시킬 수 없는 국면으로 접어들었습니다. 그렇게 되면 자본주의 외부가 전혀 없는 실질적 포섭의 상황이 되겠지요. 어떤 사람은 실질적 포섭이라는 현재의 상황이 반자본주의의 영토를 상실한 무기력하고 우울한 디스토피아라고 얘기합니다. 그러나 그것은 일면에 불과하고, 자본주의에서 유행이 지나고 낡은 것들이라고 치부되었던 것을 수집하고 모아서 공동체를 조성함으로써 자본 역시도 색다른 착취의 영토를 찾을 수 있는 국면이 찾아왔습니다. 제국과 식민지라는 단어로 그것을 표현하는 사람들은 내부 식민지라는 개념을 쓰는 경우가 종종 있습니다. 그러나 그것은 착취하고 약탈하는 식민지의 형상과는 다소 다른 형태를 띱니다. 외부의 소멸은 성장주의 담론의 완전한 종말을 의미합니다. 성장주의 세대에서 갖고 있던 고속성장이라는 블랙홀은 더 이상 조성될 수 없는데, 그 이유는 화석 연료 정점이라는 지구의 한계와 관련되어 있습니다.

많은 사회 이론가들은 자본주의가 비자본주의 영토를 원하는 역설적인 상황을 목격하면서, 인위적인 가짜 공동체에 불과할 것이거나 자본의 첨병이 될 것이라는 비판적인 시각을 거두지 않고 있습니다. 사실 오늘날 자본주의가 고대적인 영토, 중세적인 영토, 원형 공동체의 영토 등을 스스로 만들어낸다는 점은 '역사는 진보한다'는 원리에 역행하는 부분이 있습니다. 예를 들어 제3세계에서 옷을 벗고 밀림을 누비는 원주민들조차도 관광 자본에게서 일정한 소득을 받는 배우들과 같은 신세로 전락했습니다. 또한 자본주의의 욕망 경제는 역사적인 소재들조차도 외부로 인식하고 그것을 관광 상품으로 만들거나 그와 유사한 공동체를 조성하기도 합니다. 외부가 사라진 자본주의는 비자본주의 영역을 스스로 창출하고 생산해야 한다는 역설적인 상황에서 선택에 직면합니다. 그것은 소수자라는 특이점에 대한 태도입니다. 그래서 "더 심한 차별의 미시 파시즘으로 갈 것인가? 아니면 공동체적 관계망을 풍부하게 만드는 인물들로 간주할 것인가?"라는 이행과 선택의 순간에 있습니다. 발전 전략의 입장에서 보면 기본소득과 같은 색다른 아젠다를 수용함으로써 소수자들의 삶을 보호하고 보존할 필요가 있는 것이지요. 이를 통해 비자본주의 영역의 풍부함을 심화시키는 방향성이 있습니다.

 자본주의의 생산이 재생산 혹은 타자 생산이라면, 공동체는 자기 생산(autopoiesis)이 활동의 주가 됩니다. 재생산과 타자생산은 다른 사람의 일을 대신하는 것이라면, 자기 생산은 자기 자신을 위한 활동입니다. 이것이 이전까지는 차이점이었지만, 지속 가능한 발전 전략의 기업과 국가 기관이 수용한 이후부터는 자본주의 사회 역시도 자기 생산과 지속 가능성이 중요한 활동의 원천이 되고 있습니다. 더 많은 대량 생산과 대량 소비의 상태는 자본주의 사회의 발전 전략에도 도움이 되지 않는 것입니다. 발전 전략은 자본주의 사회 내부에 있는 비자본주의 영역들에 새로운 가치를 도출하는 작업이나 색다른 삶을 구축하는 작업들입니다. 그래서 자본주의는 똑같은 것을 생산해서 파는 타자 생산이나 재생산으로서의 기존 정의에서 벗어나 자본주의의 자기 생산을 위한 외부 생산이 대두되는 것입니다. 이는 기존에 자본주의에게서 타자라고 정의되었던 소수자들과 이방인들을 자본주의 외부인 비자본주의 영역을 구축하는 주체성으로 변형하는 것이지요. 이것은 외부를 생산함으로써 자본이 필요로 하는 영토를 만드는 것을 동시에 의미합니다. 이처럼 자본주의 역시 비자본주의 영역을 필요로 한다는 역설을 잘 보여주는 공간이 바로 아프리카라는 생각이 듭니다. 19세기 이후 근대적 의미의 개발에서 밀려나 있던 아프리카는 자본주의 외부로 보존되고 성장이 멈춰진 대륙이 되었습니다. 어떤 사람은 아프리카는 기아, 빈곤, 저발전의 지옥과 같은 공간이라고 묘사합니다. 그러나 아프리카는 자본주의에서 배제된 지표와 같은 공간으로서 의미를 갖습니다. 물론 자본주의가 생산하려는 비자본주의 영역은 아프리카와 같은 배제된 영토가 아니라, 공동체 원형에 가까운 관계망입니다. 이러한 공동체적 관계망이 조성되지 않고서는 등가교환도 불가능하다는 역설적인 상황에 직면한 것이 자본의 역사적인 숙제이기 때문입니다.

비자본주의의 영역인 공동체적 관계망에서는 앞서 얘기했듯이 호혜적인 관계망을 조성하기 때문에 선물을 주고받는 것과 같은 경제 활동이 이루어집니다. 그러므로 사랑과 욕망의 흐름이 물건에 스며들어가 있고 인간관계를 성숙시킵니다. 반면 자본주의 사회의 시장에서는 물건과 사랑과 욕망이 분리됩니다. 낯선 타자가 등장하고 물신성이 교차되고 소비자와 생산자, 유통업자라는 인물이 등장합니다. 자본주의적인 관계망은 공동체적 관계망을 압도하면서 모두를 낯선 타자로 만들어 경제를 작동시키려 합니다. 친밀하고 유대가 있는 사람들 사이에서는 선물로 존재할 물건이 낯선 사람들 사이에서는 상품으로 존재할 수 있으니까요. 이러한 시도는 국경 외부에 낯설고 이질적인 시장의 공간이 무한히 있다는 가정으로부터 시작됩니다. 그러나 시장의 공간이 내부의 공간으로 한정되었을 때, 자본 역시도 내부의 관계망에서 유통되는 상품교환을 만들고 싶어지고, 관계망의 이득을 함께 누리고 싶어합니다. 그렇기 때문에 자유무역협정(Free Trade Agreement)과 같은 통합된 세계 자본주의의 특징을 보여주는 무역 거래는 이행기와 과도기에 잠깐 나타나는 환상에 불과합니다. 실은 자본이 실존할 수 있는 영토는 아주 협소해지고 미세해지고 있고, 내포적이고 관여적인 관계망으로 들어가지 않고서는 해결될 수 없는 수많은 문제들에 직면해 있습니다. 그런 의미에서 발전 전략이나 기본소득과 같은 의제들은 철저히 자본주의적이면서도 다른 한편으로 비자본주의적인 의제들입니다.

반자본주의적인 성향을 지닌 사람 중 일부는 자본주의하에서 만들어진 사회적 경제가 비자본주의의 환상에 불과하며, 조작된 인공적인 관계망이라는 환영 이미지를 보여준다고 말합니다. 물론 원형적인 공동체와 달리 사회적 경제는 2차적으로 만들어진 것입니다. 반자본주의의 순수성과 달리, 이러한 비자본주의 영역에서 활동하는 사람들은 순수하지도 못하고 어찌 보면 다소 이기적이기까지 한 모습도 보입니다. 그러나 자본주의가 발전 전략을 수용하면서, 공동체적 관계망이라는 자신의 외부를 내부에 장착하기를 원하는 국면에서는 완전히 다른 차원의 주체성을 요구한다는 점 역시도 드러납니다. 즉, 활동가 유형의 많은 주체성들이 사회적 경제의 대부분의 영역에서 등장합니다. 그것은 노동자나 직장인, 시민 유형의 근대적인 책임 주체의 상과 이미지로부터 벗어나 비자본주의 영역의 가치와 윤리, 미학을 보여주는 주체성 생산으로 격발되는 것입니다. 물론 시각에 따라 자본주의가 만든 환상의 놀이터에서 놀고 있는 애처로운 사람들이라고 볼 수도 있지만, 주체성 생산을 통해서 색다른 꿈과 상상력, 실천 능력 등을 가진 대안적인 것으로 나아갈 수 있는 잠재력까지 색안경을 끼고 보아서는 안 될 것입니다.

현재 사회적 경제 내부에서도 우려의 목소리는 있습니다. 사회적 기업이나 마을 기업에서 활동하는 사람들 중에는 비물질적이고 계산 불가능하고 지각 불가능한 영역들이 회계 담론이라는 블랙홀에 빨려들고 있다는 생각에 사로잡히는 경우가 있습니다. 물론 회계 담론의 영역에서 이처럼 난처함을 표시하는 경우도 있지만, 대부분 회계 담론을 활동의 결산으로 생각하고 있습니다. 사실 마을, 협동조합, 공동체, 사회적 기업, 마을 기업 등의 회계 지표는 발명되어야 한다는 생각이 듭니다. 기존에 통용되던 회계 담론으로는 사실상 설명할 수 없는 관계와 흐름의 지표가 있기 때문입니다. 동시에 비자본주의적인 영역에 대한 자본의 접근이나 자본의 조성에 있어서 회계는 지나치게 일면적입니다. 사실상 코드의 잉여가치에서의 코드는 수정되고 변경되는 것이 끊임없이 이루어져야 하는 상황에 있습니다. 그렇기 때문에 사회적 자본이 갖고 있는 회계 담론에 대한 영구적인 혁명이 이후 내포적 발전 전략의 핵심이 될 것이라는 생각도 듭니다.

이제 다시 자본주의가 비자본주의 영역을 만드는가의 문제로 돌아가 보죠. 비자본주의 영역의 대표적인 것으로 공동체를 꼽았습니다. 우리가 가장 쉽게 생각할 공동체는 농촌 공동체일 것입니다. 그러나 전통적인 문화 정체성으로 존재했던 지역 이데올로기의 역사적인 퇴행은 불가피해 보입니다. 현재 이루어지고 있는 신세대들의 귀농과 귀촌 현상은 지역 문화 정체성과 아무런 관련도 없는 것으로 느껴집니다. 마치 자본주의가 만든 비자본주의 영역이 갖고 있는 2차적인 이미지처럼 색다른 이미지들이 등장합니다. 이제까지 없었던 새로운 영역에 대한 실험과 실천이 이루어지고 있습니다. 그래서 자본주의가 만든 비자본주의 영역을 뻔하게 보거나 일면화시키는 것과 무관하게 사랑과 욕망의 흐름과 활력이 느껴지는 이유도 그것입니다. 저는 매번 "생태주의는 자연주의가 아니다."*라는 명제에 주목합니다. 자연주의처럼 자연발생적인 것에 호소하면서 외부를 조성하는 단계는 이미 지나갔습니다. 이제는 우리 안에서 소수자를 발명하고 그들의 특이성에 따라 공동체가 풍부해지는 것이 필요한 상황입니다. 그런 의미에서 외부를

---

* 생태주의가 자연발생성의 신화가 아니라, 고도로 조직된 도표 작용과 같은 자기 조직화 양상에 의해서 구축되어야 한다는 이야기이다. 생태주의에서 자연보호와 원시주의와 같은 자연주의에 대한 호소는 현재의 생태 위기와 생명 위기 상황에 맞서 대규모 주체성 생산을 이룰 수 없다.

　　　　　　　　　　　　　　　　　　　　　　욕망 자본론

만들고 생산하고 보호하는 것이 자율성의 척도라고 할 수 있습니다.

지금까지 이야기해 왔던 것처럼 사회적 경제의 영역은 매우 양가적입니다. 사회적 경세는 가장 자본주의적이면서 동시에 가장 비자본주의적이라는 역설과 아이러니를 품고 있습니다. 그래서 반자본주의자들이나 마르크스주의자들은 거부감을 느끼기도 합니다. 그러나 그것이 극단적인 형태가 아니라, 관계망에 스며들어 있는 재미있는 놀이나 게임처럼 느껴질 때가 많습니다. 반자본주의 사상가들은 "어떻게 놀이나 게임의 설정으로 자본주의를 극복할 수 있겠느냐?"라는 질문을 던질지도 모르겠습니다만, 이러한 이중적인 설정은 능청스러운 공동체 관계망의 일부로 자리 잡고 있습니다. 특히 협동조합 등에서 결사체와 사업체의 이중성을 갖는 지점은 관계를 성숙시키고 발전시키기 위한 소재로서 자본주의적인 요소를 받아들이면서도 어소시에이션 (association)과 같은 결사체의 요소를 보존하려는 모습에서 자율성을 가지려는 공동체의 노력과 실천이 엿보입니다. 우리가 만드는 협동조합에 대한 고민과 실천도 발효되고 성숙한다는 다양한 실험이 가능할 것이라는 생각이 듭니다. 항상 옆에서 조언해 주고 동지로 친구로 아내로 함께 하는 윤경 씨에게 감사함과 애틋함을 전하고 싶어요. 그리고 늘 가까이에 있어도 그립네요.

2014년 7월 5일

자본의 욕망화와 욕망의 자본화

가까이에 있어도 늘 그리운 윤경 씨에게

요즘 20대들이 힘들게 생활하는 것을 보면서 윤경 씨가 "우리는 참 좋은 시절에 20대를 보냈네!"라고 말할 때 저도 수긍이 가더군요. 1970~1980년도의 고속 성장의 시기에는 여유 없던 사람들도 일자리나 할 일을 쉽게 찾던 시기였던 것 같아요. 지금의 20대들에게는 그런 낭만적인 시기가 다시 오지 않으리라는 것이 느껴집니다. 고속 성장의 이면에는 화석 연료가 있었지만, 지금은 화석 연료가 고갈되어 가는 시점입니다. 우리 세대만 연일 축배를 들고, 미래 세대에게 무언가를 남겨주지 않았다는 점은 자괴감과 미안함이 드는 대목입니다. 이처럼 성장이 불가능해진 현재의 상황에서 제가 제안하는 바는 내포적 발전 전략입니다. 내포적 발전 단계의 자본주의는 외연적인 성장이 봉쇄된 상황입니다. 그 대신 내부를 풍부하게 만드는 소재를 발견하면서 관계를 성숙시켜 나가는 경제 전략을 구사해야 할 시점입니다. 공동체와 간(間)공동체로서의 사회는 내부를 발효하고 성숙시킬 소재를 통해서 외부와 접속하게 되는데, 그것이 바로 소수자의 욕망이라는 생각이 들어 이에 대한 연구를 더 진행해 볼 생각입니다. 이에 대해 제 연구에서 구체화된 부분은 욕망가치 분야이지만 시작 단계에 머무르고 있어서 정교한 이론으로 만들기까지는 아직 시간과 자원, 여유가 필요한 상황입니다. 윤경 씨는 제가 진행 중인 연구를 정리해서 『욕망 자본론』을 쓴다는 것에 약간은 못마땅해하면서 겸손할 필요가 있다는 점을 지적했지만, 시대적인 요청에 따라 급하게 서두른 감이 있습니다. 그래서 정교한 이론 구조물은 없지만, 영감을 주는 단상과 아이디어를 모아보았습니다.

제가 대안으로 제시하고 싶은 내포적 발전 전략의 중요한 특징 중 하나는 자본이 공동체 내에 흐르는 욕망을 탐색하기 위한 여러 가지 노력을 한다는 점입니다. 이는 시장에서의 수요 예측과 같은 영역으로 한정되는 것이 아닙니다. 공동체적 관계망으로부터 자원 순환과 재생 과정의 색다른 작동을 발견하려는 노력이나, 스스로 공동체와 네트워크를 조성해서 내포적 관계망에서 색다른 잉여가치를 추출하려는 노력이 네트워크 사회로 변모한 현재의 자본주의 단계에서는 일상적인 것이 되고 있습니다. 어떤 분은 자본의 자유와 공동체의 자율은 동전의 양면과도 같다는 점을 피력하기도 했습니다. 그래서 자율주의는 자유주의 혹은 신자유주의를 필요로 하는 것이 아니냐며 도발적인 질문을 하시더군요. 기존 좌파의 신자유주의 이론에 대한 분석과 비판의 연장선에서 보면 내포적 발전 단계의 특징을 빼먹고 볼 수 있다는 점이 드러납니다. 자본이 국경을 넘나들 수 있도록 규제가 완화되고 주권의 형태가 약화된 상황으로 나아갔던 신자유주의 경제 질서는 사실상 2008년 유럽발 금융위기 이후에 상당한 지각 변동에 직면하게 됩니다. 금융이라는 추상적인 수준에서가 아니라, 실물에서의 위기가 직접적으로 거품을 파괴하고 자본주의의 성장을 가능케 할 외부를 소멸시켰기 때문입니다. 2008년도 유럽발 금융위기 이후의 상황은 과도기와 모색기, 이행기라고 할 수 있지만, 현재로서는 내포적 발전 전략 이외에는 딱히 대안이 있는 것도 아니라는 점도 드러납니다.

내포적 발전 단계의 자본주의에서 두드러진 특징 중 하나는 공동체의 욕망들이 자본화하기 시작했다는 점입니다. 특히 협동조합의 비약적 발전으로 표상되는 하나의 도도한 흐름이 시작되었습니다. 공동체의 욕망은 원래는 다성적이고 다극적이며 다의미적인 욕망의 흐름이기 때문에, 자본화되기가 어려운 특성을 갖고 있습니다. 이를테면 공동체 내에서의 돌봄을 자본화한다는 것은 기존 통념과는 어긋나는 부분이라고 생각하기 쉽죠. 그러나 내포적 발전 단계에서는 공동체 내부에 있는 욕망이 자본화되어 욕망가치를 실현시키는 것을 추구하는 돌이킬 수 없는 흐름이 형성되었습니다. 그것은 공동체가 갖고 있는 가능성을 증폭시켜 주고, 색다른 가치 질서 즉, 욕망가치, 생명가치, 생태적 가치, 예술가치 등을 기존 가치 질서에 들어오게 만드는 효과를 갖고 있습니다. 공동체에서의 욕망의 자본화는 관계망이 성숙되고 발효되었다는 점에 대한 리트머스일 뿐, 자본을 얻기 위해 권력화되거나 적분 형태로 덩어리를 형성하는 것과는 차이를 갖습니다. 그렇기 때문에 공동체의 욕망은 회계 담론에 의해서 포섭되었다고 자괴감을 가지면서 얘기하는 사람들도 생겨났습니다. 그러나 자본주의의 기표적 가치 질서와 색다른 도표적 욕망의 가치화가 이율배반을 형성하면서 양가적인 상황에 놓여 있습니다.

그래서 현재 이루어지고 있는 자본의 욕망화와 욕망의 자본화라는 서로 마주치기 어려운 요소들이 서로 교직되어 경계가 모호해지는 상황에 왔습니다. 예를 들어 사회적 기업에서 자본의 사회화와 사회의 자본화의 경계가 모호해지면서, 사회적 자본이 형성되는 것처럼 말입니다. 그러나 결국 자본이 공동체의 욕망을 동원하고 욕망 속에서 색다른 가치 질서를 탐색하는 것처럼 공동체의 다양한 욕망도 자본으로 형성되어 공동체의 자기 생산의 일부를 시장에서 구현하려고 하는 것입니다. 이 두 경향의 차이는 모호하기 때문에, 어떤 사람들은 태생적인 것을 통해서 구분하자라는 본질론적인 방향으로 향합니다. 그러나 한편으로 이러한 양가적인 흐름은 태생, 본질, 원형이라는 것으로 분석될 수 없는 흐름의 과정이라는 생각이 듭니다. 이러한 경향이 어떻게 등장하게 되었는가에 대해서 의문을 갖는 사람들도 있습니다. 그것은 내포적 발전 단계에 접어들면서 이행되었던 상황이라고 추측됩니다. 협동조합 중 일부는 사업체적 속성으로 진행되는 경향을 보이고, 협동조합의 다른 일부는 결사체를 보호하기 위한 사업을 하는 경우를 보입니다. 이 두 경향도 이율배반적이지만 함께 공존하는 양면적인 속성이라고 할 수 있습니다. 자본의 욕망화와 욕망의 자본화라는 이중적인 경향은 내포적 발전 단계의 상황을 아주 잘 보여주는 본성입니다. 이 과정에서 기존 좌파 구성체들은 상당히 혼란에 사로잡히거나 경직된 형태로 반응할 수밖에 없습니다. 그 극단적인 예로 저는 협동조합이나 공제조합에서 노조를 만들려는 시도를 하는 좌파들의 활동을 보았습니다. 결국 좌파들은 미세한 혈관처럼 사회에 유통되는 미시 권력에 대한 반대 투쟁의 영역으로 이행하는 모습을 보이고 있습니다. 좌파들의 혼란은 대안 사회를 향한 선형적인 흐름으로 머물러 있습니다. 물론 미시 권력은 주의해야 하고 조심해야 할 부분이지만, 그것 때문에 사랑과 욕망의 미시 정치로 나아가지 못하고 비판 세력으로만 머문다는 것은 커다란 한계를 가진 운동이 될 수밖에 없습니다.

언젠가 우리의 협동조합 모임에서, 자본은 탈을 쓴 도깨비처럼 여전히 우리 안에 도사리고 있지 않은가라는 의문이 제기되었습니다. 자본에 대해서 그 당시 껄끄러웠던 이유는 그것이 권력이며 적분이기 때문이었습니다. 그러나 이러한 자본이 우리 사이에서 발생하더라도 자본이면서 공유 자산이라는 이중성을 띕니다. 가장 자본주의적이면서도 가장 공유 경제적인 것이 바로 우리 사이의 자본입니다. 자본이 불현듯 우리 사이에 형성된다는 것에 대해서 비판적으로 사고하는 것은 가치 있는 지적이지만, 자본에 대해서 기존의 반자본주의적 시각이 갖는 피해 의식이나 저항 의식으로만 머물 수는 없습니다. 자본은 도깨비가 아니라, 우리 사이의 관계의 일부라고 할 수 있습니다. 우리가 낯선 익명의 이방인을 받아들일 때, 환대하고 초대하는 관계로 갈 수도 있지만 거래 관계와 등가교환으로 나아갈 수도 있습니다. 특히 간공동체적인 관계에서는 일정한 거래 관계가 형성될 수 있는 것이겠지요. 그러나 시장의 관계망을 통해 자본을 형성하는 것은 일부의 특성일 뿐입니다. 시장 만능주의처럼 시장의 관계망이 모든 공동체적 관계망이나 공공성을 대신할 수 있다는 것은 사실상 오만이자 자만입니다. 그런 자본에 대한 물신화는 탈을 쓴 도깨비라고 할 수 있겠지요. 하지만 공동체적 관계망 중 일부를 자본과 시장으로 설정하는 것은 필요하며, 공동체적 관계망에 자원/부/에너지를 외부로부터 끌어오기 위한 유력한 방안이라고 할 수 있겠네요. 저는 자본주의를 시장/국가/공동체라는

익명의 사람들로 구축된 사회관계망의 자본화

세 가지 교환 양식이 교차하는 것으로 바라본 폴라니로부터 출발해서 고진에 이르는 노선에 따르고자 합니다.

저는 '발전 전략에 대한 실증적 연구의 필요성'이라는 또 하나의 숙제를 갖고 있습니다. 이에 대해 아직 부족하나마 제가 정리한 내용을 설명해 보겠습니다. 세계 경제가 발전 단계의 증후를 보인 것은 1917년 러시아 혁명 당시의 소비에트의 관계망과 루즈벨트의 뉴딜 정책이 있었던 대공황 시기입니다. 여기서 중요한 것은 관계망의 성숙과 발효를 이끌었던 이행의 구성 요소들입니다. 발전 전략에 있어서는 좌/우파를 구분하기 어렵다는 점도 특이합니다. 이는 최근에 보이는 '자본의 욕망화와 욕망의 자본화의 모호한 경계'와도 공명합니다. 연구 방법론으로 볼 때 제도적 수준에서 발전 전략을 바라보는 것과 관계망의 수준에서 발전 전략을 바라보는 것이 동시에 이루어져야겠지요. 오늘날의 자본주의 상황에서 내포적 발전 전략은 새로운 단계의 사회구성체를 보여줄 것입니다. 그러나 저에게는 아직까지 단상이나 아이디어만 있을 뿐이지, 실증적인 자료를 다룰 수 있는 단계에는 이르지 못했습니다. 그래서 『욕망 자본론』은 색다른 사유의 경로를 제공할 뿐, 실증적인 통계와 인용으로 나아가지는 못했네요. 그 이유에는 한국 사회에서 인문학 연구자가 가질 수밖에 없는 자원과 정보의 한계에도 있다는 생각이 듭니다.

결국 『욕망 자본론』은 욕망의 자본화와 자본의 욕망화의 경향이 조우하는 지점에 대한 이야기입니다. 사실 사회적 경제의 논의에서 으레 다루어졌던 것의 반복이 아니냐는 이야기를 들을 수도 있지만, 내포적 발전 단계에서의 욕망의 정치경제학적인 단상과 아이디어의 모음입니다. 좌파적 시각을 갖고 있는 사람들에게는 욕망의 자본화는 수용되기 어려운 측면을 갖고 있지만, 사회적 경제 중에서 협동조합의 논의를 떠올려보면 좋겠습니다. 여기서 자본과 욕망은 태생적으로 다른 방향성을 갖는 벡터장이었다고 얘기할 수는 있습니다. 욕망은 노동이 아닌 소수자와 민중의 신체와 기호 작용에서 발산되며 미래로 향하는 마그마 같은 생명 에너지의 흐름이라고 요약할 수 있습니다. 다시 말해서 자신이 원하고 욕망하기 때문에 작동되는 경제적인 활동이라고 할 수 있지요. 그러나 자본은 욕망을 응고시키고, 노동 중 일부를 권력이 점유하여서 나타난 덩어리입니다. 그래서 욕망과 자본 간의 간극은 한없이 넓다고도 할 수 있겠지요, 하지만 오늘날의 자본주의는 이미 양적 착취에서 질적 착취로 나아갔으며, 코드의 잉여가치를 통해 권력을 추출하려는 방향성으로 나아갔습니다. 문제는 욕망의 자본화의 과정에서 이루어지는 흐름의 잉여가치와 매우 근접한 평행선을 코드의 잉여가치가 달린다는 점이겠지요.* 그러나 모호한 경계를 나이브하게 '일

* 이러한 자본의 욕망화와 욕망의 자본화의 평행선은 개인과 집단의 내부에서 양면성

치하는 방향성'이라고 말할 수는 없을 것 같습니다. 근본적인 차이점을 보자면 출생과 방향성, 성격에서 분명 차이가 있습니다. 최근 들어 자본 역시도 지속 가능성과 생태주의, 집단지성을 말하는 상황이 도래한 것은 그저 우연한 일은 아닙니다. 역으로 최근 공동체가 기업 활동을 말하고 자본화하기 위한 사업을 펼치는 모습을 보이는 것도 심심치 않게 보게 됩니다. 이 두 방향성이 근본적인 차이점을 갖는다 하더라도 결국 서로가 피드백하고 서로 사이에서 교직하는 흐름이 생기고 관계망이 생기는 과정에서 욕망 자본이 형성된다고 할 수 있겠네요.

저는 권력과 적분, 잉여의 차원이라고 던져주었던 자본에서 출발하여 공동체적 관계망이나 네트워크를 조성하여 생태계와 유사한 질서를 만드는 방향성을 발견합니다. 특히 자본이 구축한 네트워크에서 아주 낯설고 익명의 사람들로 이루어져 있지만, 이 속에서 일정한 폐쇄성과 경계가 생겨나면서 내부 작동이 이루어지는 과정이 공동체와 흡사하게 작동하는 것을 발견합니다. 그렇게 자본으로부터 시작되지만 자율성을 갖고 공동체를 형성하는 방향성을 바라보면서, 기존의 농촌 공동체 같은 원형 공동체와 차이점이 있지만 비자본주의 영역에서의 가치 질서를 도입할 수밖에 없는 동역학에 대해서도 약간은 이해할 수 있게 되었습니다. 또한 공동체가 스스로의 피와 살, 뼈와 같은 자신의 몸을 생산하기 위한 목적으로 기존 자본주의에서 존재하지 않는 색다른 정동이나 가치를 가진 물건을 시장에서 파는 경우도 종종 보게 됩니다. 물론 공동체가 자본을 형성하는 것은 성공주의/승리주의와 같은 성장주의적 신화와는 완벽하게 다릅니다. 대신 공동체는 자본주의적 가

모두를 갖고 있을 수 있으며, 마을 활동가들처럼 이것의 경계에 대해서 아예 신경 쓰지 않고 관계망에서의 역할이나 설정의 일부로 볼 수도 있다.

치 생산이 아니라, 자기 가치 생산의 영역으로 전진 배치되어 있습니다. 자본이 시장을 원하듯, 공동체도 대안적인 시장을 원하고 자기 결정력의 폭을 넓히기 위한 자율성의 영토로 시장을 활용합니다. 그런 점에서 자본이 공동체를 착취하는 국면뿐만 아니라 공동체가 자본을 이용하고 착취하는 국면 역시 도래했다고 할 수 있습니다. 물론 욕망 자본의 방향이 공동체라는 대안 섹터에서 출발하는 방향성으로부터 유래한 연쇄 반응이자 영구 혁명의 과정이라는 점에 대해서 의심할 여지는 없습니다.

저는 자본주의가 앞으로 닥칠 위기 상황에서 심대한 변형과 이행의 과정을 겪을 수밖에 없다는 점에 대해서 의심하지 않습니다. 윤경 씨는 전 지구적인 위기를 대비해 마치 노아의 방주처럼 몇몇 친구들과 시골에 조그만 마을을 형성해서 살아남아야 하지 않겠냐고 제안했지요. 저도 자급자족하는 순환과 재생의 공동체가 앞으로 닥칠 위기에서 살아남을 유력한 방안이라는 점을 잘 알고 있습니다. 그러나 '소돔과 고모라'라고 일컬어지는 도시에 남아 공동체적 관계망이라는 희망의 씨앗을 뿌리고 즐겁게 위기를 준비하는 것도 대안이 될 수 있겠다 싶습니다. 그래서 윤경 씨에게 시골로 귀농을 하지 말고 이곳 도시에 남아서 할 수 있는 한 최선을 다하자 했지요. 그리고 우리는 생태문화협동조합 〈달공〉을 시작했습니다. 작은 씨앗과 같은 공동체가 예측하기 어려울 정도의 고난의 과정을 이겨낼 수 있는 작은 변화의 시작이라는 생각이 듭니다. 희망을 버리지 않고 꿈꾸기를 포기하지 않는다면 대규모 주체성 생산이라는 획기적인 상황이 올 수 있다는 생각이 듭니다. 위기에 더욱 빛나는 씩씩한 당신의 모습을 떠올리며.

2014년 7월 6일

욕망 자본론

자본론의 외부: 아이, 동물, 광인

자애로운 윤경 씨에게

  길냥이 출신 대심이와 달공이는 이곳 철학공방 〈별난〉에 자리를 잡은 후, 이 공간의 터줏대감이 되고, 철학하는 고양이가 되고, 사색을 도와주는 소재가 됩니다. 지난번 생태문화협동조합 달공에서 특강을 진행하던 날이었지요. 강의 중에 고양이 달공이가 문 앞에서 어찌나 울어대던지 다들 얼마나 놀랐는지 모르겠어요. 그런데 강의실로 들어온 달공이가 내 무릎 위에 앉아서 '갸르릉 골골골' 하면서 있는 모습에 사람들이 다 같이 웃기도 했답니다. 동물이나 아이가 세미나나 토론회 자리에 함께 있을 때 그 자리가 얼마나 풍부해지는지 모르겠어요. 동물이 오락가락하고 아이가 응앙응앙 우는 자리가 저희 협동조합에 딱 어울리는 자리라는 생각이 들어요. 이 『욕망 자본론』이 일종의 컨텍스트라고 할 때 그 원본의 텍스트가 된 것이 바로 마르크스의 『자본론』이지요. 하지만 마르크스의 『자본론』에는 아이, 동물, 광인과 같은 소수자들이 보이지 않습니다. 읽다 보면 대부분 노동자계급이나 프롤레타리아트라는 주체성이 숨어 있을 뿐이죠. 책을 어느 주체성의 시각에서 쓰느냐도 굉장히 중요한데 소수자의 시각에서 쓰이지 않은 『자본론』은 정상인/성인/백인/남성/노동자들의 주체성의 입장에서 서술된 책이라는 비판을 피할 수 없을 것 같습니다.

『자본론』은 왜 소수자 입장에서 쓰일 수 없었을까요? 저의 문제의식은 그 점에서 출발합니다. 소수자의 욕망가치를 말하고, 소수자의 생태적 지혜를 말하고, 소수자의 욕망이 가진 생산성으로부터 출발할 수 없는가 하는 문제의식입니다. 어떤 친구는 노동자도 역시 소수자의 일부라고 말하는 것을 들었습니다. 이를테면 노동자 가장이 여성/아이/노인/동물을 돌보고 수익을 벌어오기 때문에 소수자의 대변인이 될 수 있다는 것이지요. 그러나 노동자계급 운동은 소수자 운동에게 헤게모니를 행사하려고 했던 과정이 있습니다. 물론 연대와 협력이 아예 불가능하지는 않지만, 서로의 독립성과 차이를 바라보지 못하는 태도는 문제가 있다고 생각합니다. 저는 녹색당 활동에 대해서 어떤 노동자에게 설명할 기회가 있었는데, 그 노동자가 "좌파와 마르크스주의가 주장할 것을 왜 생태주의자들이 가져갔느냐?"라고 묻더군요. 저는 그분의 말에서 마르크스주의자들이나 좌파가 모든 것의 선두, 전위가 되어야 한다는 생각을 읽었습니다. 마르크스주의가 가진 사상적, 실천적 기반은 생태 운동, 소수자 운동의 기반과 차이가 분명해진 상황이라는 생각이 들었습니다. 이제 차이를 인정하고 긍정하면서 어떻게 문제의식을 나누고 연대해야 할 것인지를 고민할 시점입니다.

욕망 자본론

자본주의 외부에 존재하던 소수자들이 자본주의 내부에서 주체화되고 있다.

그렇다면 마르크스가 『자본론』에서 배제한 주체성으로는 어떤 것이 있을까요? 먼저 아이입니다. 아이라는 주체성은 욕망의 주체이며, 노동의 주체가 아닙니다. 특히 아이는 의미가 고정되어 있는 노동보다는 의미를 넘나들며 횡단하는, 놀이에 어울리는 주체성입니다. 물론 마르크스주의자들이 아동 노동을 없애려 했던 실천의 과정이 존재하는 것은 부정할 수 없으나, 아이와 같은 욕망의 주체성을 자신의 체계와 방법론 내부로 가지고 들어간 것은 결코 아닙니다. 아이들은 한번 놀이를 하면 한 시간에 10번 넘게 놀이의 방법을 바꾸면서 의미를 횡단합니다. 『자본론』처럼 하나의 의미에 고정되어서 서술되었던 고도의 합리적인 글쓰기와는 어울리지 않죠. 대신 놀이를 통해서 고도로 조직된 규칙을 만드는 아이라는 주체성의 도표적인 특이성이 있습니다. 『자본론』은 "~은 ~이다."라는 방식의 의미화의 방법론에 의해서 과학적인 것이 되고자 했지만, 의미화의 권력이 없는 아이들 같은 경우에는 규정하거나 정의함으로써 의미를 고정시킬 수 없는 주체성입니다. 그렇기 때문에 『자본론』은 철저히 성인들을 위한 책이며, 의미를 고정시켜서 현실을 해석하는 방식으로 글쓰기가 이루어져 있습니다. 『자본론』이 주류 사회를 대신할 노동자가 아니라, 언제나 비주류이고 소수인인 아이의 시각에서 쓰였다면 욕망의 주체성의 중요성에 대해서도 바라보았을 수 있었겠지요. 그러나 그것은 바람이나 희망사항일 뿐, 『자본론』은 아이를 외부에 두고 있습니다.

또한 『자본론』은 동물이라는 주체성을 외부로 두고 있습니다. 오늘날 공장식 축산업이 자본주의 문명의 가장 핵심적인 작동의 일부가 되어 있는 것을 비추어 볼 때 최첨단 약자인 동물을 등장시키지 않고 있는 것은 아킬레스건이라고 할 수 있습니다. 통합된 세계 자본주의에서 가장 말단에 위치한 동물들은 야성성을 잃은 채 컨베이어벨트 같은 축사에 갇혀 '고기 만드는 기계'로 간주되고 있습니다. 동물과 생명의 도구화는 사회에 보이지 않게 영향을 주어 노동자를 착취하고 소수자를 차별하는 등의 인간의 도구화의 원천이 된다고 할 수 있습니다.* 왜냐하면 동물과 생명은 인간의 신체에 해당하는 의미를 갖기 때문입니다. 사실상 근대의 공장에서 일하던 노동자의 상황은 현대의 공장식 축사

---

* 생명과 자연의 도구화가 인간의 도구화로 보이지 않게 영향을 미치는 것에 대한 탐구는 호르크하이머의 『도구적 이성 비판』(문예출판사, 2006)이 있다. 결국 보이지 않는 것, 볼 수 없는 것에서의 윤리와 미학은 생명과 자연에 대한 태도와 마음, 관계 맺기에서 유래하는 것이다.

욕망 자본론

에서 길러지는 동물의 상황으로 내려와 있습니다. 그러나 이러한 육식 문명을 떠받치는 자본주의에 대한 비판적 성찰은 『자본론』에서는 찾아볼 수 없습니다. 그것은 자본주의 체제만이 아니라 문명의 전환을 의미할 만한 부분이기 때문일지도 모릅니다. 제가 이제까지 누누이 얘기했던 것은 욕망가치가 존재한다는 것이었죠. 사실 욕망가치 영역은 생명가치 영역과 공명합니다. 자본주의의 계산 가능한 가치 외부에 생명가치가 있으며, 이것은 기성 가치 질서에서 배제되어 있지만 많은 사람들이 최후까지 지키고자 하는 마음속 가치의 핵심적인 부분이기도 합니다. 또한 1972년 뜨거운 가을 이탈리아 총파업과 관련되어 있던 이탈리아 노동자 자율주의가 주장하는 자율성의 논의는 바로 동물들의 야성성을 보호하는 것과 긴밀한 관련을 갖습니다. 왜냐하면 야성성이 바로 자율성이며, 자본주의의 외부가 상실된 현 시점에서 야생동물 보호와 같은 영역은 인간의 자율성의 보호와 보이지 않게 연결되어 있는 부분이라고 할 수 있기 때문입니다.

마르크스의 『자본론』에서 배제한 주체성으로는 광인이 있습니다. 마르크스의 변증법적 유물론이라는 사유 체제는 마르크스주의자들로 하여금 극도의 합리주의를 갖도록 만들었습니다. 세상의 모든 것이 합리적으로 인식 가능하다는 생각은 겉으로는 과학으로 비치지만 소수자의 욕망을 억압하는 체제로 돌변할 소지가 있습니다. 광인은 노동의 주체가 아니라, 노동 규율에서 벗어나 탈주하는 주체성이기도 합니다. 또한 정상과 비정상을 나누고 이 속에서 노동의 주체를 정상으로 놓았던 근대 사회에서는 배제되고 차별되어야 할 주체성 중의 일부입니다. 사실 광인의 광기는 소수자의 욕망가치의 다른 목소리를 의미합니다. 광인들에 대한 통제 사회 모델은 소수자에 대한 통제 사회 모델의 일부이며, 그 사회가 다른 목소리를 어떻게 대하는가에 대한 시금석이라고 할 수 있습니다. 그렇기 때문에『자본론』에서 다루지 않고 있던 비노동 인구 중에서 광인의 사유 양식은 마르크스에 의해서 수용되지 않은 외부라고 할 수 있습니다. 마르크스가 소수자의 욕망을 배제하지 않았다는 주장들에도 불구하고, 광인에 대한 현존을 자신의 시각에서 없앴던 것은 분명 소수자의 욕망에 대한 분리를 의미한다고 생각합니다.

『자본론』은 자본주의적 주체성 중에서 말하지 않는 공백이 있습니다. 그래서 욕망 경제의 현존에 대해서 사유할 수 없었습니다. 욕망 경제에 대한 시도는 프로이트-마르크스주의 계열에서 출발하여 라이히에 의해서 기본적인 구도가 그려지고, 들뢰즈와 가타리의『앙티 오이디푸스』에서 구체화되었습니다. 그러나 그 이후 연구자들은 욕망 경제가 있다는 것을 인지하면서도, 욕망과 자본의 관계와 욕망가치에 대한 연구는 맥이 끊겨 있는 상황이었습니다. 물론 마르크스의『정치경제학비판 요강』에서 언급된「기계에 대한 단상」이 소수자의 욕망 경제에 대해서 사유할 수 있는 주춧돌로 간주될 수 있는 여지는 풍부합니다. 그럼에도 불구하고 기존의 마르크스주의에서 이단으로 불리는 이 전통은 마르크스주의 내부에서 설득되고 수용될 수 있는 여지는 굉장히 낮습니다. 소수자라는 주체성은『자본론』의 외부로서 위치하기 때문에 마르크스주의자들의 발언이나 목소리에서는 배제되어 왔습니다. 물론 발전 노선하에서는 소수자들의 욕망가치를 승인하는 역사적인 행동이나 제도가 반짝 나타날 때가 있습니다. 그러나 이러한 발전 노선이 가진 풍부한 가능성에도 불구하고 역사적으로 그것이 수용된 과정은 그리 길지 않습니다.

욕망 자본론

사실 『자본론』의 외부는 자본주의의 외부와 공명하는 바가 있습니다. 푸코의 『광기의 역사』에서처럼 근대 초기 사회가 광인들을 바보선으로 추방했듯이 자본주의하에서는 소수자에 대한 배제와 차별이 공공연하게 이루어집니다. 하지만 앞에서도 누누이 설명해 온 바와 같이, 소수자들은 사회적 약자로서의 의미가 아니라, 공동체를 풍부하게 만들어서 생태적 지혜와 집단지성을 산출하는 주체성으로 사유될 수 있습니다. 그것이 바로 펠릭스 가타리로부터 출발한 욕망가치론의 적용과 발전이라고 할 수 있겠지요. 저는 이제까지 '자본을 넘어선 자본'에 대한 탐색의 연장선에서 욕망 자본론에 대한 탐색과 아이디어를 생각해 보았습니다. 그것은 자본주의 내부에 시장, 공동체, 국가의 영역이 세 가지 다이어그램을 형성하고 서로 조우하고 겹치고 피드백하면서 발전해 나가는 그런 이미지를 그립니다. 이러한 세 가지 영역 중에서 국가의 영역이 모든 것을 해낼 수 있다는 국가사회주의자들이나, 또는 시장의 영역이 모든 것을 해낼 수 있다는 신자유주의자들의 생각과는 다르게 공동체의 색다른 잠재력과 매개하려는 색다른 조류가 형성되고 있습니다. 이를 통해 세 가지 영역 모두가 서로 공명하고 연결되면서 자본주의의 교환 양식과 교류 양식을 이룰 수 있다는 생각이 그것입니다. 그런 영역 중에서 소수자들의 욕망가치는 공동체의 관계망 창발, 성숙, 발효의 재료가 될 수 있다는 점에서 공동체 발전의 핵심적인 영역이라는 생각이 듭니다. 또한 시장이 공동체 없이 독자적인 생존을 할 수 없는 상황이 앞으로 다가오고 있으며 이미 그러한 국면에 와 있다는 여러 가지 증후들 속에서 자본 역시 공동체를 만들어내려고 하고, 공동체 역시 자본화되려는 두 가지 경향은 서로 조우할 수밖에 없습니다. 결국 이는 욕망 자본론의 현재적 의미를 반증하는 것이기도 합니다.

　소수자의 '욕망가치'와 노동자의 '노동가치'가 서로 만나고 연대할 수 있는 가능성이 전혀 없는 것은 아닙니다. 대표적인 정치적 파트너십의 형성이 바로 '적녹연정'이라는 개념의 구도로 녹아들어가 있습니다. 그러나 그 두 입장이 공회전하고 텅 비게 될 가능성이 없는 것도 아닙니다. 노동 운동과 소수자 운동의 경우에는 두 입장의 조우와 만남이 일상적으로 혹은 거리에서 이루어지기도 합니다. 그러나 대부분의 노동자 운동의 태도는 자신들이 다채로운 운동의 중심에 서야 한다는 강박으로부터 벗어나지 못했고, 마르크스주의가 갖고 있는 노동가치설의 한계로부터 벗어나지 못한 것도 사실입니다. 그렇기 때문에 한국에서의 적녹연정의 가능성으로부터 시작되는 색다른 정치적인 구도는 아직 시작되지는 않은 의제라고 할 수 있겠습니다. 들뢰즈와 가타리는 자동적인 시스템으로 굳어져 있는 몰(mole)적인 질서와 여러 시스템을 횡단하며 이행하는 분자(molecular)적인 질서를 구분했습니다. 이것은, 몰적인 것이 자동적인 것이라면 분자적인 것이 자율적인 것이라는 점을 의미합니다. 더 쉽게 얘기하자면 몰적인 것이 의미를 추구하는 일들이라면 분자적인 것은 재미를 추구하는 놀이라고 할 수 있습니다. 노동자 운동과 소수자 운동의 연대는 몰적인 것과 분자적인 것 간의 연대와 협력, 연합의 과정이 될 것이라고 생각되지만, 화학반응처럼 서로 어우러져서 경계가 사라지는 일은 없을 것이라고 생각됩니다. 결국 차이를 긍정하는 연대를 통해서 서로의 가치 질서가 다르다는 것을 먼저 승인하는 것이 필요합니다.

　지난 2012년 한국에서도 녹색당이 창건되면서 변화의 씨앗이 움트기 시작했습니다. 녹색당과 소수자 운동 간의 연대와 협력의 가능성

　　　　　　　　　　　　　　　　　　　욕망 자본론

이 매우 풍부하고 충만해 있습니다. 녹색당의 생명가치의 부분은 소수자 운동의 욕망가치의 영역과 공명합니다. 이 두 영역과의 만남이 만들어낼 가능성과 잠재력은 자본주의 욕망 경제에 대한 변형과 이행에도 큰 역할을 할 것으로 보입니다. 어찌 보면 이미 현실에서 생명가치와 욕망가치라는 계산 불가능하고 배제되었던 가치의 등장이 구체화되기 시작했다고 보아도 될 정도로 색다른 섹터로서 변모하고 있습니다. 또한 앞으로 다가올 적녹연정의 상황에서 노동가치 영역이 생명가치와 욕망가치를 긍정하는 연대가 이루어진다면 시너지 효과는 놀랄 만한 것이 될 것이라고 생각됩니다. 그런 생명가치와 욕망가치의 영역에 대한 이론적인 정립과 현장에서의 실천은 아직 시작 단계에 있습니다. 이는 이론적인 영역에서나 실천적인 영역에서 개체적 독립성과 자율성을 분명히 확보하는 것이 필요합니다. 이에 더해 발전 전략의 풍부함과 가능성은 좌파와 우파를 따지지 않고 자본주의의 이후 대안이라는 생각이 듭니다. 통합된 세계 자본주의의 형성과 국제 자유무역의 새로운 발흥이라는 상황이 도래한 지 얼마 되지 않은 상황이지만, 2008년 유럽발 금융위기 이후 사실상 성장이 불가능해졌다는 점이 명확해지면서 세계 자본주의는 급격한 변화와 이행이 불가피할 수밖에 없는 상황이 왔습니다. 이 속에서 발전 전략의 풍부한 가능성과 실험이 곳곳에서 이루어질 것이라고 판단됩니다. 그것은 좌파의 것도 우파의 것도 아니며, 가장 비자본주의적이면서도 가장 자본주의적인 모습을 띨 것입니다.

2012년 세계 협동조합의 해 이후에 한국 사회 곳곳에서는 협동조합이 생겨났습니다. 정말 활기차고 생명력이 있는 부분은 협동조합밖에 없다는 얘기가 있을 정도로 엄청난 숫자와 대규모의 주체성 생산이 이루어졌습니다. 우리 역시 협동조합이라는 공동체적 관계망을 구성하면서, 색다른 사업에 몰두하였죠. 윤경 씨와 가까이에서 국지적인 영역에서 지엽적이고 유한한 차원에서의 사랑과 욕망의 흐름이 만들 색다른 질서의 가능성과 잠재력에 대해서 의심하지 않습니다. 그것은 미래 진행형으로서의 발전 노선의 철학을 제가 더 성숙시켜야 하는 기본적인 재료라고 할 수 있지요. 윤경 씨와의 사랑이 만들 새로운 역사를 기대하며.

2014년 7월 7일

욕망 자본론

결론: 통합된 세계 자본주의와 풀뿌리 관계망

사랑하는 나의 아내, 윤경 씨에게

저는 가끔 우리들의 사랑을 상상 속에서 그림으로 그려보곤 합니다. 우리 사이에서 만든 부드러운 현실이 가상적인 측면도 갖고 있다는 생각이 들어요. 우리는 공부하고 글 쓰고 노래하고 춤추는 공동체적 질서를 둘 사이에 가져다 놓았죠. 그래서 늘 흥이 나고 재미있고 게다가 의미도 찾는 관계망이 조성되었던 것 같아요. 윤경 씨는 연구실 근처에서 길냥이로 떠돌다가 정이 들어 함께 살게 된 대심이와 달공이가 우리 연구실 식구가 되어 행복하게 잘 지내고 있는 모습에 흡족해하는 것 같아요. 저도 작은 생명들이 만들어내는 아기자기한 분위기에 흠뻑 빠져 들어가고 있는 중입니다. 생각해 보면 우리는 아이도 없고, 특정한 직장에 다니는 것도 아니고, 고양이 두 마리와 함께 서로 기대고 사는 그리 평범하지 않은 가족인 것 같아요. 주변 사람들로부터 "왜 그리 별나게 살아?"라는 타박을 종종 듣곤 하죠. 아, 그래서 우리 작업실 이름이 '별난'인지도 모르겠네요.

지금 세계는 지구촌이라 불릴 정도로 가까워졌고, 통합된 세계 자본주의라는 지배 질서가 구체화되었습니다. 통합된 세계 자본주의는 TV, 자동차, 육식, 아파트와 같이 통속적인 삶의 방식으로 모델화되어 있습니다. 아주 똑같은 삶의 방식이 복제되고 확장되면서, 세계 어디를 가나 똑같은 삶의 유형이 구성되면서 인류의 생존에는 치명적인 상황이 도래했습니다. 예를 들어 북미에서 몰아닥친 영하 50도의 상황과 같은 기후 단절이 또다시 나타난다면 도미노처럼 무너질 수밖에 없는 취약한 시스템이기 때문입니다.

통합된 세계 자본주의는 분명 동일한 삶의 방식을 반복하는 유형의 시스템입니다. 그래서 세계 어디를 여행하든지 똑같은 삶이 이식되어 있어서 마트, 백화점, 호텔, 편의점 등 낯익은 풍경이 펼쳐져 있다는 사실을 알게 됩니다. 반면 자본이 머무르지 않는 자본주의 문명의 외부는 완전히 다른 풍경으로 게토화되기 마련입니다. 통합된 세계 자본주의의 내부는 달콤하고 졸음이 오는 영토의 상태이고, 사람들이 부드러운 예속 속에서 길들어져 있는 상태에 빠져듭니다. 예를 들어, 학교마다 심리 치료가 동원되어 학교 곳곳에서의 문제를 부드럽게 해결하려고 할 것이며, 가정 생활마다 TV가 설치되어 가족 드라마를 통해서 가족의 재생산을 도모할 것입니다. 이러한 부드러운 예속은 통합된 세계 자본주의의 내부에 머무르면서 외부를 바라보지 못하게 만드는 예속의 새로운 기법입니다. 이것을 펠릭스 가타리는 "부드러운 예속과 강경한 탄압이 한 쌍을 이룬다!"고 말합니다. 통합된 세계 자본주의 내

욕망 자본론

일본의 한 국립공원 내의 놀이터에서 아이들이 뛰어놀고 있다.(위)

아동노동 착취 반대를 위한 한국의 시위(아래)

부는 안정되고 나른하지만 외부로 향하게 되면 상상도 못할 정도의 강경한 탄압이 이루어져 외부로 향한 사람들이 미치고 자살하거나 죽게 되는 상황이 된다는 것입니다. 현재에 있어서 반체제 인사가 된다는 것은 극단적인 상황에 빠져들 위험을 의미합니다. 또한 푸코의 생명정치라는 개념에 의하면, 통제 사회는 체제 내부는 잘 살고 자기계발을 하도록 독려하지만 이로부터 배제된 외부는 '죽거나 살거나 내버려둔다'는 이미지를 갖고 있습니다.

통합된 세계 자본주의의 외부는 차별받는 소수자와 배제된 제3세계 인민들, 열악한 상황에서 고기가 되어야 하는 생명, 파괴되어 재생 불가능한 자연과 같은 영역입니다. 물론 통합된 세계 자본주의는 모든 것을 빨아들이듯 체제 내로 포섭하고 있어서 '외부의 소멸'이라고 일컬어지는 상황을 만들어냈습니다. 그리고 외부로 향하는 운동에 대해서는 극단적인 상황으로 응답하고 있는 것도 사실입니다. 이러한 극단적인 이미지에도 불구하고, 지금 이 시각에도 곳곳에서 작고 미시적인 풀뿌리 연결망과 공동체가 꾸준히 만들어지고 있습니다.* 통합된 세계 자본주의의 외부의 소멸의 상황은 스스로 내부에서 타자화를 통해서 외부를 밀어내는 방향과 스스로 내부에서 소수자를 발명하고 외부를 조성함으로써 외부를 끌어당기는 방향이라는 두 가지 벡터의 혼재를 보여줍니다. 사실상 통합된 세계 자본주의는 내부에 조성되어 있는 네트워크에 의해서 한 가지 힘에 의해서만 정의될 수 없는 모호한 측면

---

* 풀뿌리 관계망이 외부임에도 불구하고 자본주의 내부에서 곳곳에서 생겨나는 이유는, 자본주의 사회와의 교섭 능력을 키워가면서 자본주의 체제 외부이면서도 내재화되는 실천 과정과 관계 맺기의 과정을 거치기 때문이다. 그런 점에서 협동조합, 마을, 공동체 등이 갖는 실천과 실험은 실질적 포섭의 상황에서 더욱 유의미하다.

을 드러냅니다. 두 가지 경향이 모호한 접점을 이룬 지점에서 자본의 욕망화와 욕망의 자본화라는 국면이 있습니다. 오히려 통합된 세계 자본주의의 외부가 소멸했다는 시점이 색다른 변형을 겪어야 하는 상황을 만들어냅니다. 그 지점이 욕망 자본이 서식할 수 있는 색다른 영토이기도 합니다.

지금 진행 중에 있고 앞으로 다가올 생명 위기의 시대는 통합된 세계 자본주의의 변형의 속도를 가속화할 것입니다. 왜냐하면 이 체제의 외부라고 규정했던 생명과 생태의 문제가 심각한 수준의 위기를 겪을 것이기 때문입니다. 통합된 세계 자본주의는 극단적인 위기의 상황에서 자신의 오래된 기억의 파편이나 원형적인 관계망뿐만 아니라 색다른 관계망인 네트워크 등을 모두 동원할 것으로 예상됩니다. 그런 의미에서 현존하는 자본주의는 비자본주의 영역을 만들어내거나 의존하지 않는다면 생존할 수 없는 상황에 서 있습니다. 그동안 자본주의 외부로 규정되면서 크게 부각되지 않았던 풀뿌리 관계망의 역할이 중요해지겠지요. 최근 화두가 되고 있는 도시형 마을이라고 불리는 관계망은 낯선 익명의 사람들로 조성되어 있는 도시의 관계망에서 일정한 경계를 만들어내고 그 내부의 부드러운 현실을 조성하는 실험입니다. 도시 구역의 마을은 국지적이고 가까운 곳에서 출발하여 위기 상황에 직면하게 될 도시 주민들의 돌봄과 살림의 관계망으로 변모할 수 있습니다. 또한 농촌에서도 전통적인 성장주의 세대를 넘어선 젊고 색다른 사람들이 유입되면서 점차 마을의 관계망을 조성하기 시작하고 있습니다.

통합된 세계 자본주의의 위기는 장기 불황, 부동산 가격 폭락, 소자본의 붕괴, 사회 분열로 치달아가는 엄청난 양극화와 빈곤, 가난 등의 상황에서 시작될 것입니다. 이러한 상황에서 파시즘의 유혹이나 전체주의의 망상 등이 꼬리를 물고 대두하는 상황으로 극단화될 수 있습니다. 그러나 그것은 위기의 시작에 불과하며, 성장주의와 같은 망상은 급격하게 실효성을 잃어갈 것입니다. 대신 욕망가치에 기반한 색다른 실험들, 예를 들어 발전 전략, 사회적 경제, 기본소득 등과 같은 색다른 실험이 문제의 해법으로 등장할 것입니다. 위기의 상황은 통합된 세계 자본주의의 다분히 통속화되고 똑같은 삶의 유형의 위기에서 출발해서 그것을 누릴 수 없는 개인들의 붕괴, 좌절, 멘붕과 같은 상황으로 나타나겠지요. 위기는 구조적인 수준에서 출발하여 개인을 강타하고 개인적인 차원의 실업, 파산, 자살 등의 형태로 전개될 것입니다. 이러한 상황에 직면한 개인들의 붕괴와 좌절, 우울, 멘붕과 같은 상황 너머로 대안적인 삶의 유형을 만들어내는 공동체의 실험과 실천이 제시되고, 그러한 흐름이 도도하게 사회에 자리 잡는 것이 필요합니다. 그런 의미에서 생명 위기 시대는 대규모 주체성 생산의 시대를 의미하는 것이기도 합니다.

얼마 전 세미나를 함께하는 분이, 제가 욕망가치론에 대해서 글을 쓴다고 하니까 기본소득의 의미를 규명해 달라고 부탁을 했습니다. 소수자와 사회적 약자의 가치를 돌봄이라는 한계로만 가두지 말고 그들이 이 사회에서 어떤 역할을 하는지에 대해서 조명해 달라는 얘기였습니다. 그것은 저에게 한동안 화두가 되었습니다. 소수자는 특이성을 생산함으로써 생태적 지혜뿐만 아니라 집단지성에 개입한다는 가설이 그때 떠올랐습니다. 통합된 세계 자본주의라는 똑같은 일상 속에서는 소수자들이 시야에 들어오지 않습니다. 그러나 그들이 만드는 특이한 욕망이 이 사회를 변화시키고, 가치를 지니고 있음에 주목할 때가 되었습니다. 그래서 제도적인 수준에서나 비제도적인 수준에서 소수자 되기를 감행한 많은 사람들이 있습니다. 결국 통합된 세계 자본주의도 이에 발맞추어 끊임없이 변형되고 배치를 정정할 것이라는 생각이 듭니다. 세계 자본주의가 배제한 제3세계 사람들에 대한 연대가 필요하다는 생각도 많이 듭니다. 이를테면 제3세계 어린이 후원을 시작하는 작은 변화를 시도해 보는 것도 그 작은 시작이겠지요.

앞에서 저는 욕망가치에 기반한 발전 노선에 대해서 얘기했습니다. 성장이 아닌 발전을 통해서 관계를 성숙시키는 소재는 바로 소수자라는 특이점에 있습니다. 관계망 창발, 성숙, 발효를 통한 경제 활동이 바로 발전 노선입니다. 통합된 세계 자본주의의 구도에서는 공리주의가 장악하고 있어서, 다수의 행복과 쾌락을 위해서 소수자를 희생시켜도 된다는 사고가 팽배해 있습니다. 그러나 발전 노선은 어떤 소수자도 포기하지 않고 오히려 소수자를 발명해서 관계망을 성숙시키는 특이점으로 사유해야 한다는 점이 핵심입니다. 그런 점에서 소수자는 모두 의미 있는 소수자이며, 소수자를 사랑함으로써 우리가 풍부해지고 다양해질 수 있는 것입니다. 좌/우파가 갖고 있는 성장주의 노선에서는 경제 발전에 따라 모든 것이 해결될 수 있다는 생각이 중심에 있었습니다. 그러나 성장주의를 통해서 문제가 전혀 해결될 수 없다는 사실에 대한 인식이 필요한 시점입니다. 화석 연료 고갈, 생태계 파괴, 생물 종 다양성의 위기, 기후변화, 질소 순환의 위기 등 성장이 불가능해진 작금의 상황에 대한 인식에 공감하면서, 발전 전략이라는 색다른 차원을 개방할 필요가 있습니다. 어떤 사람은 제가 발전 전략에 대해서 소개한 글이 지나치게 자본주의적이라는 지적도 했습니다. 저는 발전 전략이 자본주의를 지속시킨다는 측면에서 가장 자본주의적이면서도, 대안적인 경제 활동을 조명하고 있다는 점에서 가장 비자본주의적이라고 생각합니다. 적어도 통합된 세계 자본주의 달콤함과 부드러운 예속에 빠져들어 외부를 보지 못하는 상황을 극복하는 데 발전 전략이 반드시 필요하다는 점을 강조하고자 합니다.

저는 앞서 욕망가치에 기반한 기본소득에 대해 말한 바 있습니다. 소수자의 욕망가치는 공동체를 풍부하게 만들 뿐만 아니라, 생태적 지혜와 집단지성의 원천이 됩니다. 이를 통해서 기계적 잉여가치의 성숙에 도움이 되는 소재가 됩니다. 소수자를 포함한 풀뿌리 관계망의 관계 성좌는 특이한 것을 생산할 수 있는 판과 구도를 조성합니다. 이 속에서 소수자를 향한 사랑과 욕망이 색다른 반복(=기계)을 만들 수 있는 잠재성의 영토를 조성합니다. 따라서 기계에 전기를 주듯 소수자의 욕망가치에 소득을 주는 것은 매우 당연한 일입니다. 이를 통해서 비노동 영역에 있는 소수자에 대한 욕망가치를 인정하고 긍정하는 사회가 만들어질 수 있습니다. 하지만 이것을 단순히 복지의 영역으로 사유한다면 소수자의 욕망이 갖고 있는 긍정적인 시너지에 대해서 사유하지 못하게 됩니다. 한국 사회가 발전하기 위해서 기본소득의 의제는 색다른 의미로 다가와야 할 것입니다. 소수자를 사랑할수록 사랑의 능력이 증폭될 것이며, 지혜롭게 될 것입니다. 여기서의 지혜는 관계 외부의 진리로부터 벗어나 관계 내부에서 발생하는 것입니다.

또한 저는 욕망가치에 기반한 사회적 경제에 대해서도 이야기했지요. 자본의 욕망화와 욕망의 자본화라는 양면적인 영역이 함께 만나는 지점이 바로 사회적 경제의 영역입니다. 사회적 경제는 자본이 욕망가치와 마주쳐서 스스로 비자본주의 영역을 조성하고 생존하려는 측면을 가지고 있습니다. 동시에 욕망을 가진 모든 사람들이 협동해서 자

욕망 자본론

본을 형성하려는 측면도 갖고 있습니다. 이 두 가지 구성요소가 서로를 배척하는 것이 아니라 혼재되어 있는 상황이 바로 사회적 경제의 현실입니다. 그러한 측면에 대해서 칼로 베듯 나누는 사람들은 자본이 공동체를 착취하는 경향과 공동체가 자본을 착취하려는 경향을 분리시켜서 사고합니다. 그러나 앞서 말했듯이 이 두 경향은 서로 조우하고 마주치면서 양가적인 측면을 모두 갖고 있는 모습으로 등장합니다. 그런 의미에서 공동체에 기반한 경제 유형인 사회적 경제는 『욕망자본론』의 핵심적인 테마입니다.

들뢰즈와 가타리는 『앙티 오이디푸스』에서 68년 혁명 당시의 욕망 경제에 대해서 다루었습니다. 생산적인 욕망이 차별되고 선별되어 식별 가능하고 정체가 분명한 것이 되는 과정을 리비도 경제의 측면에서 그려냅니다. 저는 이들의 연구 성과가 커다란 의미를 갖는다고 생각합니다. 물론 신자유주의 상황과 2008년도 유럽발 금융위기가 지나간 현 시점에서 보면 욕망 경제는 당시와는 다른 영역으로 진입해 있습니다. 차이를 차별로 만들어서 계산 가능한 것으로 만들려는 자본의 속성에도 불구하고, 욕망의 혁신적인 가치에 대해서 주목하는 자본주의 상황이 조성된 것입니다. 현재의 욕망 경제의 상황은 통합된 세계 자본주의에 포섭되어 있지만, 내부에서 만들어야 할 외부가 되었습니다. 즉 외부로서 존재했던 욕망의 야성성을 이제 보존하고 보호함으로써 자율성을 추구하는 방향이 필요한 상황입니다. 네트워크의 눈부신 성장에도 불구하고, 대면적 공동체가 갖고 있는 풍부한 잠재성은 여전히 규명되어야 할 부분입니다. 저는 자본의 욕망화와 욕망의 자본화 경향을 욕망 자본이라는 개념으로 응축시켰습니다. 욕망가치를 사회와 경제의 전면에 내세우지 않고서는 기본소득, 사회적 경제, 발전 전략과 같은 당면의 숙제를 풀 수 없는 상황이 도래했기 때문입니다.

지난 2개월 동안 윤경 씨에게 편지를 보내면서 우리 사이에서 조성된 관계망이 창발하는 생태적 지혜를 느낄 수 있었습니다. 거의 하루에 한 통씩 편지 폭탄을 받고도 윤경 씨는 웃으면서 읽어주었지요. 때로는 논리가 엉성하거나 아직 무르익지 않은 단상을 내뱉은 것, 너무 어려운 개념 등이 윤경 씨를 괴롭혔을 것을 생각하면 미안함과 감사함이 교차합니다. 이 책 『욕망 자본론』은 우리 시대에 생각해 볼 만한 것들에 대한 사유의 경로를 개척하면서 아주 돌발적이고 실험적인 생각들을 담았습니다. 기존에 우리가 매우 친숙해 있던 마르크스주의의 전통으로부터 너무 벗어난 것이 되어 버려서, 윤경 씨는 늘 그런 점에 신중하고 조심하도록 주문했지요. 긴 여행이 끝난 유목민처럼 저는 이 책에서 꿈꾸었던 상상력을 이후에 더 발전시키고 성숙시키려고 합니다. 더운 여름날 윤경 씨가 이 편지를 읽고 있으며, 제 곁에 있다는 것이 행복하고 사랑스럽습니다. 다가올 생명 위기의 상황에 맞선 대규모 주체성 생산을 기약하며.

2014년 7월 10일

1. 자본주의와 대안적 삶

팀 크레스웰, 『짧은 지리학 개론 시리즈── 장소』, 심승희 옮김(시그마프레스, 2012)
통합된 세계 자본주의하에서 장소에 머무르지 않는 유목성을 보이는 초국적 자본과 이
를 머무르게 하려는 장소 마케팅이 여기서 등장한다. 동질발생적인 문명의 이식으로
인해, 세계 어디를 가든 똑같은 문명이 등장하는 것을 다룬 주목할 만한 저작이다.

수전 벅모스, 『발터 벤야민과 아케이드 프로젝트』, 김정아 옮김(문학동네, 2004)
발터 벤야민이 아케이드라는 백화점의 전신인 유행에 뒤처진 공간 속에서 미래를 향한
소망 이미지와 자본주의적 환등상, 짧은 과거로서의 폐허와 긴 과거로서의 화석 등을
동시에 보여준다는 가설에 입각한 저작물이다.

피터 라인보우, 『마그나카르타 선언』, 정남영 옮김(갈무리, 2012)
공유지에 대한 권리와 역사적으로 공유지를 둘러싼 에피소드 등 공유 자산(commons)
에 대한 사유를 넓힐 수 있는 책이다. 이 책에서 너와 나 사이에서 창안되는 공통성──
생태적 지혜, 집단지성, 공유 자산──에 대한 단상을 얻을 수 있었다.

나카자와 신이치, 『사랑과 경제의 로고스』, 김옥희 옮김(동아시아, 2004)

선물을 주고받는 것과 상품을 교환하는 것이 어떻게 분리되게 되었는지, 상품 물신성 개념을 통해서 설명하고 있는 신이치의 역작이다. 마르셀 모스의 『증여론』의 명제를 인류학자의 시각에서 잘 표현하고 있다.

윤수종, 『자율운동과 주거공동체』(집문당, 2013)

한국과 세계의 주거 공동체 운동을 망라했으며, 대안적이고 자율적인 운동과 실천의 움직임을 담아낸 역작이다. 이 책에서 희망과 자율을 향한 외침을 들을 수 있다.

신승철, 『녹색은 적색의 미래다』(알렙, 2013)

생명 위기 시대에 생태계의 연결망처럼 공동체, 협동조합, 마을 등으로 결속하여 위기를 이겨내야 한다는 메시지를 담고 있다. 적색은 일자리와 복지의 문제를 성장으로부터 풀 것이 아니라, 녹색과 만나 공동체의 발전을 통해서 풀어야 한다고 주장한다.

2. 사회적 경제와 협동조합

칼 폴라니, 『거대한 전환』(우리 시대의 정치 경제적 기원), 홍기빈 옮김(길, 2009)

이 책은 자유주의 경제학에 대한 비판이면서, 대안적이고 호혜적인 경제에 대한 탐색으로서 의미를 갖는다. 칼 폴라니는 자본주의가 허구 상품인 임금, 지대, 이자로 작동한다고 지적하면서, 사회적 경제 영역의 가능성을 타진하고 있다.

가라타니 고진, 『세계공화국으로』, 조영일 옮김(도서출판b, 2007)

고진은 마르크스의 국가론이 부재함에 주목하면서, 칼 폴라니의 국가, 시장, 공동체의 삼원 구도를 각각의 교환 양식 혹은 교류 양식으로 간주하면서, 색다른 대안 경제와 사회구성체의 가능성을 탐색한다.

김기섭, 『깨어나라 협동조합』(더 좋은 세상을 만드는 정직한 노력)(들녘, 2012)

협동조합 운동에 대한 한국의 역사적 전통을 두레에서 찾는 시도를 하면서, 동시에 사회적 경제를 가정 경제, 시장 경제, 국가 경제의 삼원 구도에 모두 겹치는 부분으로 사고한다는 것이 특징적이다.

스테파노 자마니 & 베라 자마니, 『협동조합으로 기업하라!』, 송성호 옮김(한국협동조합연구소, 2012)

협동조합의 역사와 원칙의 변화 과정에 대해서 개괄할 수 있는 책이다. 협동조합에서 주식회사로 이행하면서 탐욕의 자본주의가 되었던 과정과 사업체로서의 협동조합의 의미 등을 다루고 있다.

김현대 · 하종란 · 차형석, 『협동조합, 참 좋다』(푸른지식, 2012)

경쟁에서 요행히도 혼자서 살아남으려는 것이 아니라, 더불어 함께 느리게 기업 활동을 하는 전 세계의 협동조합 기업의 이야기를 담은 책이다. 한국에서의 원주와 생활협동조합 사례와 농협에 대한 비판적인 접근도 함께 다루었다.

신승철, 『갈라파고스로 간 철학자』(서해문집, 2013)

생활, 생태, 생명의 시각에서 쓰인 책으로, 〈마르크스의 생산력주의와 성장주의〉 파트에서 발전 노선에 대한 단상을 간략하게 다룬다. 이 책에서는 일각에서는 생태마르크스주의처럼 자연과 인간의 신진대사와 교류 양식에 대해서 착목하면서 마르크스를 성장주의로부터 구출하는 것이 우선이라고 말하기도 한다.

요시다 타로, 『몰락 선진국 쿠바가 옳았다』, 송제훈 옮김(서해문집, 2011)

미국의 석유 금수 조치가 행해진 다음, 쿠바가 가장 열악한 사회로 전락했다가 가장 지속 가능한 사회로 탈바꿈되기까지의 주체성 생산과 사회 조직의 변화에 대해서 다룬 책이다. 화석 연료 고갈 이후의 발전 전략의 맹아를 이 책에서 발견할 수 있다.

3. 들뢰즈와 가타리, 욕망의 정치경제학

들뢰즈와 가타리, 『앙티 오이디푸스』, 최명관 옮김(민음사, 1994)

자본주의와 정신분열증 시리즈의 첫 번째 책으로 욕망하는 기계라는 인간과 비인간을 횡단하는 주체성의 연결 접속과 기관 없는 신체라는 반생산이 만났을 때 어떻게 욕망이 생산되면서도 억제되는 분열의 논리로 향하게 되는지를 탐색한 책이다.

들뢰즈와 가타리, 『천 개의 고원』, 김재인 옮김(새물결, 2001)

자본주의와 정신분열증의 두 번째 책으로 소수자 되기, 유목론과 전쟁 기계, 리좀으로 표현되는 네트워크 관계망 등에 대해서 다룬 책이다. 접속, 이접, 통접을 기관 없는 신체, 암적 신체, 텅 빈 신체로 표현한 부분이 특이하다.

펠릭스 가타리, 『분자혁명』, 윤수종 옮김(푸른숲, 1998)

분자혁명을 통해서 소수자들이 색다른 삶을 개방하는 과정을 다룬 책이다. 이 책의 기호적 구축물에서 욕망가치론이 등장하는데 단상과 아이디어의 수준에서 다루어지고 있지만 이 책의 토대가 되는 개념이라고 할 수 있다.

펠릭스 가타리, 『기계적 무의식』, 윤수종 옮김(푸른숲, 2003)

이 책에서는 레닌의 분열분석이 등장하는데, 발전 노선이라는 측면에서 재구성된다. 레닌의 분열은 가타리에게는 주체성 생산이지만, 나에게는 관계망 창발인 발전 노선의 창안으로 간주된다는 점이 차이점이다. 이 책에서 기표와 다른 도표라는 기호작용이 등장한다.

펠릭스 가타리, 『정신분석과 횡단성』, 윤수종 옮김(울력, 2004)

관계망이 따로 제도화 과정을 거치지 않고도 제도로서 간주된다는 제도 요법이 이 책에서 등장한다. 이런 점에서 관계망의 성숙과 발효라는 발전 노선이 사실상 소수자들의 특이한 욕망에 의해서 이루어진다는 점이 드러난다.

펠릭스 가타리, 『카오스모제』, 윤수종 옮김(동문선, 2003)

기계적 이질 발생과 동질 발생이라는 개념의 시원이 되는 책이다. 기계를 둘러싼 두 가지 노선인 차이 나는 반복과 반복강박 그리고 욕망하는 기계라는 세 가지 기계론의 구도를 살펴보기 위해서 반드시 참고해야 할 책이다.

4. 정치경제학의 고전들과 마르크스

로버트, L 하일브로너, 『세속의 철학자들』, 장상환 옮김(이마고, 2008)

애덤 스미스에서 맬서스, 리카도, 마르크스, 베블런, 케인즈, 슘페터에 이르는 경제학자의 인생과 사상을 요약해 놓은 다이제스트판 경제학설사이다. 좌파에도 우파에도 치우치지 않고 경제사상의 의미와 가치를 잘 표현하고 있는 역작이다.

카를 마르크스, 『자본』, 강신준 옮김(도서출판 길, 2008)

카를 마르크스가 자본의 형성과 전개를 객관적이고 과학적인 방법론과 의미화 과정에 입각해서 서술한 책이다. 이런 오해의 소지로 인해 경제학 논쟁에서 자본파의 경향은 자본주의 경제가 영원하고 불변의 진리라는 식의 논리로 만들었다.

카를 마르크스, 『정치경제학비판요강』, 김호균 옮김(백의, 2000)

자본을 쓰기 전 연구 노트로서 마르크스가 어떤 관점에서 자본주의 사회를 바라보는지를 알 수 있는 책이다. 특히 기계에 대한 단상으로 불리는 문장들이 이 책 전반에 걸쳐 곳곳에서 나타나는 것을 주의 깊게 읽어보면 좋을 것 같다.

카를 마르크스, 『경제학철학수고』, 김태경 옮김(이론과 실천, 1987)

마르크스가 헤겔의 변증법적 방법론으로부터 완전히 벗어나지 못한 상태에서 썼던 초고 형태의 책이다. 마르크스와 헤겔을 연결시키는 호사가들은 이 책을 전거로 들며, 소외와 외화라는 방법론의 증거로 삼는다.

애덤 스미스, 『도덕 감정론』, 박세일 옮김(비봉출판사, 1996)

경제학자이기 이전에 도덕 철학자였던, 애덤 스미스는 인간이 이기적이면서도 동감할 수 있는가라는 역사적인 질문을 던진다. 이를 통해 경제적 동기에서 출발하더라도 적정 수준의 도덕을 지켜낼 수 있듯이 경제적 인간의 자기 조절 능력이 있음을 입증하려고 했다.

애덤 스미스, 『국부론』, 김수행 옮김(동아출판사, 1992)

자유주의 경제학의 효시가 된 책으로, 시장의 자기 조절 능력을 '보이지 않는 손'으로 표현한 것으로도 유명하다. 고전적인 자유주의는 수요와 공급의 자기 조절 능력에 따라 시장이 자정 능력을 갖는다고 보는 입장이라는 점에서 신자유주의가 보여주는 자유무역, 초국적 금융자본, 민영화 등의 차원과는 차이점을 갖는다.

소스타인 베블런. 『유한계급론』, 김성균 옮김(우물이있는집, 2012)

베블런은 부르주아 계급 이익과 사회 이익이 일치한다는 당대의 통념을 거부하고, 부르주아지에 대한 사회심리학적 분석을 통해서 특유의 '과시 소비'라는 속물 근성을 발견한다. 이는 제도학파로 이어지면서 자본주의 사회 심리에 대한 분석으로도 계승되었다.

조지프 슘페터, 『자본주의 · 사회주의 · 민주주의』, 변상진 옮김(한길사, 2011)

슘페터는 엘리트와 같은 혁신기업가의 창조적 파괴와 도전에 의해서 자본주의의 색다른 이윤이 형성되다가 모방에 의해서 혁신의 힘이 사라지는 경제 순환의 과정을 그린다. 이에 따라 혁신적인 기업가들이 계획에 따라 자본주의에서 사회주의로의 이행을 전망하였다.

J. M. 케인즈, 『일반이론』, 조순 옮김(비봉출판사, 1985)

케인즈주의는 공황과 불황을 시장의 문제로 자유방임하는 것이 아니라, 국가가 개입하여 유효수요를 진작하고 일자리를 보존하는 등의 행동에 나서야 한다는 점을 주장하였다. 나는 케인즈주의의 유효수요론이 사실상 욕망가치에 입각한 발전 노선의 기초적인 텍스트가 된다고 생각한다.

욕망 자본론

욕망 자본론

1판 1쇄 발행 2014년 8월 25일

지은이 | 신승철
펴낸이 | 조영남
펴낸곳 | 알렙

출판등록 | 2009년 11월 19일 제313-2010-132호
주소 | 서울시 마포구 합정동 373-4 성지빌딩 615호
전자우편 | alephbook@naver.com
전화 | 02-325-2015
팩스 | 02-325-2016

ISBN 978-89-97779-41-3   03100

이 도서의 국립중앙도서관 출판예정도서목록(CIP)은 서지정보유통지원시스템 홈페이지
(http://seoji.nl.go.kr)와 국가자료공동목록시스템(http://www.nl.go.kr/kolisnet)에서 이용하실 수 있
습니다.(CIP제어번호: CIP2014024372)

＊책값은 뒤표지에 있습니다.
＊잘못된 책은 바꾸어 드립니다.